ON
4101
FRANCE
enza
BRAEBURN
#4101
HI EARLY
#5020
AUSTRALIAN
SWEET OBSESSION
HONEY
COMICE
VARIETY
ENGLISH
GALA
FOWLER FARMS APPLES
RED DELICIOUS
HONEY MURCOTT
ORTALINES
MAROC
Royal Gala
NEW ZEALAND
Organics
#94173 LTD
Tropic
RED 'N SWEET
Valley Fruits
INDAIA EXOTIC
BRASIL
GRANNY SMITH
cape
4139
BAILEY CITRUS
Tahitian Limes
4048
Queensland
LEON.
35-36 Gt. MARLBOROUGH St.
Fair Trade & Organic
BAGAGLIAIO
#9402
Golden Delic
GAYPAK
5387
IMPERIAL
91
PRATT'S
CARIBBEAN
BANANAS
4011
DOMINICAN
REPUBLIC
ZACANTA
FRESH LIMES
CORONA
MEXICO
Mayer
hautes - alpes
OUTSPAN
Debay
Jaffa
POMELO
ATHLETE
GREEN
4030
NEW ZEALAND.
MANGOLO
CÔTE D'IVOIRE
#4051
SANS FIBRE
LEON.
35-36 Gt. MARLBOROUGH St.
Fair Trade & Organic
BAGAGLIAIO
#4128
SODBA
MAROC
VALLE
BEST
LEON.
35-36 Gt. MARLBOROUGH St.
Fair Trade & Organic

# LEON

*Fast Food*

# VEGAN

REBECCA SEAL & CHANTAL SYMONS & JOHN VINCENT

DUMONT

NATURALLY FAST FOOD

CHARGRILLED CHICKEN
LEON

# INHALT

# ÜBER DIE AUTOREN

## Rebecca Seal

… ist Kochbuch-Autorin und Food-Journalistin. Ihre Texte erschienen bereits in der *Financial Times*, dem *Guardian* und der *Sunday Times*. Zu ihren Kochbuchveröffentlichungen zählen *Istanbul. Recipes from the Heart of Turkey* und *Lisbon. Recipes from the Heart of Portugal* sowie *LEON. Hundert Suppen*, das sie zusammen mit John Vincent verfasst hat. Rebecca ist davon überzeugt, dass sich jeder – mit ein paar Tricks und ein bisschen Wissen – gesund ernähren kann, und sie hofft, dass sie mit ihrer Arbeit ein wenig dazu beitragen kann. Sie lebt mit ihrem Ehemann und zwei kleinen Töchtern in London.

## John Vincent

… ist Mitbegründer von LEON und damit Inhaber eines Unternehmens, das bereits über mehr als 55 Restaurants verfügt (u. a. in Amsterdam, Utrecht, Oslo und Washington D. C.). Er verfasste *LEON. Natürlich Fast Food* mit Henry Dimbleby, *LEON. Familie & Freunde* mit Kay Plunkett-Hogge, *LEON. Hundert Salate* und *LEON. Fast & Free* mit Jane Baxter sowie *LEON. Hundert Suppen* mit Rebecca Seal. In Johns Augen soll Essen Freude bereiten, uns stärken und vor allem Menschen zusammenbringen – so wie ihn, Rebecca und Chantal.

## Chantal Symons

… liebt gutes Essen und tolle Rezepte. Ihre Leidenschaft für das Kochen begann im zarten Teenageralter, als man bei ihr eine Allergie gegen Milchprodukte, Eier und Weizen feststellte. Ihr ist es wichtig, dass Essen Spaß macht und unterschiedlichste Bedürfnisse befriedigen kann, weshalb sie sich auf die Frei-von-Küche spezialisiert hat. Chantal arbeitete bereits als Köchin, Caterer, Gastronomin und in der Produktentwicklung von Lebensmitteln. Außerdem ist sie eine wahre Meisterin im Grillen und hat zahlreiche Wettbewerbe gewonnen, darunter Jamie Olivers „Big Feastival".

# KEIN FLEISCH, NUR PFLANZEN

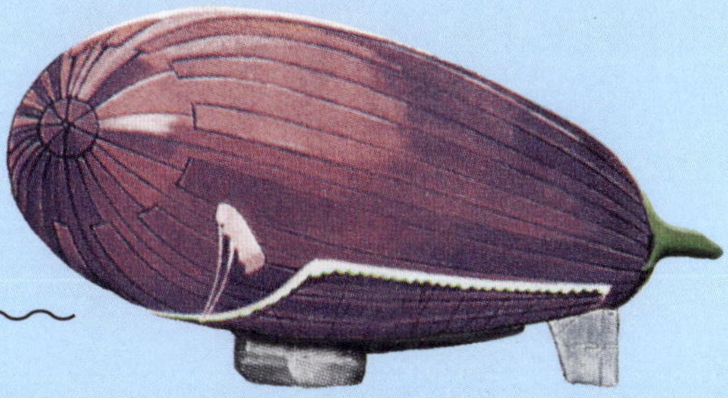

Damals, als wir LEON ins Leben riefen, wollten wir damit vor allem eins bewirken: Es sollte für jeden einfach sein, sich gut zu ernähren und somit gesünder zu leben. Dieses Buch ist für euch alle: für Veganer, für Gesundheitsbewusste, die mehr Gemüse essen wollen, und auch für alle, die sich schlicht über neue tolle Rezepte freuen, ganz gleich ob sie ausschließlich mit pflanzlichen Produkten zubereitet werden.

Leon beruht auf fünf Grundsätzen – die Gerichte sollen großartig schmecken, gesund sein, uns nach dem Verzehr mit einem guten Gefühl zurücklassen, unseren Planeten nicht belasten und zudem erschwinglich sein. Pflanzen sind der Schlüssel zu allen fünf Punkten. Lange ging man gemeinhin davon aus, dass die Basis unserer Ernährung aus Kohlenhydraten (Brot, Pasta, Kartoffeln etc.) bestehen sollte. Heute wendet sich zunehmend das Blatt: Viele Organisationen (darunter die Harvard University in den USA und die Alliance for Natural Health in Großbritannien) stellen dies zunehmend infrage. Beide Organisationen setzen sich dafür ein, dass Gemüse den Hauptbestandteil unserer Ernährung bilden soll. Pflanzen jeglicher Größe, Farbe, Sorte und Herkunft – nicht bloß Weizen und stärkehaltige Kohlenhydrate – nehmen allmählich den Platz an der Sonne ein.

## Zehn Dinge, die wir für richtig erachten:

1. Jede Mahlzeit sollte Obst oder Gemüse umfassen.
2. Pflanzen bieten uns die Ballaststoffe, die mitentscheidend für unser Wohlbefinden sind.
3. Wenn wir eine große Vielfalt an Obst und Gemüse essen (denken Sie an den Regenbogen!), nehmen wir nicht nur ein breites Spektrum an Nährstoffen zu uns, wir tragen auch zur Diversität unserer Darmbakterien/unseres Mikrobioms bei.
4. Rohkost sollte nicht zu oft am Abend verzehrt werden – unser Verdauungssystem kann tagsüber viel besser damit umgehen.
5. Essen wir gestresst oder verärgert, dann haben selbst die besten Zutaten keine positiven Effekte.
6. Ja, dreißigmal kauen ist tatsächlich gut für uns.
7. Für alle, die immer noch gerne Fleisch essen: Behandeln Sie es als Beilage – so wie früher das Gemüse.
8. Wir können viel von der Kochkunst anderer Kulturen lernen, wenn es um die Zubereitung von Gemüse geht – dazu zählen die mediterrane, die nahöstliche und die südindische (vor allem Kerala-) Küche.
9. Wir müssen unseren Planten gut behandeln und ehren und die Mannigfaltigkeit der Pflanzen, die wir anbauen, erhalten und sogar ausbauen.
10. Oh, und zu guter Letzt, wir glauben daran, dass es eine Trendwende zur Nutzung von Kräutern geben wird und wir damit wieder Krankheiten vorbeugen und sogar heilen werden.

Seit unseren Anfängen im Jahr 2004 war es unser Ziel, Gemüse schmackhaft zuzubereiten. 2014 verfassten wir *Fast Food Vegetarisch*, und auch 2016 stand ganz im Zeichen von Gemüse, Salat und Obst. „Grünzeug" zu essen ist seitdem in. *Fast Food Vegan* ist das Ergebnis unserer nunmehr 15 Jahre währenden Liebesbeziehung zu Gemüse, und nicht nur das Produkt eines kurzen Urlaubsflirts. Es hat unglaublichen Spaß gemacht, es zu schreiben. Unsere Kreativität wurde beflügelt und bisweilen auch unsere Geduld auf die Probe gestellt. Doch die meisten Rezepte sind neu und wirklich ziemlich gut.

Wir sind gespannt, was Sie davon halten.

John, LEON-Mitbegründer und CEO

# ERNÄHRUNG

***EINE VEGANE ODER HAUPTSÄCHLICH PFLANZENBASIERTE ERNÄHRUNGSWEISE KANN SEHR GESUND SEIN, VERLANGT ABER ETWAS PLANUNG.***

**Viele Veganer wählen Nahrungsergänzungsmittel, während andere darauf vertrauen, dass sie alles, was ihr Körper braucht, mit der Nahrung zu sich nehmen. Zu welcher Richtung auch immer Sie tendieren, hier sind ein paar Punkte, die Sie beachten sollten. (Ernährungsberater helfen Ihnen bei der Zusammenstellung von Nahrungsergänzungsmitteln. Erwägen Sie die Einnahme, wenn Sie schwanger sind oder stillen.)**

**PROTEINE:** Eine gute Eiweißquelle für Veganer sind Hülsenfrüchte wie Kichererbsen, Linsen und Bohnen, Erdnüsse, Tofu, Tempeh und Seitan (ein auf Weizen basierender Fleischersatz). Essen Sie täglich einige Portionen davon. Da immer noch diskutiert wird, ob Soja gesund ist oder nicht, sind wir hinsichtlich des Konsums lieber konservativ und halten uns eher an traditionelle Sojaprodukte wie Tofu, Tempeh und Sojasauce, anstatt Soja als Alternative zu Milchprodukten zu uns zu nehmen. Kaufen Sie, wenn möglich, Bio-Sojaprodukte, da sie weniger häufig genmanipuliertes Soja enthalten. Wählen Sie Soja von Unternehmen, die keinen Anbau auf der Fläche abgeholzter Regenwälder betreiben (Alpro und Provamel z. B. können wir empfehlen).

**KALZIUM:** Die westliche Ernährungsweise stützt sich für die Kalziumaufnahme vor allem auf Milchprodukte. Es empfiehlt sich also, eine Pflanzenmilch zu wählen, die mit Kalzium und veganem Vitamin D angereichert wurde. Außerdem sollten Sie häufig grünes Blattgemüse und Mandeln essen.

**VITAMIN D:** In unseren Breiten bekommen wir von September bis April oft nicht genügend Sonnenlicht, um unser eigenes Vitamin D zu produzieren, hier ist also die Einnahme von Nahrungsergänzungsmitteln ratsam. Halten Sie Ausschau nach Vitamin D2, das stets vegan ist, und nach veganen Versionen von D3, das oft aus tierischen Quellen hergestellt wird.

**VITAMIN B12 UND JOD:** Diese sind in veganer Nahrung nur sehr schwer zu finden, nehmen Sie also angereicherte Lebensmittel zu sich oder essen Sie eine sehr große Menge Hefeflocken und Algen.

**FETTE:** Wir alle brauchen Fette – um Energie zu gewinnen, um ein gesundes Gewicht zu halten und damit unser Körper und unser Gehirn lebenswichtige Funktionen ausüben können. Einige Nährstoffe sind fettlöslich (Vitamin A, D, E und K), wir benötigen daher Fette, um sie aufnehmen zu können. Es ist außerdem wichtig, dass unser Organismus verschiedene Fette zugeführt bekommt, darunter Omega-6-Fettsäuren, die sich in Kürbiskernen, Hanfsamen, Sonnenblumenkernen und Walnüssen finden, sowie die schwieriger aufzutreibenden Omega-3-Fettsäuren. Veganer können entweder eine Omega-3-Nahrungsergänzung auf Mikroalgenbasis zu sich nehmen oder den Körper dabei unterstützen, Alpha-Linolen-Säure in andere essenzielle Formen von Omega 3 umzuwandeln, indem sie täglich 2 Esslöffel Hanfsamen oder 3 Walnüsse essen (nach den Maßgaben der Vegan Society). Ein Zuviel an Omega 6 verhindert im Körper die Aufnahme von Omega 3, übertreiben Sie es beim Kochen also nicht mit Sonnenblumen- oder Maiskeimöl. Nehmen Sie stattdessen Rapsöl.

**EISEN:** Dieses Spurenelement ist lebensnotwendig. Ein niedriger Eisenwert kann zu Energieverlust oder sogar ernsthaften Erkrankungen führen. Vegane Nahrungsmittel mit einem hohen Anteil an Eisen sind Hülsenfrüchte, Cashewkerne und Mandeln, Quinoa, Tofu, Tempeh, Soja, grünes Blattgemüse, Sprossen, getrocknete Aprikosen, Rosinen und Datteln sowie angereicherte Frühstückscerealien. Eisen wird am besten aufgenommen, wenn Sie es mit etwas kombinieren, das Vitamin C enthält, wie Zitrusfrüchte.

---

**Wenn Sie eine ausreichende Menge der oben erwähnten Nahrungsmittel zu sich nehmen, dann stehen die Chancen gut, dass Sie auch eine ausreichende Menge an Vitamin K und Zink zu sich nehmen. Für eine Extraportion Selen essen Sie ab und zu ein paar Paranüsse. Die vegane Ernährungsweise enthält so gut wie immer genügend Ballaststoffe (es sei denn, Sie ernähren sich ausschließlich von Pommes frites!). Wenn Sie ein breites Spektrum möglichst farbenfroher Obst- und Gemüsesorten essen, dazu Vollkorngetreide und komplexe Kohlenhydrate, dann nehmen Sie die ganze Palette an Spurenelementen und Nährstoffen auf, die unser Körper braucht, um gesund und stark zu bleiben.**

---

## SYMBOL-SCHLÜSSEL

**Eignet sich zum Einfrieren**

**Familienfreundlich**

**Eignet sich für die Lunchbox**

**GF**
**Glutenfrei**

**WF**
**Weizenfrei**

**NF**
**Frei von Nüssen**

**SoF**
**Frei von Soja**

# WOCHEN-

# PLAN

## SAMSTAG

FLUFFIGE AMERICAN-STYLE PANCAKES

PHO

KARAMELL-POPCORN MIT MISOBUTTER

PIZZA + SCHOKOLADENSORBET

## SONNTAG

## AUSSCHLAFEN UND AUSGIEBIG BRUNCHEN

GERÄUCHERTER KAROTTEN-„LACHS“

SCONES MIT MARMELADE & CASHEWSAHNE

MR. BAOS SESAM-AUBERGINEN-BAO

## MITTWOCH

HEIDELBEER-MOHN-MUFFINS

CHILI VOM VORTAG IM WRAP MIT MEXIKANISCHEM KRAUTSALAT

NUSS-COOKIES MIT MARMELADE

SPANISCHE KICHERERBSENBRATLINGE MIT ROMESCO-SAUCE & GRÜNEM SALAT

## DONNERSTAG

GRANOLA MIT CHIASAMEN-JOGHURT

VEGANE POKE BOWL + HEIDELBEER-MOHN-MUFFIN

ÜBRIG GEBLIEBENE SPANISCHE KICHERERBSENBRATLINGE

SUPERGRÜNES GRÜNES CURRY MIT REIS

## FREITAG

AVOCADO-TOAST MIT FENCHEL, RADIESCHEN & DILL

SALAT MIT PASTINAKEN, GRÜNKOHL & ROTE BETE + MUFFIN

NUSS-COOKIES MIT MARMELADE

MAISIES „FISH“ & CHIPS

# VEGANE ALTERNATIVEN

**Es macht viel Spaß, darüber nachzudenken, wie sich Lieblingsrezepte in vegane Versionen verwandeln lassen. Wenn Sie (gekaufte) Fertigzutaten verwenden, überprüfen Sie stets die Zutatenliste, um sicherzugehen, dass sie vegan sind und keine der Ingredienzien enthalten, die Sie oder Ihre Gäste vermeiden wollen. Viele scheinbar harmlose Produkte (wie Brühwürfel, Fladenbrot, Burgerbrötchen oder Würzsaucen mit Wein) enthalten oft tierische Bestandteile oder Milchprodukte, lesen Sie also sorgfältig das Etikett. Hier sind unsere liebsten Entdeckungen für tolle vegane Tauschaktionen.**

---

**AQUAFABA:** Der schicke Name für die Flüssigkeit aus einer Dose Kichererbsen (Aquafaba bedeutet einfach „Bohnenwasser"). Sie können auch andere gekochte Bohnen nehmen (experimentieren Sie z. B. mit Gartenbohnen), Kichererbsen funktionieren jedoch am zuverlässigsten (Sie können auch die Flüssigkeit aus Kichererbsen in Gläsern nehmen). Aquafaba ist eine wunderbare Zutat – die man für gewöhnlich ungenutzt wegschüttet. Es verhält sich genauso wie Eiweiß und kommt überall dort zum Einsatz, wo es auch Eiweiß tut, in luftig weißen Baisers, mürben Cookies, Pancakes und sogar Cocktails und Mayonnaise. Heben Sie es unbedingt immer auf, wenn Sie Kichererbsen verwenden. Eine 400 g-Dose enthält 150–200 ml Aquafaba, das sich bis zu 5 Tage im Kühlschrank hält. Einige Sorten funktionieren besser als andere: Nehmen Sie Kichererbsen in ungesalzenem Wasser und schütteln Sie die Dose vor dem Öffnen. Die abgegossene Flüssigkeit sollte schön dickflüssig sein. Ist sie zu dünn, etwas einkochen und vor dem Verwenden abkühlen lassen.

**LEINSAMEN & CHIASAMEN:** Wie **Bananen** und manchmal auch **Apfelmus** nehmen wir geschrotete Leinsamen (auch bekannt als Leinsamenmehl) oder Chiasamen, um das Ei in Backwaren zu ersetzen, das für das Binden des Teiges zuständig ist. Beide halten sich gut in einem luftdicht verschlossenen Behältnis an einem kühlen, dunklen Ort. Um 1 Ei zu ersetzen, 1 Esslöffel geschrotete Leinsamen (ganze Samen funktionieren nicht) oder Chiasamen mit 3 Esslöffel Wasser mischen, dann zur Seite stellen. Nach 5–10 Minuten hat sich die Mischung in ein Gel verwandelt. (Die Samen nicht ohne Einweichen verwenden.) Das Gel funktioniert nicht für Omeletts! Für Omeletts **Kichererbsenmehl** (siehe Seite 150) nehmen. Für Rührei eignet sich **Seidentofu** oder **Ackee**, mit einer Prise **Kala Namak** (schwarzes Salz), das dezent nach Ei schmeckt (siehe Seite 38).

**HEFEFLOCKEN:** Ist auch als Nährhefe bekannt, hört sich zwar seltsam an und sieht aus wie flockiges Fischfutter, ist jedoch ein toller (und günstiger) Ersatz für Parmesan. Die Hefezellen sind durch das Erhitzen während der Herstellung inaktiv geworden, die gesunden Inhaltsstoffe bleiben jedoch erhalten. Gerichte erhalten durch Hefeflocken einen würzigen, nussigen Umami-Geschmack. Wir stellen damit „Käse" und käseähnliche Saucen her oder streuen sie über Pasta. Sie sind zudem reich an sonst raren B-Vitaminen.

**MISO:** **Weiße** oder **gelbe Misopaste** ersetzt, sparsam eingesetzt, den intensiven Geschmack von reifem Käse und ist auch in Brühen, Saucen und sogar veganer „Butter" (siehe Seite 229) sehr köstlich. Müssen Sie auf Soja verzichten, dann finden Sie online auch Miso ohne Soja. Gerne verwenden wir auch einen Spritzer **Flüssigkeit von fermentiertem Gemüse**, da dieses, wie auch Käse und Butter, Milchsäurebakterien enthält.

**ALGENPULVER:** Algen sind eine hervorragende Ergänzung zu einer veganen Ernährung, da sie reich an Jod sind, das sich ansonsten in Milchprodukten und Meeresfrüchten findet. **Seetangpulver** wird als Nahrungsergänzungsmittel verkauft, dank seines salzigen Geschmacks eignet es sich hervorragend als Ersatz für Fischsauce, Sardellenfilets und sogar Worcestershire-Sauce. (Sie können auch getrocknete und wieder eingeweichte Algen nehmen, z. B. Hijiki oder Wakame für Salate oder Nori-Blätter für Maki.)

**RAUCHAROMA:** **Liquid Smoke**, der online und in großen Supermärkten zu finden ist, ist ein Raucharoma in flüssiger Form. Es ist großartig für geräucherten „Lachs“ aus Karotten (siehe Seite 34) oder veganen „Speck“ (siehe Seite 40/41). Auch gut ist **süßes geräuchertes Paprikapulver**, besonders in Saucen. Beide halten sich nahezu ewig.

**SOJASAUCE:** Sie ist eine fantastische Quelle für würziges Umami. Ersetzen Sie damit die Röstaromen aus dunklen Brühen und angebratenem Fleisch. Wenn Sie auf Weizen verzichten müssen, dann nehmen Sie Tamari (Etikett kontrollieren). Rebecca verträgt kein Soja, ersetzt Sojasauce also oft durch ein wenig **Maggi-Flüssigwürze**. Diese besteht jedoch aus Weizen, und Chantal verträgt kein Gluten, wenn wir also alle zusammen essen, nehmen wir stattdessen **Coconut Aminos**.

**KOKOSÖL:** Aufgrund seines relativ hohen Anteils an gesättigten Fettsäuren ist Kokosöl ein toller Ersatz für Butter und überall dort, wo Bindung verlangt ist, wie in „Hackfleischbällchen“ oder Burgern. Wir ziehen es veganer Margarine vor, da diese oft aus Palmöl besteht. **Raffiniertes Kokosöl** ist geschmacksneutral, eignet sich also am besten, wenn das intensive Aroma von **nativem Kokosöl extra** nicht gefragt ist. Sie finden es im Supermarkt beim Speiseöl – es ist ausgezeichnet zum Kochen und wir benutzen es für alles Mögliche anstelle von Butter. Wenn Sie Butter 1:1 ersetzen wollen, dann nehmen Sie 80 % Kokosöl und 20 % Wasser (die Zusammensetzung von Butter), plus eine kleine Prise Salz und ¼–½ Teelöffel veganen Apfelessig. Kokosöl eignet sich jedoch nicht für Dressings und in Mayonnaise, dafür benötigen Sie ein Öl, das bei Zimmertemperatur flüssig ist.

**MARGARINE:** Wenn Sie eine vegane Margarine (manchmal als vegane Butter bezeichnet) gefunden haben, die Sie mögen, überprüfen Sie auf der Packung, ob sie sich zum Braten, Backen und als Aufstrich eignet.

**ZUCKER:** In manchen Ländern werden bestimmte Zuckerarten mithilfe von Tierkohle raffiniert, weshalb sie für Veganer nicht geeignet sind. Dies ist in Deutschland nicht der Fall. In der Regel wird Zucker hierzulande aus Zuckerrüben gefertigt und ist daher vegan. Vorsicht, wenn Sie Zucker oder Süßungsmittel in einem Rezept ersetzen wollen, jeder Zucker ist anders. **Puderzucker** ist ein staubiger, sehr feiner Zucker und trägt zur Konsistenz einer Speise bei, ohne ihr Flüssigkeit zuzuführen. Weniger raffinierter brauner Zucker, wie **Muscovado** und **Palmzucker**, enthält mehr Flüssigkeit, dunkle und nach Karamell schmeckende Zuckerarten wie **Melasse** sind recht feucht und können sowohl Geschmack als auch Konsistenz eines Kuchens verändern. Achten Sie darauf, dass beide Zuckersorten die gleiche Konsistenz haben – grobe Palmzuckerstückchen können feinen Kristallzucker oft nicht ersetzen. Flüssige Zucker lassen sich meist einfacher austauschen – **Ahornsirup**, **Agavendicksaft** und **Zuckerrübensirup** funktionieren alle gleich und können Honig ersetzen, der nicht vegan ist. So etwas wie gesunden Zucker gibt es nicht – egal welchen Sie nehmen, im Körper bewirken sie alle das gleiche.

**SÄURE:** Wir verwenden gerne **veganen Apfelessig**, aus unterschiedlichen Gründen. Zunächst trägt er dazu bei, einige Backtriebmittel zu aktivieren, was besonders nützlich für Rezepte ist, die aufgehen müssen, aber kein Ei enthalten. Außerdem ersetzt er auch den säuerlichen Geschmack von Milchprodukten. Sparsam eingesetzt schmeckt man den Essig überhaupt nicht heraus. Apfelessig werden Dutzende positive Auswirkungen auf die Gesundheit zugeschrieben – ob das stimmt, ist umstritten. **Weinstein** ist ein Salz der Weinsäure. Sie finden es im Backregal großer Supermärkte meist unter der Bezeichnung Cream of tartar. Damit ist nicht Weinsteinbackpulver gemeint. Weinstein ist besonders hilfreich, wenn Sie Aquafaba in Baisers verwandeln wollen, aber auch für jede Art von pflanzlicher Schlagsahne.

# IHR VORRATSSCHRANK

## DOSEN, GLÄSER & FLASCHEN

raffiniertes Kokosöl
natives Kokosöl extra
Kokosmilch
Kokosnusscreme (Coconut Cream)
veganer Apfelessig
Granatapfelsirup
fermentierter Tofu
vegane gekörnte Gemüsebrühe
rote Paprikapaste
Artischocken in Öl oder Salzlake
Oliven
Sauerkraut
Kimchi
Kapern
Harissa
Salzzitronen
Tamarindenpaste
Ahornsirup
Sesamöl
Olivenöl
veganer Sherryessig
Ackee
Bananenblüten
junge grüne Jackfrucht in Salzlake oder Wasser
vegane Chipotle-Paste
Sriracha-Chilisauce
Tamari
Maggi-Flüssigwürze
veganer Dijon-Senf
veganer Reiswein oder Mirin
veganer Reisessig
Tahin
weiße oder gelbe Misopaste
veganer Wein
veganes Bier
veganer Sherry

## OBST & GEMÜSE

Avocados
Pilze
Knoblauch
Zwiebeln
Frühlingszwiebeln
Schalotten
Paprikaschoten
Grünkohl
unbehandelte Zitronen
Limetten
Kochbananen
Chilischoten
Blumenkohl
Kürbis
Zucchini
Süßkartoffeln
Auberginen
Granatapfel
Gurke
Radieschen
Sellerie

## GETREIDE & PASTA

Basmati-Reis
Wildreis
Klebreis
Risotto-Reis
Pasta
Haferflocken
getrocknete Pilze
Panko-Mehl
Polenta

## ZUM BACKEN

milchfreie dunkle Schokolade
Pfeilwurzelmehl
Tapiokamehl
probiotisches Pulver oder Kapseln
normales oder glutenfreies Mehl
Weizenmehl (mit Gluten)
Weinstein
Kichererbsenmehl
Datteln
ungesüßtes Kakaopulver oder Rohkakaopulver
Trockenfrüchte
gemahlene Mandeln
Reismehl
Maisstärke
Zucker
brauner Zucker
Puderzucker
Palmzucker
Ahornsirup
Zuckerrübensirup
Agavendicksaft
Nussmus

## NÜSSE & KERNE

Cashewkerne
Mandeln
Haselnüsse
Pinienkerne
geschrotete Leinsamen
Pistazien
Kürbiskerne
Sesamsamen
Sonnenblumenkerne
Erdnüsse
Walnüsse

## HÜLSENFRÜCHTE

Kichererbsen in der Dose
Gartenbohnen

Puy-Linsen
rote Linsen
schwarze Bohnen
Kidney-Bohnen

## NATÜRLICHE AROMEN

Kala Namak
Algen- oder Seetangpulver
getrocknete Algen
Hefeflocken
Senfpulver
Liquid Smoke
süßes geräuchertes Paprikapulver
Kreuzkümmel
Koriander
Meersalzflocken
feines Meersalz
Vanilleextrakt oder Vanillepaste
Knoblauchpulver
Zwiebelpulver
Fenchelsamen
Cayennepfeffer
Chiliflocken
Garam Masala
Kardamom
Kurkuma
frischer Ingwer
Muskatnuss
Safran
Curryblätter
Kaffirlimettenblätter
getrocknete, essbare Rosenblütenblätter
Paprikapulver
Zitronengras

## AUS DEM KÜHLSCHRANK

schnittfester Tofu
Seidentofu
veganer Joghurt
Pflanzenmilch
vegane Margarine oder Butter
frische Kräuter
vegane Sahne
veganer Frischkäse

## AUS DEM TIEFKÜHLSCHRANK

Mais
Erbsen
Spinat
Beeren
veganer Mürbeteig
veganer Blätterteig
Fladenbrot
Weizen- und Mais-Tortillas

# *RASCHES* KOCHEN LEICHT GEMACHT

**Veganes Essen ist bekannt dafür, dass es, nun ja, ein wenig zeitaufwendig ist. Wir haben eine Menge einfacher, schneller Rezepte aufgenommen, aber auch ein paar anspruchsvollere. Mithilfe dieser Tipps ist die Zubereitung aber im Handumdrehen geschafft.**

- Messer sollten immer scharf sein. Lernen Sie, wie man das selber erledigt, oder lassen Sie sie vom Profi schleifen. Das wird das Schnippeln ungemein beschleunigen.
- Schauen Sie sich Online-Videos zum effizienten Gemüseschneiden an.
- Ein hochtouriger Standmixer ist eine teure, aber tolle Investition. Nehmen Sie den besten, den Sie sich leisten können (Rebecca schwört auf ihren Vitamix).
- Wenn Sie gerne mal richtig nerdig sein wollen (und wir sind definitiv Küchen-Nerds), dann ordnen Sie Ihre Schränke und Regale so, dass die meistbenutzten Dinge vorne stehen (Salz, Zucker, Essig, Mehl) und die am wenigsten benutzten (getrocknete Rosenblüten, Muskat) hinten.
- Wenn Sie bereit zum Kochen sind, lesen Sie das gesamte Rezept sorgfältig durch. Dann noch einmal lesen. Dann kochen.
- Stellen Sie sämtliche Zutaten bereit, ehe Sie mit dem Kochen beginnen, dann müssen Sie nicht im Schrank herumkramen, um die Pinienkerne zum Rösten zu finden, wenn alles andere bereits fix und fertig auf Sie wartet.
- Kochutensilien vorab raussuchen. Es ist ein Albtraum, wenn Sie während der Zubereitung der Pastasauce bemerken, dass der Mixer über und über mit Cashewsahne bekleckert ist und eigentlich noch gespült werden müsste.
- Wasser im Wasserkocher erhitzen, falls welches benötigt wird.
- Wenn Sie keine Zeit haben, Cashewkerne 4 Stunden oder über Nacht in kaltem Wasser einzuweichen (oder selbst 30 Minuten in kochend heißem Wasser), dann können Sie sie auch 15 Minuten in einem Topf mit kochendem Wasser simmern lassen, dann abgießen und abspülen.
- Geben Sie sämtliches Obst und Gemüse, das gewaschen werden muss, in ein Sieb und spülen Sie alles gleichzeitig ab.
- Stellen Sie eine große Schüssel für die Abfälle bereit, so müssen Sie nicht zwischen Mülleimer hin- und herrennen.
- Stecken Sie ein Geschirrtuch in ihren Hosenbund, um die Hände abzutrocknen und Verschüttetes aufzuwischen.
- Wenn Sie etwas anbraten wollen, stellen Sie die trockene Pfanne einige Minuten bevor sie gebraucht wird auf die heiße Herdplatte. Geben Sie das Fett dazu, sobald sie heiß ist. Die Pfanne erwärmt sich schneller und die Zutaten setzen weniger leicht an.
- Damit das Aufräumen schneller geht, alle Dinge, die nicht mehr benötigt werden, in die Spülmaschine räumen oder zum Einweichen in eine Schüssel mit Wasser stellen.
- Kochen Sie auf Vorrat und füllen Sie den Tiefkühlschrank für die Tage, an denen Ihnen wirklich nicht nach Kochen zumute ist. (So oder so: Heben Sie immer die Reste auf – Einzelportionen von Eintopf, Ofengemüse oder Curry ergeben ein schnelles Abendessen für eine Person.) Wir haben ein Tiefkühl-Symbol eingefügt (siehe Seite 9), wenn sich ein Rezept in großen Mengen zubereiten und einfrieren lässt.

# AUSWÄRTS ESSEN ALS *VEGANER*

**Obwohl es manchmal knifflig ist, bieten doch immer mehr Restaurants tolle vegane Mahlzeiten an. Es wird also immer einfacher – vor allem in großen Städten –, auch als Veganer auswärts zu essen.**

- Laden Sie sich eine App runter oder suchen Sie eine Website, die vegane/veganerfreundliche Restaurants angibt. Wir lieben die Seite *Happy Cow*, die Lokale auf der ganzen Welt auflistet und bewertet.
- Entscheiden Sie sich für eine Restaurantkette, die veganerfreundlich ist, oder ein Lokal, in dem alles frisch zubereitet wird. Cafés, die Fertiggerichte zukaufen und aufwärmen, werden sich schwer damit tun, Gerichte abzuändern, selbst Gemüse oder Beilagen.
- Nutzen Sie Instagram. Dort finden sich zahlreiche coole vegane Pop-up-Restaurants, Foodtrucks oder Bistros.
- Wir versuchen immer zu beurteilen, ob und was wir erklären müssen. Manchmal wissen die Mitarbeiter gar nicht, was vegan genau bedeutet. Wir hatten schon komische Gespräche darüber, dass auch „ein kleines bisschen Butter" immer noch heißt, dass das Gericht tierische Produkte enthält.
- Versuchen Sie im Vorfeld, etwas über ein neues Lokal herauszufinden. Rufen Sie an, da eine wirklich gute Küche vielleicht ein spezielles Gericht, zum Beispiel ohne Milchprodukte, extra für Sie zubereitet. Oder Sie schauen sich online schon mal die Speisekarte an und haben bereits eine Strategie, bevor Sie sich zu Tisch setzen, um die Dinge zu beschleunigen. (Das ist auch hilfreich, wenn Sie mit einer Gruppe von Nichtveganern unterwegs sind und sich scheuen, allzu viele Fragen zu stellen.)
- Fragen Sie, ob es möglich ist, Zutaten zu tauschen, besonders wenn Sie Bohnen oder Getreide in einem anderen Gericht auf der Karte entdecken, die sich vielleicht mit Ihrer Bestellung kombinieren lassen.
- Bestellen Sie zwei oder drei Vorspeisen, wenn Sie bei den Hauptgerichten nicht fündig werden.
- Während traditionelle französische oder italienische Restaurants möglicherweise Sperrgebiet für Sie sind, finden Sie in griechischen, türkischen, libanesischen, spanischen, thailändischen, vietnamesischen, mexikanischen, japanischen und jamaikanischen Lokalen meistens eine Menge Gerichte auf Pflanzenbasis.
- Achten Sie auf Fleischbrühe, Butter oder Sahne in Saucen; Eier oder Butter in Hefegebäck; Fischsauce oder Garnelenpaste in südostasiatischen Gerichten; Ghee (geklärte Butter) in indischen Rezepten; Eiern in frischer Pasta und auf Gerichte, die mit Käse oder einem Klecks Butter verfeinert werden.
- Einige Weine, Biere und Spirituosen werden mithilfe tierischer Produkte geklärt. Lesen Sie gegebenenfalls das Etikett. Viele Bars und Restaurants schlagen bereits neue Wege ein, um auch vegane Getränke anbieten zu können.

1

# 1

# FRÜHSTÜCK & BRUNCH

# FLUFFIGE AMERICAN-STYLE PANCAKES

ERGIBT **10** STÜCK

NF SoF

90 ml **Aquafaba** (Flüssigkeit aus einer Dose Kichererbsen, siehe Seite 12)
1 TL **Zitronensaft**
150 g **Mehl**
½ TL **Natron**
½ TL **Backpulver**
1 TL **Zucker**
1 Prise **Salz**
150 ml **Pflanzenmilch** (ohne Nüsse für NF, ohne Soja für SoF)
1 TL **geschmacksneutrales Öl**, plus etwas mehr zum Braten
1 TL **Vanilleextrakt**
1 TL **veganer Apfelessig**
abgeriebene Schale von ½ **Zitrone**

**VORBEREITUNGSZEIT: 18 MINUTEN · ZEIT ZUM RUHEN: 10 MINUTEN · GARZEIT: 15 MINUTEN**

**Wenn Sie das Basisrezept mögen, können Sie auch weitere Extrazutaten ausprobieren. Wir finden eine ordentliche Prise frisch geriebene Muskatnuss toll, ebenso gemahlenen Kardamom oder Zimt, Kokosraspel, gemahlene Mandeln oder – speziell für Kinder – zerdrückte reife Bananen. Für die Zubereitung des Teiges können Sie anstelle von Speiseöl auch abgekühltes geschmolzenes Kokosöl verwenden. Servieren Sie die Pancakes mit Ahornsirup, veganem Joghurt, frischen Früchten oder Kompott.**

1. Aquafaba und Zitronensaft in einer Küchenmaschine mit dem Rührbesen (oder in einer großen Rührschüssel, falls Sie ein elektrisches Handrührgerät verwenden) etwa 5 Minuten steif schlagen. Darauf achten, dass die Schüssel komplett sauber ist. Anschließend zur Seite stellen.
2. Mehl, Natron und Backpulver in eine große Schüssel sieben, Zucker und Salz dazugeben und alle Zutaten gut vermischen. Milch, Öl, Vanilleextrakt, Apfelessig und Zitronenschale in einem Becher verrühren. Dann die feuchten mit den trockenen Zutaten rasch zu einem Teig verarbeiten – der Teig ist eher dickflüssig, klebrig und weist kleine Klümpchen auf.
3. Das aufgeschlagene Aquafaba unterheben und darauf achten, dass möglichst viel Luft in der Masse erhalten bleibt – der Teig muss nicht ganz glatt gerührt sein. Anschließend für maximal 10 Minuten ruhen lassen, damit sich das Gluten entfalten kann (das verbessert die Konsistenz der Pancakes, wobei das Backtriebmittel am besten arbeiten kann, wenn der Teig rasch zubereitet wird).
4. Etwas Öl in einer großen Pfanne erhitzen. Den Teig esslöffelweise hineingeben, bei Bedarf etwas verteilen und ca. 8 cm große, dicke Pancakes formen. In 3–4 Minuten goldbraun ausbacken (die Backzeit ist etwas länger als bei herkömmlichen Pfannkuchen), bis die Oberseite fest wird und sich kleine Bläschen bilden. Die Pancakes wenden, von der anderen Seite ebenfalls goldbraun backen und anschließend warm halten. Mit dem restlichen Teig ebenso verfahren. Bei Bedarf noch mehr Öl in die Pfanne geben.

**TIPP**
Das Aquafaba nicht wie üblich einrühren, sondern am besten mit einem Metalllöffel locker unterheben.

# FRÜHSTÜCKSBANANENBROT

1 LAIB

SoF

**Öl**, zum Einfetten
1 EL **geschrotete Leinsamen** oder **Chiasamen**
2 EL **Wasser**
175 g **Mehl**
75 g **Vollkornmehl**
1 TL **gemahlener Zimt**
1 Prise **frisch geriebene Muskatnuss**
½ TL **Natron**
1 TL **Backpulver**
110 ml **ungesüßte Pflanzenmilch** (ohne Soja für SoF)
1 TL **Vanilleextrakt** oder **Vanillepaste**
2 EL **Agavendicksaft**, **Ahornsirup** oder **Zuckerrübensirup**
45 g **brauner Zucker** (oder **Kokosblütenzucker** oder **Palmzucker**)
1 ½ TL **veganer Apfelessig**
50 ml **raffiniertes** oder **natives Kokosöl**, geschmolzen
175 g reife **Bananen**, zerdrückt
75 g **Nüsse** (z. B. **Walnüsse**, **Haselnüsse**, **Mandeln**; allein oder gemischt), fein gehackt
50 g **Trockenfrüchte**, in kleine Stückchen gehackt (optional)
1 Prise **Salz**

**VORBEREITUNGSZEIT: 20 MINUTEN · GARZEIT: 50 MINUTEN**

**Für die Zubereitung eignet sich auch Dinkelmehl, das Bananenbrot wird dann allerdings etwas fester und geht nicht so gut auf wie mit herkömmlichem Weizenmehl. Soll das Bananenbrot eher an einen Kuchen erinnern, können Sie es mit milchfreien Schokoraspeln oder -stückchen verfeinern oder noch warm mit einer Glasur aus Puderzucker und etwas Wasser überziehen.**

1. Den Ofen auf 180 °C vorheizen. Eine kleine Kastenform (ca. 20 × 10 cm) einfetten und mit zwei Backpapierstreifen auslegen. Die Streifen dabei über Kreuz legen, sodass die Enden über den Rand der Form hinausreichen.
2. Die Lein- oder Chiasamen in eine große Schüssel geben, mit dem Wasser verrühren und 5 Minuten einweichen.
3. In der Zwischenzeit Mehl, Vollkornmehl, Zimt, Muskatnuss, Natron und Backpulver in einer zweiten Schüssel vermengen.
4. Milch, Vanille, Agavendicksaft oder Sirup, Zucker und Apfelessig in die eingeweichten Samen einrühren. Dann das geschmolzene Kokosöl und die zerdrückten Bananen dazugeben.
5. Die feuchten Zutaten mit den trockenen zu einem Teig verarbeiten (dabei zügig verrühren, damit das Backtriebmittel seine Wirkung voll entfalten kann). Anschließend gehackte Nüsse, eventuell Trockenfrüchte sowie Salz hinzufügen. Wenn alle Zutaten locker miteinander verbunden sind, die Masse in die vorbereitete Kastenform füllen.
6. 45–50 Minuten im Ofen backen, bis das Brot etwa um das Doppelte aufgegangen ist und die Oberseite schön fest ist. Sticht man mit einem Stäbchen hinein, darf kein Teig mehr kleben bleiben. 10 Minuten in der Form abkühlen lassen und anschließend auf ein Kuchengitter geben.
7. Das Brot kann warm serviert werden, sollte aber vor dem Anschneiden erst ein wenig abkühlen, da sonst Feuchtigkeit verdampft und das Brot rasch austrocknet. Es ist für ein paar Tage in einem geschlossenen Behälter haltbar, wir empfehlen jedoch, es am selben Tag zu verzehren oder einzufrieren, sobald es abgekühlt ist.

**TIPP**
Das abgekühlte Brot vor dem Einfrieren in Scheiben oder breite Streifen schneiden und noch gefroren in die Lunchbox packen – so kann man es zu Mittag gleich verzehren.

# OVERNIGHT OATS

FÜR 1

GF WF NF SoF

50 g **kernige** (für eine gröbere Konsistenz) oder **zarte Haferflocken**
250 ml **Pflanzenmilch** (ohne Nüsse für NF, ohne Soja für SoF)
**Ahornsirup**, **Dattelsirup** oder **Agavendicksaft** zum Süßen (optional)

**VORBEREITUNGSZEIT: 5 MINUTEN · ZEIT ZUM EINWEICHEN: ÜBER NACHT · GARZEIT: 5 MINUTEN**

**Manche Menschen runzeln die Stirn angesichts der von Natur aus in Haferflocken und anderen Getreidesorten und Hülsenfrüchten enthaltenen Phytinsäure. Diese bindet Mineralien und soll sie auf diese Weise für unseren Organismus wertlos machen. Es gibt allerdings viele widersprüchliche Theorien und von wissenschaftlicher Seite ist unklar, wie es um die Phytinsäure tatsächlich bestellt ist. Einigen Studien zufolge begünstigt sie die Produktion von Phytase im Darm, die wiederum bei Bedarf die Säure abbaut. Andere Wissenschaftler gehen davon aus, dass Phytinsäure aufgrund ihrer antioxidativen Wirkung Krebs vorbeugen kann. Wer auf Nummer sicher gehen will, kann die Haferflocken in Wasser einweichen, abseihen, abspülen und anschließend unter Zugabe von Pflanzenmilch aufkochen. Alternativ sind Zitronensaft oder veganer Apfelessig eine Lösung, die während des Einweichens in die Milch gegeben werden. Manche Studien weisen darauf hin, dass die in fermentierten Produkten wie Joghurtkulturen enthaltenen Probiotika zum Abbau von Phytinsäure beitragen. Alternativ können Sie also veganen, mit Probiotika angereicherten Joghurt zu den eingeweichten Haferflocken mischen oder diesen in Form eines Smoothies oder als Topping zu den Haferflocken servieren.**

---

1. Die Haferflocken in eine Schüssel oder ein Schraubglas geben, mit der Milch auffüllen, gut vermengen und zugedeckt über Nacht in den Kühlschrank stellen.
2. Am nächsten Morgen die eingeweichten Haferflocken in einen Topf geben und bei mittlerer Hitze 3–5 Minuten köcheln lassen (die Garzeit von eingeweichten Haferflocken ist sehr gering), bis sie warm und schön sämig sind. Pur verzehren oder je nach Geschmack süßen und mit Früchten, Samen, Nüssen oder Joghurt als Topping servieren.

**TIPP**
Als Topping eignen sich frische Früchte oder Kompott (z. B. Beeren-, Apfel- oder Birnenkompott), geröstete Kerne (siehe Seite 243) oder eine Handvoll Granola (siehe gegenüber) sowie veganer Joghurt oder Kokosnusscreme.

# GRANOLA

FÜR 10

★ GF WF SoF

3 EL **geschmacksneutrales Öl**, plus etwas mehr zum Einfetten
300 ml **Ahornsirup**
300 g **glutenfreie Haferflocken**
150 g **gemischte Kerne** und **Samen** (**Kürbiskerne**, **Sonnenblumenkerne** und/oder **Leinsamen**)
150 g **gemischte Nüsse** (z. B. **Walnüsse**, **Paranüsse**, **Mandeln**, **Haselnüsse** und **Pekannüsse**), fein gehackt
150 g **gemischte Trockenfrüchte** (z. B. **Rosinen**, **Sultaninen**, **Cranberrys**, **Heidelbeeren**, **Sauerkirschen**, **Datteln** oder **Aprikosen**), bei Bedarf klein gehackt

**VORBEREITUNGSZEIT: 5 MINUTEN · GARZEIT: 25 MINUTEN**

**Granola eignet sich mit veganem Joghurt und frischen Früchten als Frühstück oder als Topping für verschiedene Desserts wie pochierte Birnen oder gebackene Pfirsiche.**

---

1. Den Ofen auf 150 °C vorheizen.
2. Das Öl mit dem Ahornsirup verquirlen. Die Haferflocken mit den Kernen und Nüssen in eine große Schüssel geben. Dann die Hälfte der Ahornsirupmischung darüber verteilen und gut vermischen. Anschließend den Vorgang mit der restlichen Sirupmischung wiederholen und darauf achten, dass alles gut bedeckt ist.
3. Das Granola auf zwei leicht eingefetteten Backblechen verteilen und für 10 Minuten im Ofen rösten. Gut durchmischen und weitere 10–15 Minuten rösten, bis die Haferflocken und Nüsse eine goldbraune Farbe angenommen haben. Anschließend abkühlen lassen.
4. Das Granola in eine große Schüssel umfüllen und mit den getrockneten Früchten vermengen.
5. Nach dem vollständigen Abkühlen in einen luftdichten Behälter füllen, so bleibt das Granola bis zu 2 Wochen haltbar.

# HEIDELBEER-MOHN-MUFFINS

FÜR 9

NF SoF

1 EL **geschrotete Leinsamen**
2 EL **Wasser**
75 ml **geschmacksneutrales Öl**
175 ml **Pflanzenmilch** (ohne Soja für SoF)
1 TL **Essig**
abgeriebene Schale von ½ **Zitrone**
250 g **Mehl**
1 ½ TL **Backpulver**
½ TL **Natron**
1 Prise **Salz**
150 g **Zucker**
150 g **Heidelbeeren**
2 EL **gemahlene Mandeln** (optional)
1 EL **Mohnsamen**
2 EL **Demerara-Zucker** (optional)

**VORBEREITUNGSZEIT: 20 MINUTEN · GARZEIT: 35 MINUTEN**

**Diese leichten, fruchtigen Muffins sind ideal für einen ausgedehnten Brunch am Wochenende – Reste können Sie ganz einfach einfrieren und am besten noch gefroren in die Lunchbox packen. So haben Sie zu Mittag ein köstliches Dessert.**

1. Den Ofen auf 190 °C vorheizen. Ein Muffinblech mit 9 Förmchen auslegen.
2. Leinsamen in eine kleine Schüssel geben, mit dem Wasser vermischen und 5 Minuten einweichen. In einer zweiten Schüssel Öl, Milch, Essig und Zitronenschale verquirlen.
3. Mehl, Backpulver und Natron in eine große Schüssel sieben. Salz und Zucker hinzufügen und alles gut miteinander vermischen. 27 Heidelbeeren (3 pro Muffin) zur Seite legen, dann die gemahlenen Mandeln, die Mohnsamen und die restlichen Heidelbeeren mit den trockenen Zutaten vermengen (das Mehl verhindert auf diese Weise, dass die Heidelbeeren beim Backen zu Boden sinken).
4. Anschließend die Öl-Milch-Mischung und die eingeweichten Leinsamen zu den trockenen Zutaten geben und unterheben. Wenn alle Zutaten locker miteinander verbunden sind (der Teig muss nicht ganz glatt gerührt sein – bei zu langem Rühren werden die Muffins eher fest), die Masse in die Förmchen füllen und die zur Seite gelegten Heidelbeeren in die Muffins drücken. Nach Belieben mit Demerara-Zucker bestreuen.
5. In 30–35 Minuten leicht goldbraun backen, sodass der Teig fest ist und bei der Stäbchenprobe kein Teig mehr haften bleibt. 5–10 Minuten in der Form abkühlen lassen und anschließend zum vollständigen Auskühlen auf ein Kuchengitter setzen.
6. Die Muffins schmecken am besten am Tag der Zubereitung, halten sich aber auch ein paar Tage in einem luftdichten Behälter. Alternativ direkt einfrieren.

# HERZHAFTE FRÜHSTÜCKSMUFFINS

FÜR 14

GF WF

225 g **Räuchertofu** oder **schnittfester naturbelassener Tofu**, in 5 mm große Würfel geschnitten
2 EL **Olivenöl**, plus etwas mehr zum Einfetten (optional)
250 g **braune Champignons**, in Scheiben geschnitten
1 Stange **Lauch**, halbiert und in dünne Scheiben geschnitten
1 EL **frischer Salbei**, fein gehackt
**Salz** und **frisch gemahlener schwarzer Pfeffer**

**FÜR DEN TEIG:**
300 g **Kichererbsenmehl**
2 EL **Olivenöl**
600 ml **ungesüßte Mandelmilch**
1 TL **Backpulver**, glutenfrei
2 TL **Zwiebelpulver**
2 TL **Knoblauchpulver**
2 EL **veganer Dijon-Senf**
1 TL **vegane gekörnte Gemüsebrühe**
2 EL **Hefeflocken**
½ TL **Kala Namak** (schwarzes Salz; siehe Seite 38) oder eine großzügige Prise **feines Meersalz**
eine großzügige Prise **frisch gemahlener schwarzer Pfeffer**
2 EL **frischer Schnittlauch**, fein gehackt

**VORBEREITUNGSZEIT: 20 MINUTEN**
**GARZEIT: 1 STUNDE 10 MINUTEN**

**Ideal für ein Frühstück unterwegs, zum Einfrieren, für Kinder, für Erwachsene und sogar zum Mittagessen. (Als Chantal dieses Rezept entwickelte, verdrückte ihr Sohn Ethan gleich ein ganzes Blech.) Anstelle von Tofu passt auch der „Speck" aus Pilzen oder Tempeh (siehe Seite 40/41).**

1. Den Ofen auf 180 °C vorheizen.
2. Die Tofuwürfel auf ein Backblech legen und vorsichtig in 1 Esslöffel Öl wälzen. Dann für 25 Minuten backen, bis der Tofu knusprig und schön goldbraun ist. Nach der Hälfte der Backzeit wenden.
3. Während der Tofu im Ofen ist, den Teig zubereiten. Dazu das Kichererbsenmehl in eine große Schüssel sieben und mit den restlichen Zutaten zu einem glatten Teig verrühren. Anschließend zur Seite stellen.
4. Das restliche Öl in einer Bratpfanne erhitzen. Champignons, Lauch und Salbei bei mittlerer Hitze ca. 10 Minuten anschwitzen, bis das Gemüse weich ist.
5. Den Tofu nach Ende der Backzeit aus dem Ofen nehmen, diesen jedoch nicht ausschalten. Ein Muffinblech einfetten oder mit Papierförmchen auslegen (siehe Tipp). Das gegarte Gemüse und den Tofu in die Förmchen verteilen und mit Teig auffüllen. 30–45 Minuten im Ofen backen (je nach Größe der Muffins), bis die Muffins schön aufgegangen und fest sind. Kurz in der Form abkühlen lassen. Zum vollständigen Auskühlen aus der Form nehmen und auf ein Kuchengitter setzen.
6. Die Muffins noch ofenwarm oder leicht abgekühlt servieren. Bei Bedarf können sie auch aufgewärmt oder halbiert bei niedriger Temperatur im Ofen getoastet werden.

**TIPP**
Wenn Sie ein tiefes Muffinblech verwenden, reicht der Teig für 12 Stück, bei einem etwas flacheren Blech für 16 Stück. Papierförmchen sind übrigens besser geeignet als feste Muffin Cases. Man kann das Blech aber auch einfach einfetten und die Förmchen ganz weglassen.

# AVOCADO-TOAST VIERMAL ANDERS

FÜR 4

NF SoF

4–8 Scheiben **Brot** (wir mögen am liebsten Sauerteigbrot)
2–3 **Avocados**, je nach Größe und Hunger, zerdrückt

**VORBEREITUNGSZEIT: 5 MINUTEN**
**GARZEIT: 2 MINUTEN**

1. Das Brot toasten und mit der zerdrückten Avocado bestreichen.
2. Anschließend mit einem der folgenden Beläge verfeinern.

## 1. WEISSE BOHNEN, TOMATEN & OLIVEN

**VORBEREITUNGSZEIT: 10 MINUTEN**
**GARZEIT: 20 MINUTEN**
**Warm und bodenständig.**

200 g **Kirschtomaten**, geviertelt
2 EL **Olivenöl**
200 g **weiße Bohnen**, abgespült und abgetropft
20 **getrocknete schwarze Oliven**, entsteint und in feine Scheiben geschnitten
1 EL **frischer Thymian**, **Petersilie** oder **Oregano**, fein gehackt
**natives Olivenöl extra**, zum Beträufeln
**Salz** und **frisch gemahlener schwarzer Pfeffer**

1. Den Ofen auf 190 °C vorheizen.
2. Die Tomaten mit dem Olivenöl vermengen und mit Salz und Pfeffer würzen. Auf einem Backblech gleichmäßig verteilen und 15 Minuten im Ofen garen. Bohnen und Oliven dazugeben, durchmischen und weitere 3–4 Minuten backen, bis alle Zutaten erwärmt sind. Aus dem Ofen nehmen und die Kräuter hinzufügen.
3. Die Mischung noch warm auf dem Avocado-Toast verteilen. Nach Belieben mit Salz und Pfeffer verfeinern. Mit Olivenöl beträufeln und sofort servieren.

## 2. KIMCHI

**VORBEREITUNGSZEIT: 3 MINUTEN**
**Würzig-scharf.**

6 gehäufte EL **Kimchi** (Zimmertemperatur)
**Salz** und **frisch gemahlener schwarzer Pfeffer**

1. Das Kimchi abtropfen lassen und grob klein schneiden, falls die Stücke recht groß sind.
2. Mit einem Löffel auf dem Avocado-Toast verteilen und nach Belieben mit Salz und Pfeffer verfeinern. Sofort servieren.

### TIPPS

Fermentierter Tofu passt ebenfalls hervorragend zu Avocado, besonders die Variante mit rotem Chili. Anstelle des Kimchis 100 g klein gehackte Gurke mit 2 EL zerbröseltem fermentierten Tofu versuchen.

Als Belag für den Avocado-Toast eignen sich außerdem geröstete Kichererbsen (siehe Seite 242), „Speck" aus Pilzen (siehe Seite 40), Mandel-Feta (Seite 154) oder Salsa verde (Seite 231).

### 3. MARINIERTE TOMATEN & BASILIKUM

**VORBEREITUNGSZEIT: 5 MINUTEN**
**ZEIT ZUM MARINIEREN: 20 MINUTEN**

**Sommerlich-frisch.**

---

150 g **Kirschtomaten**, geviertelt
½ TL **veganer Sherry-** oder **Rotweinessig**
½ TL **Knoblauch** oder **Schalotten**, sehr fein geackt (optional, aber sehr empfehlenswert)
1 EL **natives Olivenöl extra**, plus etwas mehr zum Beträufeln
1 große Handvoll **frisches Basilikum**, grob zerzupft
**Salz** und **frisch gemahlener schwarzer Pfeffer**

1. Tomaten, Essig, Knoblauch (oder Schalotten) und Öl in einer Schüssel vermengen und mit Salz und Pfeffer würzen. Für mindestens 20 Minuten – idealerweise aber 1 bis 2 Stunden – bei Zimmertemperatur marinieren.
2. Basilikum hinzufügen und mit Salz und Pfeffer abschmecken. Auf den Avocado-Toast geben und dabei möglichst viel Flüssigkeit in der Schüssel lassen. Mit Olivenöl beträufeln und sofort servieren.

### 4. FENCHEL, RADIESCHEN & DILL

**VORBEREITUNGSZEIT: 10 MINUTEN**

**Knackig-frisch.**

---

½ kleine **Fenchelknolle**, in sehr dünne Streifen geschnitten
1 Stück **Gurke** (ca. 6 cm), in sehr dünne Streifen geschnitten
100 g **Radieschen**, in sehr dünne Scheiben geschnitten
1 EL **frischer Dill**, fein gehackt
1 TL **Zitronensaft**
2 TL **natives Olivenöl extra**
**Salz** und **frisch gemahlener schwarzer Pfeffer**

1. Alle Zutaten in einer Schüssel vermengen und mit Salz und Pfeffer würzen.
2. Den Fenchelsalat auf dem Avocado-Toast anrichten und sofort servieren.

# FRENCH TOAST MIT POCHIERTEM RHABARBER

FÜR 4

NF SoF

**VORBEREITUNGSZEIT: 15 MINUTEN · GARZEIT: 20 MINUTEN**

**Die Freude war riesig, als wir nach einiger Zeit des Herumexperimentierens entdeckten, dass man mit Kichererbsenmehl herrlichen veganen French Toast zubereiten kann. Man kann dafür jede Art von Brot verwenden, wobei das Endergebnis mit weicheren Brotsorten um einiges saftiger wird. Festeres Brot wie z. B. Sauerteigbrot bleibt noch ein wenig knusprig.**

**FÜR DEN RHABARBER:**

1 EL **Zucker**
75 ml **Wasser** oder **Orangensaft**
abgeriebene Schale von ½ **Orange** (optional)
250 g **Rhabarber**, in 4–5 cm große Stücke geschnitten

**FÜR DEN TOAST:**

200 ml **ungesüßte Pflanzenmilch** (ohne Nüsse für NF, ohne Soja für SoF)
2 EL **Zucker**, plus etwas mehr zum Bestreuen
3 EL **Kichererbsenmehl**
1 ½ TL **gemahlener Zimt**
1 ½ TL **Vanilleextrakt**
1 Prise **Salz** oder 1 kleine Prise **Kala Namak** (schwarzes Salz; siehe Seite 38, optional)
1 große Prise **Hefeflocken**, sehr fein zerbröselt
**geschmacksneutrales Öl**, zum Braten
8 Scheiben **gutes Brot**

1. Zunächst den Rhabarber pochieren. Dazu Zucker, Wasser oder Orangensaft und Orangenabrieb (optional) in einen Topf geben und zum Köcheln bringen. Den Rhabarber dazugeben und zugedeckt 4–5 Minuten köcheln lassen. (Keine Sorge – Rhabarber wird schnell matschig und verliert beim Kochen Flüssigkeit, weshalb die anfängliche Menge an Flüssigkeit durchaus ausreichend ist.) Wenn der Rhabarber weich, aber noch bissfest ist, den Topf von der Herdplatte nehmen und den Deckel abheben. Zum Warmhalten im Topf lassen.
2. 2 Esslöffel Milch in eine Schüssel geben und mit Zucker, Mehl, Zimt, Vanilleextrakt, Salz und Hefe zu einer glatten Masse verquirlen. Die restliche Milch dazugeben und noch mal glatt rühren.
3. Je nach Bedarf 1–2 Esslöffel Öl in einer großen Pfanne erhitzen. Die Brotscheiben in das Milchgemisch tauchen, portionsweise in die heiße Pfanne geben und mit etwas Zucker bestreuen – der Zucker wird nach dem Wenden leicht karamellisieren. Nicht zu schnell braten, damit das Mehl den Bohnengeschmack verliert. Die Brotscheiben nach ca. 3 Minuten, wenn die Unterseite goldbraun gebacken ist, wenden und von der anderen Seite braten.
4. Den Toast mit dem noch warmen pochierten Rhabarber servieren.

**TIPP**

Veganer Joghurt oder geschlagene Cashewsahne (siehe Seite 257) sind tolle Begleiter. Wenn der Rhabarber gerade keine Saison hat, können Sie diesen nach Belieben durch frische oder pochierte Früchte ersetzen oder den French Toast mit Kompott oder Ahornsirup und veganem Joghurt servieren.

# GERÄUCHERTER KAROTTEN-„LACHS"

FÜR 4

2 große **Karotten**, gewaschen
2 EL **Salz**, plus etwas mehr nach Belieben
2 TL **geschmacksneutrales Öl**
1 Prise **abgeriebene Zitronenschale**
1 TL **Zitronensaft**
1 TL **Liquid Smoke** (Raucharoma; wir verwenden Hickory)
1 Prise **Algenpulver**

**ZUM SERVIEREN:**
**frischer Dill**
4 **Bagels**, getoastet
**veganer Frischkäse** oder **selbst gemachter veganer Kräuter-Labneh** (siehe Seite 118)
**Zitronenspalten**

**VORBEREITUNGSZEIT: 25 MINUTEN · GARZEIT: 50 MINUTEN**
**ZEIT ZUM MARINIEREN: 2 STUNDEN**

**Dieses Rezept müssen Sie einfach probieren! Wir mögen den „Lachs" am liebsten mit Tofu-Rührei (siehe Seite 38) oder auf einem Bagel. Mit veganem Kaviar aus Meeresalgen wird er sogar richtig feudal. Der Kaviar ist online erhältlich, es gibt ihn aber auch bei Ikea.**

---

1. Den Ofen auf 200 °C vorheizen.
2. Die Karotten auf ein Stück Alufolie legen und mit Salz bestreuen. Anschließend in die Folie einschlagen, fest verschließen und 50 Minuten im Ofen garen. Leicht abkühlen lassen, das Salz abspülen und das Gemüse trocken tupfen. Die Schale abreiben und die Karotten in lange, ca. 1 mm dicke Streifen schneiden: je dünner, desto besser.
3. Die Karottenstreifen in eine Schüssel geben und mit Öl, Zitronenabrieb, Zitronensaft, Liquid Smoke und Algenpulver vorsichtig vermischen. Nach Belieben mit etwas Salz verfeinern (nicht zu viel Salz verwenden, da die Karotten sonst fest werden und ihre geschmeidige Konsistenz verlieren). Das Ganze für mindestens 2 Stunden oder über Nacht im Kühlschrank marinieren.
4. Auf einem getoasteten Bagel mit veganem Frischkäse oder Kräuter-Labneh anrichten, mit frischem Dill und Zitronenspalten garnieren.
5. Der Karotten-„Lachs" ist im Kühlschrank zugedeckt für einige Tage haltbar. Vor dem Servieren aus dem Kühlschrank nehmen und bei Zimmertemperatur anrichten.

**TIPP**

Liquid Smoke ist in vielen Supermärkten oder online erhältlich. Raucharoma sollte in keinem Vorratsschrank fehlen, denn es eignet sich hervorragend für die vegane Küche.

# ACKEE-RÜHREI

FÜR 2

NF SoF

2 EL **geschmacksneutrales Öl**
2 **Frühlingszwiebeln**, fein gehackt
75 g **Kirschtomaten**, entkernt und gewürfelt
1 EL **rote Chili**, fein gehackt (weniger, wenn Kinder mitessen)
1 **Knoblauchzehe**, fein gehackt
100 g **Spinat**, fein gehackt
1 Dose **gekochte Ackee** (à 540 g), abgetropft
**Salz** und **frisch gemahlener schwarzer Pfeffer**
**geröstetes Toastbrot**, zum Servieren

**VORBEREITUNGSZEIT: 15 MINUTEN · GARZEIT: 15 MINUTEN**

**Ackee kommt ursprünglich aus Westafrika und ist heute die Nationalfrucht von Jamaica. In gekochtem Zustand sieht sie Rührei verblüffend ähnlich und schmeckt auch noch so. Für einen Brunch am Wochenende sollten Sie also immer ein paar Dosen auf Vorrat haben. Man findet sie in Geschäften, die karibische Lebensmittel führen, oder in großen Supermärkten. Alternativ können Sie auch weichen Tofu zerbröseln und zeitgleich mit dem Knoblauch dazugeben.**

1. Das Öl in einer großen Pfanne erhitzen und die Frühlingszwiebeln und Tomaten für 5 Minuten anschwitzen. Chili und Knoblauch zufügen und weitere 2 Minuten unter ständigem Rühren braten. Zum Schluss den Spinat in die Pfanne geben und ca. 3 Minuten dünsten, bis der Spinat zusammenfällt.
2. Die abgetropfte Ackee-Frucht dazugeben und etwa 3 Minuten erwärmen. Dabei vorsichtig umrühren, damit die Frucht nicht zu sehr zerfällt. Mit Salz und Pfeffer abschmecken.
3. Auf einer Scheibe Toastbrot anrichten und sofort servieren.

**TIPP**
Eine Prise Kala Namak, das von Natur aus nach Ei schmeckt (siehe Seite 38), kann hier wahre Wunder bewirken. Anstelle von Chili oder gerne auch zusätzlich können Sie scharfes geräuchertes Paprikapulver oder vegane Chipotle-Paste unterrühren.

# SUPERCREMIGES VEGANES RÜHREI AUS TOFU

FÜR 2

3 EL **vegane Butter** oder **Margarine**
2 EL **Kichererbsenmehl**
1 großzügige Prise **gemahlene Kurkuma**
1 großzügige Prise **Zwiebelpulver**
½ TL **Knoblauchpulver**
150 ml **ungesüßte Mandelmilch**
1 TL **veganer Dijon-Senf**
1 EL **Hefeflocken**
1 TL **vegane gekörnte Gemüsebrühe**
½ TL **Kala Namak** (schwarzes Salz)
**Olivenöl**, zum Braten
300 g **schnittfester Tofu**
**frisch gemahlener schwarzer Pfeffer**

**ZUM SERVIEREN:**
**geröstetes Toastbrot**
**frischer Schnittlauch**, fein gehackt

**VORBEREITUNGSZEIT: 15 MINUTEN · GARZEIT: 15 MINUTEN**

**Anstelle von Tofu können Sie für dieses Gericht auch gekochte Ackee-Frucht aus der Dose (siehe Seite 36) verwenden. Die Frucht muss nicht separat gebraten werden, da sie sehr zart ist. Es reicht vollkommen aus, sie direkt zum Erwärmen in die Sauce zu geben. Die Mengenangaben in diesem Rezept reichen für 4 Personen, wenn Sie das Rührei im Rahmen eines üppigen veganen Frühstücks servieren.**

---

1. Die Butter in einer Pfanne schmelzen. Mehl, Kurkuma, Zwiebel- und Knoblauchpulver dazugeben und unter ständigem Rühren in 1 Minute zu einer glatten Paste verrühren. Die Mandelmilch langsam angießen und glatt rühren. Die restlichen Zutaten bis auf den Tofu einrühren und bei mittlerer Hitze für ca. 10 Minuten eindicken, bis die Masse glatt ist.
2. In der Zwischenzeit etwas Öl in einer Pfanne stark erhitzen. Den Tofu in die Pfanne bröseln und ca. 3 Minuten anbraten, dabei zweimal umrühren.
3. Den Tofu vorsichtig in die Sauce einrühren. Darauf achten, dass der Tofu nicht zu sehr zerfällt.
4. Auf einer Scheibe Toastbrot anrichten, mit Pfeffer abschmecken und mit Schnittlauch bestreut servieren.

**TIPP**
Kala Namak wird häufig in der indischen Küche verwendet. Es ist reich an schwefelhaltigen Verbindungen und verleiht veganen Gerichten den köstlichen Geschmack von Eiern. Es ist in asiatischen Lebensmittelgeschäften oder auch großen Supermärkten erhältlich.

# JOGHURT MIT CHIASAMEN

GF WF SoF

FÜR 2

**VORBEREITUNGSZEIT: 5 MINUTEN**
**ZEIT ZUM KÜHLEN: 2 STUNDEN**

**Am besten einfach mit Müsli, gerösteten Nüssen, Kernen, Trockenfrüchten oder Beeren servieren. Oder Sie probieren unsere Lieblings-Toppings aus, die Sie weiter unten finden.**

150 ml **ungesüßte Mandelmilch**
100 g **veganer Naturjoghurt**
1 EL **Ahornsirup**
4 EL **Chiasamen**
1 TL **Vanillepaste**

1. Alle Zutaten in eine Glasschüssel geben und gut vermischen.
2. Für mindestens 2 Stunden bzw. über Nacht zugedeckt zum Kühlen in den Kühlschrank stellen.

**WIE WÄR'S MIT DIESEN TOPPINGS?**

Dünn geschnittener **Pfirsich & Himbeeren** (schmeckt besonders köstlich mit Mandeljoghurt)

Geraspelte **milchfreie Bitterschokolade, in Scheiben geschnittene Bananen & Haselnussmus** (wird in Kombination mit Mandeljoghurt zum dekadenten Dessert)

Klein geschnittene **Mango, Passionsfrucht & Zitronenabrieb** (schmeckt besonders gut mit Kokosnussjoghurt)

Klein geschnittene **Erdbeeren mit gesüßter Cashew-Creme** (siehe Seite 228) **& gerösteten Mandelblättchen** (besonders köstlich und cremig mit Cashew-Joghurt)

# VEGANER SPECK

**Diese „Speck"-Variationen eignen sich für die Zubereitung unserer Frühstücksmuffins von Seite 28, passen zu Ackee- oder Tofu-Rührei (siehe Seite 36 und 38), machen sich gut in einem Sandwich mit Avocado, Salat und Tomaten, zerbröselt in einem Caesar Salad oder worin auch immer Sie ihn gerne mögen. „Speck" aus Kokosnüssen schmeckt am besten in Salaten, Tempeh-„Speck" ist toll für Aufläufe, in Burgern oder für den typisch englischen Frühstücksbacon.**

---

## PILZ-SPECK

FÜR 2

GF WF NF SoF

3 **Portobello-Pilze**
1 EL **Tamari** (für GF und WF) oder
2 TL **Maggi-Flüssigwürze** (für SoF)
1 EL **geröstetes Sesamöl**
1 EL **süßes geräuchertes Paprikapulver**
1 TL **Knoblauchpulver**
½ TL **Salz**
2 TL **geschmacksneutrales Öl**

**VORBEREITUNGSZEIT: 10 MINUTEN · ZEIT ZUM MARINIEREN: 15 MINUTEN · GARZEIT: 40 MINUTEN**

1. Die Pilze mit einer Bürste säubern, aber nicht waschen. Stiele entfernen und ebenfalls säubern. Dann die Lamellen entfernen. Die Kappen in Scheiben und die Stiele in Streifen schneiden.
2. Die restlichen Zutaten bis auf das Öl in einer großen Schüssel verrühren. Die Pilze dazugeben und vorsichtig vermischen, bis diese gut bedeckt sind. 10–15 Minuten marinieren.
3. Das Öl in einer großen Pfanne erhitzen und die Pilze ca. 20 Minuten unter gelegentlichem Wenden braten, bis sie schön braun und knusprig sind. Darauf achten, dass die Pilze nicht übereinanderliegen und nicht im eigenen Saft dünsten – gegebenenfalls portionsweise vorgehen, je nach Pfannengröße. Behalten Sie die Pilze gut im Auge, damit sie nicht anbrennen und dadurch bitter werden. Mit einer Zange oder einem Schaumlöffel herausnehmen, damit das überschüssige Öl in der Pfanne bleibt. Auf Küchenpapier abtropfen lassen.
4. Der „Speck" ist bis zu zwei Tage im Kühlschrank haltbar, muss jedoch unter Umständen vor dem Verzehr erneut knusprig gebraten werden.

**TIPP**
Für dieses Rezept eignen sich alle frischen, großen Pilze, z. B. auch Kräuterseitlinge oder Shiitake-Pilze.

# KOKOSNUSS-SPECK

FÜR 5

GF WF NF SoF

**VORBEREITUNGSZEIT: 10 MINUTEN · GARZEIT: 15 MINUTEN**

1 EL **raffiniertes** oder **natives Kokosöl extra**
1 EL **Liquid Smoke** (Raucharoma)
½ TL **süßes geräuchertes Paprikapulver**
1 EL **geröstetes Sesamöl**
2 TL **Tamari** (für GF und WF) oder 2 TL **Maggi-Flüssigwürze** (für SoF)
1 EL **Ahornsirup**
½ TL **Salz**, je nach Belieben
100 g **getrocknete Kokoschips** (so groß wie möglich)

1. Den Ofen auf 180 °C vorheizen. Das Kokosöl mit einem Löffel auf ein Backblech geben und im Ofen schmelzen.
2. Die restlichen Zutaten bis auf die Kokoschips in einer großen Schüssel vermengen. Die Kokoschips dazugeben und durchmischen, bis alle Flocken gut bedeckt sind.
3. Das Backblech aus dem Ofen nehmen und die Kokoschips gleichmäßig darauf verteilen. Darauf achten, dass die Flocken nicht übereinanderliegen. Nach 7 Minuten im Ofen erneut durchmischen und in weiteren 7 Minuten schön goldbraun rösten (in den letzten Minuten gut im Auge behalten). Kurz abkühlen lassen und nach Belieben noch etwas nachsalzen. Abschließend noch einmal sorgfältig durchmischen.
4. Wenn die Kokoschips vollständig abgekühlt sind, in einen verschließbaren Behälter füllen – der „Speck" bleibt so bis zu einer Woche haltbar. Falls notwendig, erneut bei niedriger Temperatur im Ofen rösten, bis er wieder knusprig ist.

# TEMPEH-SPECK

FÜR 10

GF WF NF

**VORBEREITUNGSZEIT: 15 MINUTEN · GARZEIT: 50 MINUTEN**

200 g **Tempeh** (in einem Stück)
2 TL **Olivenöl**, zum Einfetten

**FÜR DIE MARINADE:**
1 TL **Liquid Smoke** (Raucharoma)
1 TL **süßes geräuchertes Paprikapulver**
3 EL **Tamari**
1 EL **Ahornsirup**
2 TL **Knoblauchpulver**
½ TL **schwarzer Pfeffer**
1 TL **veganer Apfelessig**

1. Alle Zutaten für die Marinade gut verrühren.
2. Das Tempeh möglichst dünn aufschneiden (am besten schräg schneiden), sodass ca. 10–12 Scheiben entstehen. In einer ofenfesten Schüssel, die in Ihren Dampfgarer passt, mit der Marinade vermischen.
3. Im Dampfgarer 20 Minuten zugedeckt dämpfen, bis die Tempeh-Scheiben die Marinade aufgesogen haben.
4. Den Ofen auf 200 °C vorheizen und ein Backblech leicht einfetten.
5. Die Tempeh-Scheiben vorsichtig auf das Backblech legen, die überschüssige Marinade abtupfen und ca. 30 Minuten im Ofen backen, bis die Scheiben knusprig sind und eine intensivere Farbe aufweisen.
6. Wenn die Tempeh-Scheiben vollständig abgekühlt sind, in einen verschließbaren Behälter füllen – der „Speck" bleibt so bis zu 3 Tage haltbar. Falls notwendig, erneut bei niedriger Temperatur im Ofen backen, bis er wieder knusprig ist.

# SHAKSHUKA MIT TOFU

FÜR 4

★ GF WF NF

70 ml **Olivenöl**
1 große **Zwiebel**, fein gewürfelt
8 **Knoblauchzehen**, fein gehackt
1 Stange **Staudensellerie**, fein gewürfelt
1 **Karotte**, fein gewürfelt
1–2 **rote Chilischoten**, nach Belieben, entkernt und fein gehackt
1 **rote Paprikaschote**, in Streifen geschnitten
1 **grüne Paprikaschote**, in Streifen geschnitten
1 **gelbe Paprikaschote**, in Streifen geschnitten
1 EL **Kreuzkümmelsamen**
1 EL **gemahlener Koriander**
1 **Kardamomkapsel**, angedrückt
½ TL **gemahlene Kurkuma**
1 TL **gemahlener Zimt**
1 TL **süßes geräuchertes Paprikapulver**
2 TL **Salz**
1 TL **frisch gemahlener schwarzer Pfeffer**
270 g **Kirschtomaten von der Rispe**
450 ml **passierte Tomaten** oder 1 Dose **gehackte Tomaten** (à 400 g)
200 ml **Wasser**
1 EL **Zucker**
350 g **schnittfester Seidentofu** (Zimmertemperatur)
1 große Handvoll **frischer Koriander**, grob gehackt, zum Servieren

**VORBEREITUNGSZEIT: 20 MINUTEN**
**GARZEIT: 1 STUNDE 10 MINUTEN**

**Shakshuka ist ein Gericht, das ursprünglich aus dem Nahen Osten kommt und mittlerweile auf der ganzen Welt gerne zum Brunch serviert wird.**

---

1. Das Öl in einer großen Pfanne erhitzen. Zwiebeln, Knoblauch, Sellerie, Karotten, Chilis und Paprika bei mittlerer Hitze unter gelegentlichem Rühren ca. 20 Minuten anschwitzen, bis alles leicht karamellisiert ist. Gewürze, Salz und Pfeffer dazugeben und unter ständigem Rühren 1 Minute anbraten, dann die Kirschtomaten hinzufügen. Zugedeckt 10 Minuten köcheln lassen, ab und zu umrühren.
2. Die passierten oder gehackten Tomaten und das Wasser dazugeben. (Falls Sie Dosentomaten verwenden, können Sie die Dose ausspülen und dieses Wasser verwenden.) Zugedeckt für 30 Minuten köcheln lassen. Die Hälfte des Zuckers einrühren, abschmecken und gegebenenfalls den restlichen Zucker beigeben.
3. Den Tofu mit einem großen Löffel in 4 Stücke teilen und auf die Tomatensauce legen, die Hitze reduzieren und zugedeckt für 10 Minuten stehen lassen, bis der Tofu erwärmt ist.
4. Mit frischem Koriander bestreut servieren.

# FRÜHSTÜCKS-CRUMBLE

FÜR 6

SoF MF

**VORBEREITUNGSZEIT: 20 MINUTEN · GARZEIT: 40 MINUTEN**

**Den Belag und die Füllung am besten bereits am Vorabend vorbereiten und über Nacht in zwei getrennten Behältern im Kühlschrank aufbewahren. Am nächsten Morgen können Sie den Crumble schichten und – während Sie duschen – im Ofen backen. Der fertige Crumble ist bis zu 3 Tage im Kühlschrank haltbar und schmeckt kalt genauso gut wie warm. Auch toll: Crumble als Dessert mit veganem Custard (siehe Seite 249).**

300 g **Brombeeren** (oder **gemischte Beeren**)
5 **Äpfel** oder **Birnen**, geschält, entkernt und in kleine Stücke geschnitten
1 EL **Hafermehl**
1 EL **Datteln**, entsteint und grob gehackt
**veganer Joghurt**, zum Servieren

**FÜR DIE STREUSEL:**

60 g **Walnüsse**, fein gehackt
60 g **Mandeln**, fein gehackt
125 g **Hafermehl**
80 g **kernige Haferflocken**
30 g **Kokosblütenzucker** (oder **brauner Zucker**)
100 g **Datteln**, entsteint und grob gehackt
120 g **raffiniertes** oder **natives Kokosöl extra**, in kleine Stückchen gehackt
2 TL **gemahlener Zimt**

---

1. Den Ofen auf 180 °C vorheizen.
2. Für die Streusel alle Zutaten in eine Schüssel geben. Mit den Händen vermischen und zerbröseln. In einer zweiten Schüssel Früchte, Hafermehl und Datteln vermengen.
3. Die Früchtemischung in eine ofenfeste Form füllen, mit den Streuseln bedecken und 35–40 Minuten backen, bis die Oberseite schön goldbraun-knusprig ist. Falls die Streusel zu schnell Farbe annehmen, die Form mit Folie oder Backpapier abdecken.
4. Frisch aus dem Ofen oder noch warm mit veganem Joghurt servieren.

**VARIATION**

**Crumble mit Mango & Ananas**

---

Für diese Variation mit Mango und Ananas geben Sie anstelle von Zimt 80 g Kokosraspel oder Kokosflocken zu den Streuseln. Für die Füllung verwenden Sie anstelle von Äpfeln, Birnen und Beeren 500 g frische oder tiefgefrorene Mango und 1 kleine Ananas, jeweils geschält und gewürfelt (oder 500 g Ananas aus der Dose oder tiefgefroren) und fügen die abgeriebene Schale und den Saft von 1 Zitrone hinzu. Das Ganze vermischen und wie oben beschrieben zubereiten.

2

# SCHNELLES MITTAGESSEN

# SINGAPUR-REISNUDELN

FÜR 4

GF WF SoF

**VORBEREITUNGSZEIT: 25 MINUTEN • GARZEIT: 15 MINUTEN**

**Singapur-Nudeln bekommen Sie sicherlich überall – nur nicht in Singapur.**

375 g **dünne Reisnudeln**
1 EL **raffiniertes** oder **natives Kokosöl extra**
1 Stück **frischer Ingwer** (ca. 3 cm), geschält und klein geschnitten
6 **Knoblauchzehen**, fein gehackt
1 **rote Chilischote**, fein gehackt
1 **Zwiebel**, halbiert und in dünne Scheiben geschnitten
6 **Frühlingszwiebeln**, der weiße Teil in 3 cm große Stücke geschnitten, der grüne Teil in feine Ringe geschnitten
1 **rote Paprikaschote**, in dünne Streifen geschnitten
1 **grüne Paprikaschote**, in dünne Streifen geschnitten
120 g **Shiitake-Pilze**, in dünne Scheiben geschnitten
225 g **Wasserkastanien**, in 2 cm große Stücke geschnitten
200 g **Bohnensprossen**
100 g **Schwarzkohl**, in dünne Streifen geschnitten

**FÜR DIE SAUCE:**

60 ml **Tamari** (für GF und WF) oder **Maggi-Flüssigwürze** (für SoF)
3 EL **Reiswein** (ohne Gluten für GF und WF)
3 EL **Currypulver**
1 TL **Palmzucker**
1 TL **Sesamöl**

**ZUM SERVIEREN:**

50 g **Cashewkerne**, geröstet
1 Handvoll **frischer Koriander**, die Blätter grob gehackt

1. Die Nudeln in eine große Schüssel geben, mit kochendem Wasser bedecken und 5 Minuten quellen lassen (oder entsprechend der Packungsanleitung zubereiten).
2. In der Zwischenzeit alle Zutaten für die Sauce mit einer Gabel in einer kleinen Schüssel verrühren, bis sich der Zucker aufgelöst hat. Zur Seite stellen.
3. Die Nudeln abgießen und unter fließendem kalten Wasser abspülen. In die Schüssel zurückgeben und mit der Sauce vermischen. Während das Gemüse gart, die Nudeln immer wieder umrühren, damit sie nicht klumpen.
4. Das Kokosöl in einem großen Wok rauchend heiß erhitzen. Ingwer, Knoblauch und Chili zugeben. Kurz unter Rühren anbraten, dann die Zwiebeln, die weißen Teile der Frühlingszwiebeln, die Paprikaschoten und die Shiitake-Pilze zugeben. Weitere 3–4 Minuten anbraten, bis das Gemüse beginnt, Farbe anzunehmen. Die Wasserkastanien, die Bohnensprossen und den Schwarzkohl hinzufügen und weitere 2 Minuten unter Rühren anbraten.
5. Die Nudeln und die restliche Sauce in der Schüssel zugeben und mit dem Gemüse vermischen. 3 Minuten unter gelegentlichem Rühren weitergaren.
6. Mit Cashewkernen, Koriander und Frühlingszwiebelringen bestreut servieren.

# JACKFRUCHT AUF VORRAT

Ergibt 1 kg

GF WF NF SoF

3 EL **Olivenöl** oder **geschmacksneutrales Öl**
2 **Zwiebeln**, fein gehackt
6 Dosen **junge grüne Jackfrucht in Salzlake** oder **Wasser** (à 565 g oder 400 g), abgetropft
4 **Knoblauchzehen**, zerdrückt
500 ml heiße **vegane Gemüsebrühe** (siehe Seite 140 für die selbst gemachte Variante)

**VORBEREITUNGSZEIT: 15 MINUTEN • GARZEIT: 25 MINUTEN**

**Es ist unheimlich praktisch, immer etwas Jackfrucht für Currys, Eintöpfe, Suppen, Pasta, Sandwiches und Tacos im Gefrierschrank zur Verfügung zu haben – sie ersetzt in vielen Rezepten gegartes Hühnchen und ergibt sogar ein tolles Sandwich im Thunfischmayonnaise-Stil (siehe Seite 118). Sie erhalten Jackfrucht in Wasser oder Salzlake – begehen Sie nur nicht den Fehler, Jackfrucht in Sirup zu kaufen. Junge grüne Jackfrucht in ungesalzenem Wasser in Dosen sollte man gegen Ende der Garzeit abschmecken. Das Abtropfgewicht einer 565 g- oder 400 g-Dose ist für gewöhnlich dasselbe (220 g).**

1. Das Olivenöl in einer großen Pfanne erhitzen, die Zwiebeln zugeben und bei mittlerer Hitze in ca. 8 Minuten glasig anschwitzen.
2. In der Zwischenzeit den harten, holzigen Kern jedes Jackfruchtstücks wegschneiden, sodass nur mehr das weiche Fruchtfleisch übrig bleibt (ca. 150 g je Dose). Das Fruchtfleisch mit den Händen grob zerpflücken. Unter fließendem kalten Wasser abspülen, dann mit einem sauberen Geschirrtuch trocken tupfen.
3. Den zerdrückten Knoblauch zu den Zwiebeln geben und weitere 2 Minuten anbraten. Die Temperatur leicht erhöhen und die zerteilte Jackfrucht hinzufügen. Ca. 5 Minuten unter gelegentlichem Rühren anbraten, bis die Zwiebeln und die Jackfrucht allmählich Farbe annehmen. (Geleeartige Samen und harte Teile, die während des Garens auftauchen, aus der Pfanne fischen.) Die Brühe angießen und zum Köcheln bringen. Ca. 10 Minuten kochen, bis die Brühe fast vollständig verdampft ist.
4. Sobald die Pfanne nahezu trocken ist, von der Herdplatte nehmen und die Jackfrucht leicht abkühlen lassen, dann mit einem Kartoffelstampfer grob zerdrücken, um das Fruchtfleisch weiter zu zerkleinern.
5. Sofort verwenden oder in Portionen zu je 100 g (für Currys, Saucen etc.) oder 50 g (für Sandwiches) teilen und einfrieren.

**TIPP**
Wer nur 1 Dose Jackfrucht verarbeiten möchte, nimmt 1 EL Öl, ½ Zwiebel, 1 Knoblauchzehe und 150 ml Brühe.

# WALDPILZEINTOPF MIT ESTRAGON

FÜR 4

GF WF NF SoF

20 g **getrocknete Steinpilze**, grob gehackt
400 ml **kochendes Wasser**
60 ml **Olivenöl**
1 große **Zwiebel**, halbiert und in dünne Scheiben geschnitten
1 Stange **Lauch**, halbiert und in dünne Scheiben geschnitten
1 Stange **Sellerie**, fein gewürfelt
1 **Karotte**, fein gewürfelt
6 **Knoblauchzehen**, zerdrückt
1 **Lorbeerblatt**
150 ml **veganer Weißwein**
250 g **braune Champignons**, in Scheiben geschnitten, kleinere Stücke halbiert oder im Ganzen
240 g **gemischte Waldpilze**, in Scheiben geschnitten
1 EL **vegane gekörnte Gemüsebrühe**
½ EL **frisch gemahlener schwarzer Pfeffer**
1 TL **veganer Dijon-Senf**
80 ml **Kokosnussmilch** (nur die feste Creme)
1 kleines Bund **frischer Estragon**, die Blätter fein gehackt
**Salz**

**VORBEREITUNGSZEIT: 20 MINUTEN • GARZEIT: 40 MINUTEN**

**Dies ist Chantals anglisierte und „veganisierte" Version von Bœuf Stroganoff. Obwohl das Gericht Kokosnussmilch enthält, schmeckt man sie nicht; stattdessen ist dieser Eintopf herzhaft und erdig-würzig – und absolutes Comfort Food.**

---

1. Die getrockneten Steinpilze 20 Minuten im kochenden Wasser einweichen.
2. In der Zwischenzeit 2 Esslöffel Olivenöl in einer großen Pfanne erhitzen. Sobald es heiß ist, Zwiebeln, Lauch, Sellerie und Karotten zugeben und 5 Minuten unter gelegentlichem Rühren anbraten. Den Knoblauch hinzufügen und weitere 5 Minuten anschwitzen, bis er leicht karamellisiert. Das Lorbeerblatt und den Wein zugeben, dann die Temperatur reduzieren und 5 Minuten köcheln lassen.
3. Das übrige Öl in einer Pfanne erhitzen, die frischen Pilze hineingeben und bei großer Hitze 10–15 Minuten anbraten, dabei alle 5 Minuten umrühren.
4. Die getrockneten Pilze abgießen, das Einweichwasser auffangen und damit die frischen Pilze ablöschen, dann alles unter das Gemüse rühren. Gekörnte Gemüsebrühe, Pfeffer und Senf zugeben und gut verrühren.
5. Die Temperatur erhöhen und 10 Minuten köcheln lassen. Kokosnusscreme einrühren und weitere 3–5 Minuten garen, bis der Eintopf dick und cremig ist. Von der Herdplatte nehmen und den Estragon zugeben, mit Salz abschmecken und servieren.

**TIPP**
Schmeckt großartig mit knusprigem Brot, zu Kartoffelpüree mit Olivenöl (siehe Seite 217) oder cremiger Polenta (siehe Seite 211).

# SENFIGE PILZ-BASILIKUM-GNOCCHI

FÜR 4

NF SoF

3 EL **Olivenöl**
800 g **festfleischige Pilze**, in 2 cm große Spalten oder Stücke geschnitten
2 **Knoblauchzehen**, zerdrückt
1 TL **Fenchelsamen**
4 EL **Walnüsse**, grob gehackt oder zerkrümelt (optional)
½ TL **getrockneter Oregano**
1 großzügige Prise **getrockneter Thymian**
125 ml **vegane Sahne** (ohne Nüsse für NF, ohne Soja für SoF, wir nehmen Hafersahne), plus etwas mehr, falls benötigt
2 gehäufte TL **veganer Dijon-Senf**, plus etwas mehr zum Abschmecken
½ TL **getrocknete rote Chiliflocken**, plus etwas mehr zum Abschmecken
400 g **Gnocchi**
4 Stiele **frisches Basilikum**, die Blätter grob zerzupft
**Salz** und **frisch gemahlener schwarzer Pfeffer**

**VORBEREITUNGSZEIT: 20 MINUTEN • GARZEIT: 20 MINUTEN**

**Dies ist ein Lieblingsgericht von Rebeccas Familie und basiert auf einem Rezept von Nigel Slater – vegan-tauglich gemacht. Wenn Sie es für Kinder und Erwachsene zubereiten, fügen Sie die Chiliflocken erst ganz zum Schluss zu den Portionen der Erwachsenen hinzu, anstatt sie mit in die Pfanne zu geben. Die Walnüsse sorgen für Biss, können jedoch auch weggelassen werden, und wer das Gericht ohne Nüsse zubereiten möchte, nimmt eine nussfreie vegane Sahne. Eine italienische Kräutermischung kann Oregano und Thymian ersetzen.**

---

1. Das Öl in einer großen Pfanne erhitzen, die Pilze zugeben und unter gelegentlichem Rühren ca. 8 Minuten sautieren, bis sie goldbraun sind. (Wenn die Pfanne nicht groß genug ist, nehmen Sie 2 Pfannen oder braten Sie die Pilze in 2 Portionen an.)
2. Knoblauch, Fenchelsamen und Walnüsse (optional) zugeben und 2 Minuten unter gelegentlichem Rühren anbraten, dann die getrockneten Kräuter zugeben. Gut verrühren, von der Herdplatte nehmen und die Sahne einrühren (da viele vegane Sahnen gerinnen, wenn sie zu rasch erhitzt werden, sollte die Pfanne wirklich nicht mehr auf der heißen Platte stehen). Senf und Chiliflocken nach Belieben sowie reichlich Pfeffer und eine Prise Salz zugeben.
3. Die Gnocchi in einem Topf mit kochendem Salzwasser entsprechend der Packungsanleitung kochen.
4. Gnocchi abgießen und mit der cremigen Pilzsauce vermischen. Bei Bedarf noch ein wenig Sahne oder Wasser zugeben und gut durchwärmen. Mit Basilikum bestreut servieren.

# ARTISCHOCKEN-BASILIKUM-SPINAT-PASTA

SoF

FÜR 4

**VORBEREITUNG: 10 MIN. • GARZEIT: 15 MIN.**

**Herbe Artischocken sind in dieser pestoartigen Sauce ein hervorragender Ersatz für Parmesan. Eine tolle Methode, um kleinen Kindern ein bisschen Extra-Gemüse unterzujubeln.**

400 g **Pasta**
1 **Knoblauchzehe**
50 g **Walnüsse**, grob gehackt
30 g **frisches Basilikum**, gewaschen und trocken getupft
150 g **marinierte** oder **gegrillte Artischocken aus dem Glas**, grob gehackt
abgeriebene Schale von ½ **unbehandelten Zitrone**
90 ml **natives Olivenöl extra**
100 g **tiefgefrorener** oder **frischer Blattspinat**, gehackt, aufgetaut und überschüssige Flüssigkeit ausgedrückt
1–2 TL **Zitronensaft**
**Salz** und **frisch gemahlener schwarzer Pfeffer**

1. Die Pasta 1 Minute weniger als auf der Packung angegeben in kochendem Wasser al dente garen. Für einen milderen Geschmack den Knoblauch 3 Minuten mit der Pasta blanchieren, dann mit einem Schaumlöffel aus dem Wasser fischen und die Nudeln abgießen.
2. In der Zwischenzeit die Walnüsse in einer heißen Pfanne einige Minuten rösten, bis sie duften. In einer Küchenmaschine oder einem Standmixer (oder mit dem Stabmixer) mit Basilikum, Artischocken, Zitronenschale, Öl, Knoblauch, Spinat und reichlich schwarzem Pfeffer zerkleinern, bis die Konsistenz von Pesto erreicht ist, dann nach Belieben Zitronensaft und Salz zugeben.
3. Die Pasta abgießen, 4 Esslöffel des Kochwassers zurückbehalten. Bei niedriger Hitze die Pasta zurück in den Topf geben und die Sauce hinzufügen. Gut vermischen und 1–2 Minuten erhitzen, mit ein wenig Kochflüssigkeit auflockern. Sofort servieren.

# PASTA ALLA PUTTANESCA

NF SoF

FÜR 4

**VORBEREITUNG: 10 MIN. • GARZEIT: 15 MIN.**

**Die knoblauchlastige, würzige Tomatensauce wird traditionell mit Sardellenfilets zubereitet. Es ist zwar nicht unbedingt nötig, aber eine Prise Algenpulver sorgt für den gleichen Umami-Geschmack.**

400 g **Pasta**
3 EL **Olivenöl**
2 **Knoblauchzehen**, angedrückt
1 EL **Tomatenmark**
1 TL **rote Chilis**, fein gehackt, oder mehr nach Belieben
200 g **Tomaten-Passata** oder **gehackte Tomaten** aus der Dose
2 EL **Kapern**, abgegossen, abgetropft und grob gehackt
10 **getrocknete schwarze Oliven**, entsteint und grob gehackt
1 ordentliche Prise **getrocknete rote Chiliflocken** (optional; weniger, wenn Kinder mitessen)
1 Prise **Algenpulver** (optional)
1 EL **frische glatte Petersilie**, fein gehackt
**Salz** und **frisch gemahlener schwarzer Pfeffer**

1. Die Pasta 1 Minute weniger als auf der Packung angegeben in kochendem Salzwasser al dente garen.
2. In der Zwischenzeit das Öl in einer Pfanne erhitzen, die Knoblauchzehen und das Tomatenmark zugeben. Unter Rühren 2 Minuten kochen. Chilis, Passata oder gehackte Tomaten (grobe Stücke zerdrückt), Kapern und Oliven hinzufügen. 3 Minuten unter Rühren garen, bis die Mischung schön sämig ist.
3. Von der Herdplatte nehmen, die Knoblauchzehen entfernen, dann nach Belieben Chiliflocken und Algenpulver zugeben. Mit Pfeffer abschmecken, Salz wird nicht mehr nötig sein.
4. Die Pasta abgießen und mit der Sauce vermischen. Vor dem Servieren die Petersilie unterrühren.

SENFIGE PILZ-BASILIKUM-GNOCCHI

ARTISCHOCKEN-BASILIKUM-SPINAT-PASTA
PASTA ALLA PUTTANESCA

# PASTA MIT PESTO

SoF — FÜR 4

**VORBEREITUNG: 15 MIN. • GARZEIT: 15 MIN.**

**Viele vegane Pestorezepte enthalten aufgrund des käseartigen Aromas Hefeflocken. Als uns diese jedoch eines Tages ausgegangen waren, entdeckten wir, dass sie eigentlich gar nicht nötig sind (obwohl sie wertvolles Vitamin B12 liefern). Wer mag, fügt natürlich trotzdem 1 Esslöffel hinzu. Blanchierter Knoblauch sorgt für einen milderen Geschmack.**

---

450 g **Pasta** oder **Gnocchi**
1 große **Knoblauchzehe**
60 g **Pinienkerne**
75 ml sehr gutes **natives Olivenöl extra**, plus etwas mehr, falls nötig
1 große Prise **Meersalz**
75 g **frisches Basilikum**, grob gehackt

1. Die Pasta 1 Minute weniger als auf der Packung angegeben in kochendem Salzwasser al dente garen. Für einen milderen Geschmack den Knoblauch 3 Minuten mit der Pasta blanchieren, dann mit einem Schaumlöffel aus dem Wasser fischen, abtropfen lassen und zerdrücken.
2. Den blanchierten Knoblauch zusammen mit den Pinienkernen, dem Öl und dem Salz im Mörser zu einer groben Paste zerstoßen (oder einen Stabmixer nehmen). Basilikum hinzufügen und weiter zerreiben, bis die Blätter aufbrechen. Wenn nötig, löffelweise mehr Öl bis zur gewünschten Konsistenz hinzufügen. Mit Salz abschmecken.
3. Die Pasta abgießen und zurück in den Topf geben. Das Pesto unterrühren, sodass die gesamte Pasta bedeckt ist. Sofort servieren.

# PAPRIKA-KAPERN-PASTA

NF SoF — FÜR 4

**VORBEREITUNG: 10 MIN. • GARZEIT: 15 MIN.**

**Eine rasche Mahlzeit und eine köstliche Alternative zu Nudeln mit Tomatensauce für Kinder.**

---

400 g **Pasta**
1–2 **Knoblauchzehen**
200 g **geröstete Paprikaschoten** (oder **Röstpaprikapaste**) aus dem Glas, entkernt
2 EL **frisches Basilikum**, grob gehackt, plus ein paar Stiele mehr zum Servieren
2 EL **frische Petersilie**, grob gehackt
1 EL **Kapern**, abgetropft und abgespült
1 EL **Pinienkerne** oder **gemahlene Mandeln**
**Salz** und **frisch gemahlener schwarzer Pfeffer**

1. Die Pasta 1 Minute weniger als auf der Packung angegeben in kochendem Salzwasser al dente garen. Für einen milderen Geschmack den Knoblauch 3 Minuten mit der Pasta blanchieren, dann mit einem Schaumlöffel aus dem Wasser fischen, abtropfen lassen und zerdrücken.
2. Den Knoblauch in der Küchenmaschine oder im Standmixer (oder mit dem Stabmixer) zusammen mit Paprika, Kräutern, Kapern und Pinienkernen oder Mandeln rasch zu einer pestoartigen Sauce pürieren. Bei Bedarf salzen (Paprika und Kapern sind bereits recht salzig) und mit frisch gemahlenem schwarzen Pfeffer würzen.
3. Die Pasta abgießen und zurück in den Topf geben. Die Sauce zufügen und gut vermischen, damit alles bedeckt ist. Mit Petersilie bestreut sofort servieren.

**TIPP FÜR PASTA MIT PESTO**

Für eine cremigere, reichhaltigere Sauce eine reife Avocado zusammen mit dem Öl im Pesto pürieren. In Ligurien wird Pesto mit langen grünen Bohnen und gekochten Frühkartoffeln serviert, die mit der Pasta vermischt werden. Wir fügen gerne grob zerdrückte Erbsen hinzu. Ersetzen Sie doch mal einen Teil oder die gesamten Pinienkerne durch gemahlene Mandeln, gehackte Walnüsse oder ungesalzene Pistazien.

# GEBRATENER SALT-N-PEPPER-TOFU MIT ANANAS

FÜR 2

GF WF

**VORBEREITUNGSZEIT: 25 MINUTEN • GARZEIT: 40 MINUTEN**

**Der Salt-n-Pepper-Tofu ist extrem vielseitig: Er kann auch alleine mit Satay (siehe Seite 80) oder Süß-Sauer-Sauce serviert werden, lässt sich gut mit Pfannengemüse kombinieren oder für Sushi (siehe Seite 180/181) verwenden.**

**FÜR DEN SALT-N-PEPPER-TOFU:**

280 g **schnittfester Tofu**
1 TL **Szechuan-Pfefferkörner**
4 EL **Kartoffelstärke**
2 TL **Salz**
2 TL **frisch gemahlener schwarzer Pfeffer**
2 TL **Knoblauchpulver**
2 EL **geschmacksneutrales Öl**, plus etwas mehr zum Einfetten
6 **Frühlingszwiebeln**, schräg in 4 cm dicke Stücke geschnitten
1 **rote Chilischote**, entkernt und in dünne Ringe geschnitten
1 **rote Paprikaschote**, in 2 cm große Stücke geschnitten

**FÜR DIE ANANAS-GEMÜSE-MISCHUNG:**

1 Dose **Ananasstücke im eigenen Saft** (à 260 g)
1 EL **Speisestärke**
3 EL **Tamari**
2 EL **veganer Reiswein** (ohne Gluten für GF und WF)
1 EL **veganer Reisessig**
1 TL **Fünf-Gewürze-Pulver**
2 EL **raffiniertes Kokosöl** oder **geschmacksneutrales Öl**
200 g **Cashewkerne**
1 Stück **frischer Ingwer** (ca. 3 cm), geschält und in dünne Streifen geschnitten
5 **Knoblauchzehen**, fein gehackt
1 **grüne Paprikaschote**, in dünne Streifen geschnitten
125 g **Babymais**, schräg in dünne Scheiben geschnitten
100 g **Pak Choi**, **Choi Sum** oder **Chinakohl**, in dünne Streifen geschnitten
1 Handvoll **frischer Koriander**, die Blätter grob gehackt
**gedämpfter Reis** (60 g ungekochter Reis pro Person), zum Servieren

1. Den Ofen auf 200 °C vorheizen. Den Tofu in 2 cm große Würfel schneiden. In einem sauberen Geschirrtuch oder Küchenpapier die Flüssigkeit aus dem Tofu drücken und so trocken wie möglich tupfen.
2. Den Szechuan-Pfeffer mahlen, dann mit Kartoffelstärke, Salz, Pfeffer und Knoblauchpulver vermischen. Den Tofu hinzufügen und rundherum gut damit bedecken. In einer einzigen Lage auf einem eingefetteten Backblech ausbreiten. 20 Minuten backen, dann Frühlingszwiebeln, Chilis, rote Paprika und Öl zugeben, gut vermischen und in weiteren 20 Minuten goldbraun backen.
3. Während der Tofu im Ofen ist, Ananas abgießen, den Saft auffangen. Speisestärke mit 1 Esslöffel Tamari glatt rühren. Ananassaft, restliche Sojasauce, Reiswein, Reisessig und Fünf-Gewürze-Pulver unterrühren. Zur Seite stellen.
4. Das Öl in einem großen Wok stark erhitzen. Cashewkerne dazugeben und unter Wenden 1 Minute rösten. Ingwer und Knoblauch hinzufügen und einige Minuten unter ständigem Rühren anbraten, dann grüne Paprika, Babymais und grünes Blattgemüse untermischen. Unter ständigem Rühren ca. 2 Minuten anbraten, bis das Gemüse anfängt, weich zu werden.
5. Ananas, gebackenen Tofu und Ofengemüse hinzufügen und gut verrühren, dann die Sojasaucen-Mischung zugeben. Unter Rühren 1–2 Minuten garen, bis die Sauce eindickt.
6. Den Koriander unterrühren und sofort mit dem gedämpften Reis servieren.

# FALAFEL & HUMMUS MIT PETERSILIENSALAT

FÜR 4

**VORBEREITUNGSZEIT: 30 MINUTEN • GARZEIT: 25 MINUTEN**

**Wir bei LEON lieben gute Falafel. Das Rezept für Hummus ergibt mehr als Sie benötigen, also entweder einfrieren oder bis zu 4 Tage im Kühlschrank aufbewahren. Mit etwas Röstpaprikapaste wird daraus Röstpaprika-Hummus. Die Falafel lassen sich ebenfalls gut einfrieren. (Bewahren Sie die Flüssigkeit der Kichererbsen auf, um sie als Aquafaba beim Backen zu benutzen.)**

NF SoF

**FÜR DIE FALAFEL:**

1 Dose **Kichererbsen** (à 400 g), abgetropft
1 kleine **Zwiebel**, grob gehackt
2 **Knoblauchzehen**, grob gehackt
1 großzügige Prise **Salz**
1 TL **gemahlener Kreuzkümmel**
1 TL **gemahlener Koriander**
1 großzügige Prise **Backpulver**
1 Prise **Cayenne-Pfeffer**
6 EL **Kichererbsenmehl**
3 EL **frischer Koriander**, gehackt
3 EL **frische Petersilie**, gehackt
**Olivenöl**, zum Braten
**frisch gemahlener schwarzer Pfeffer**

**FÜR DEN TOMATENSALAT:**

150 g **Gurke**, entkernt und gewürfelt
150 g reife **Kirschtomaten**, gewürfelt
1 **Frühlingszwiebel**, sehr fein gehackt
2 EL **frische Petersilie**, fein gehackt
2 TL **natives Olivenöl extra**
1 Prise **Meersalz**

**FÜR DAS TAHIN-DRESSING:**

2 EL **Tahin** • 2 TL **Zitronensaft**
1–2 EL **Wasser** • 1 Prise **Salz**

**FÜR DEN HUMMUS:**

1 Dose **Kichererbsen** (à 400 g), abgetropft
1 großzügige Prise **Salz**
2 TL **Zitronensaft**
2 EL **Tahin** • 2 EL **Wasser**
**natives Olivenöl extra**, zum Beträufeln
**Za'atar** oder **Paprikapulver**, zum Bestreuen

**ZUM SERVIEREN:**

8 **Mini-Pita-Brote**, getoastet
**Chilisauce** (optional)

1. Zunächst die Falafel zubereiten. Alle Zutaten bis auf die frischen Kräuter in die Küchenmaschine geben und pfeffern. Zu einer stückigen Konsistenz pürieren, dann die Kräuter zufügen und pürieren. Die Mischung sollte recht fest und keinesfalls matschig sein. Wirkt sie zu feucht, noch 1 Esslöffel Kichererbsenmehl zugeben. Zur Seite stellen, damit sie fester wird, während Sie Salat, Dressing und Hummus zubereiten.
2. Alle Zutaten für den Salat vermischen und 10–15 Minuten zur Seite stellen, damit sich die Aromen entfalten können.
3. Alle Zutaten für das Tahin-Dressing verquirlen, dabei genug Wasser zufügen, damit das Dressing glatt und cremig wird. Zur Seite stellen.
4. Alle Zutaten für den Hummus, ausgenommen Olivenöl, Za'atar oder Paprikapulver, in der Küchenmaschine oder im Standmixer glatt pürieren. In eine Schüssel geben. Kurz vor dem Servieren eine Mulde in den Hummus drücken, ein wenig Olivenöl hineingeben und mit Za'atar oder Paprikapulver bestreuen.
5. Für die Falafel in einem tiefen Topf ca. 1 cm Öl auf 180 °C erhitzen (so heiß, dass ein Stück altbackenes Brot darin in 30 Sekunden braun wird).
6. Mithilfe von 2 Dessertlöffeln walnussgroße Stücke der Falafelmischung zu 12 Falafeln formen. Portionsweise vorsichtig ins heiße Öl geben und ca. 4–5 Minuten frittieren, dabei ein- bis zweimal wenden, bis die Bällchen rundum goldbraun sind. Das Äußere sollte knusprig, das Innere schön hell, dampfend heiß und fluffig sein. (Nicht zu viel auf einmal in den Topf geben, da sonst die Öltemperatur sinkt und die Falafel fettig werden. Das Öl sollte immer 180 °C haben.) Mit einem Schaumlöffel aus dem Öl heben und auf Küchenpapier abtropfen lassen. Fertige Falafel warm stellen, während der Rest zubereitet wird.
7. Mit Tahin-Dressing, Salat und Hummus anrichten und mit Pita-Brot servieren.

# KNUSPRIG GEBRATENE AVO-TACOS

FÜR 4

NF SoF

geschmacksneutrales **Öl** (kein Kokosöl), zum Braten
3 EL **Mehl**
1 Prise **Cayennepfeffer**, **Chilipulver**, **geräuchertes Paprikapulver**, **Senfpulver** oder **gemahlener Kreuzkümmel** (optional)
3 EL **ungesüßte Pflanzenmilch** (ohne Nüsse für NF, ohne Soja für SoF)
50 g **Pankomehl**
2 reife **Avocados**
12 kleine **milchfreie Mais-** oder **Weizentortillas**
**Salz** und **frisch gemahlener schwarzer Pfeffer**
**Limettenspalten**, zum Servieren

**FÜR DIE TOPPINGS:**
**mexikanischer Krautsalat** (siehe Seite 162)
**Pico de Gallo** (siehe Seite 231)
Selbst gemachte **Saure Cashewsahne** (siehe Seite 228) oder **vegane Saure Sahne aus dem Supermarkt** (ohne Nüsse für NF, ohne Soja für SoF)
**vegane Chipotle-Paste** oder **-Sauce** oder **Chilisauce**
**Mandel-Feta** (siehe Seite 154) (optional, wenn es nicht NF sein muss)

**VORBEREITUNGSZEIT: 15 MINUTEN • GARZEIT: 10 MINUTEN**

**Avocados immer so vorsichtig wie möglich schälen – das Fruchtfleisch, das dem Kern am nächsten liegt, hat am meisten Nährstoffe. Interessanterweise hilft das Fett in Avocados dem Körper dabei, mehr Nährstoffe aus dem Rest der Mahlzeit aufzunehmen. Die gebratenen Avocadostücke bleiben einige Minuten lang warm, sind jedoch am besten, wenn sie erst kurz vor dem Servieren zubereitet werden und noch heiß und knusprig sind. Dazu noch eiskaltes veganes Bier – perfekt! Die Toppings am besten als Erstes zubereiten.**

---

1. Sobald alle Toppings vorbereitet sind, ca. 4 cm Öl in einem tiefen Topf auf 180 °C erhitzen (so heiß, dass ein Stück altbackenes Brot darin in 30 Sekunden braun wird).
2. Das Mehl auf einen Teller geben und mit Salz und Pfeffer würzen (wenn Sie Gewürze benutzen, ebenfalls hinzufügen). Die Milch in eine Schüssel gießen. Das Paniermehl auf einen weiteren Teller geben.
3. Jede Avocado in 6 oder 8 lange Stücke schneiden, je nach Größe und Reifegrad. Jedes Stück im Gewürzmehl wälzen, dann in die Milch tauchen, sodass jedes Stück rundherum befeuchtet ist. Zum Schluss vorsichtig im Pankomehl wenden.
4. Mit einem Schaumlöffel 2 oder 3 Stücke in das heiße Öl geben. Ca. 1 Minute frittieren, bis die Panade goldbraun ist, dann mit einer Zange herausheben und überschüssiges Öl abtropfen lassen. Auf Küchenpapier legen und warm halten, während die restlichen Stücke frittiert werden.
5. In der Zwischenzeit die Tortillas im Ofen bei niedriger Temperatur oder in einer trockenen Pfanne erwärmen. In ein sauberes Küchentuch wickeln, um die Tortillas warm zu halten.
6. Einen Stapel warmer Tortillas mit den frittierten Avocados, einem Topping nach Wahl und Limettenspalten zum Beträufeln servieren und die Gäste ihre Tacos selbst belegen lassen.

## TACO-VARIATIONEN

### FISCH-STYLE TACOS FÜR 4

Folgen Sie dem Rezept für „Fish" & Chips (siehe Seite 98), schneiden Sie jedoch die Bananenblüte vor dem Braten in kleinere Stücke (und lassen Sie die Pommes weg). Mit Maistortillas, mexikanischem Krautsalat (siehe Seite 162) und Avocado-Crema (siehe Seite 234) servieren.

### EINE EINFACHE TACO-FÜLLUNG FÜR 2

1 Dose schwarze Bohnen oder Gartenbohnen (à 400 g) mit 1 TL Öl, 1 TL veganer Chipotle-Paste, 1 zerdrückten Knoblauchzehe, 1 TL gemahlener Kreuzkümmel, 4 EL Maiskörnern und etwas fein geschnittenem Grünkohl oder einer anderen dunklen grünen Kohlsorte erhitzen. Sobald das Gemüse durch ist, einen Spritzer Limettensaft, etwas Salz, Pfeffer und frische Korianderblätter hinzufügen. Mit Tortillas und ein oder zwei der oben genannten Toppings oder etwas Guacamole (siehe Seite 234) servieren.

### „FLEISCHIGE" TACOS

Hierzu passen chorizo-artiger Seitan, geräucherter Seitan, Tempeh-Speck (siehe Seite 41), Jackfrucht (siehe Seite 50), schnittfester oder geräucherter Tofu, selbst gemachtes veganes Hackfleisch oder thailändischer Larb (siehe Seite 158). Die gewählte Einlage schön braun und leicht knusprig (aber nicht trocken) anbraten. Mit Limettensaft und frischen oder getrockneten Chilis würzen, dann mit Tortillas, einem Topping nach Wahl (siehe gegenüber) und vielleicht noch etwas klein geschnittenem Salat servieren.

#### WEITERE KOMBINATIONSMÖGLICHKEITEN:

Ofen-Süßkartoffeln oder Kürbis
Gegrillte Zucchini
Auberginen oder Paprikaschoten
Ofen-Kirschtomaten
Ofen-Blumenkohl oder Buffalo-Blumenkohl (siehe Seite 72 und 106)
Geröstete Nüsse oder Kerne (siehe Seite 242 und 243)

# KNUSPRIG GEBRATENE AVO-TACOS

# KÜRBISRISOTTO MIT RÖST-KNOBLAUCH & SALBEI

FÜR 4

GF WF SoF

**VORBEREITUNGSZEIT: 15 MINUTEN • GARZEIT: 40 MINUTEN**

**Süßer Butternusskürbis mit intensivem Salbei und gerösteten Walnüssen für den Biss.**

300 g **Kürbis**, z. B. **Butternuss** oder **Hokkaido**, geschält, entkernt und in 3 cm große Stücke geschnitten
7 **Knoblauchzehen**, 5 große mit Schale, 2 fein gehackt
5 EL **Olivenöl**
50 g **Walnüsse**, grob gehackt
1 **Zwiebel**, fein gewürfelt
300 g **Risottoreis**
125 ml **veganer Weißwein**
1 l **vegane Gemüsebrühe** (siehe Seite 140 für die selbst gemachte Variante)
28 **frische Salbeiblätter**
2 TL **Hefeflocken** (optional)
2 TL **Zitronensaft**
**Salz** und **frisch gemahlener schwarzer Pfeffer**

1. Den Ofen auf 200 °C vorheizen. Den Kürbis und die ganzen Knoblauchzehen auf einem Backblech mit 1 Esslöffel Olivenöl vermischen, dann ca. 30 Minuten backen, bis der Kürbis weich ist und beginnt, braun zu werden. Nach 15 Minuten einmal wenden. Die Walnüsse auf einem zweiten Backblech verteilen und 5 Minuten vor Ende der Backzeit des Kürbisses in den Ofen schieben und mitrösten.
2. Kürbis, Knoblauch und Walnüsse aus dem Ofen nehmen und Walnüsse zur Seite stellen. Sobald der Knoblauch kühl genug ist, aus der Schale drücken, dann zusammen mit dem Kürbis grob zerdrücken.
3. Während der Kürbis noch im Ofen ist, bereits das Risotto zubereiten. Dafür 1 Esslöffel Olivenöl in einem großen Topf erhitzen. Die Zwiebeln und 1 Prise Salz darin sanft anschwitzen, bis sie glasig, aber nicht braun sind. Den gehackten Knoblauch hinzufügen und unter Rühren 1 Minute anbraten. Einen weiteren Esslöffel Öl sowie den Reis zugeben. Unter Rühren weitergaren, bis der Reis gut mit dem Öl bedeckt ist und anfängt, glasig zu werden.
4. Den Wein angießen. Weiterrühren und den Wein köcheln lassen, bis er vom Reis aufgesogen wurde. Die heiße Brühe Kelle für Kelle hinzufügen, dabei oft umrühren und warten, bis die Flüssigkeit aufgenommen wurde, ehe der nächste Schöpflöffel zugegossen wird. Garen, bis der Reis cremig ist, aber noch ein wenig Biss hat; dafür ist vielleicht nicht die gesamte Brühe nötig.
5. 1 Esslöffel Öl in einer Pfanne bei niedriger Temperatur erhitzen. Sobald es heiß ist, 24 Salbeiblätter hineingeben. Knusprig frittieren, dann sofort aus der Pfanne heben, da sie sonst bitter werden. Zur Seite stellen.
6. Sobald das Risotto fertig ist, von der Herdplatte nehmen. Den übrigen Salbei fein hacken, dann zusammen mit dem Kürbis-Knoblauch-Stampf, dem restlichen Öl, den Hefeflocken (optional) und dem Zitronensaft unter das Risotto mischen. Mit Salz und Pfeffer abschmecken. Mit gerösteten Walnüssen und den knusprigen Salbeiblättern bestreut servieren.

**TIPP**
Für beide Risottos ein Olivenöl mit mildem, nicht bitterem Aroma verwenden.

# ZITRONEN-ERBSEN-BASILIKUM-RISOTTO

GF WF SoF

FÜR 4

**VORBEREITUNG: 10 MIN. • GARZEIT: 30 MIN.**

**Ein leichtes Risotto, das nach Frühling schmeckt. Je nach Saison passen dazu dünn geschnittener Spargel, Zucchinistreifen, enthülste Dicke Bohnen, Zuckererbsen oder sogar Edamame-Bohnen.**

3 EL **Olivenöl**
1 **Zwiebel**, fein gewürfelt
2 **Knoblauchzehen**, fein gewürfelt
350 g **Risottoreis**
125 ml **veganer Weißwein**
1,15 l **vegane Gemüsebrühe**
150 g **tiefgefrorene Erbsen**
abgeriebene Schale von ½ **Zitrone**
3 Stiele **frisches Basilikum**, die Blätter fein gehackt
1 EL **Hefeflocken** (optional)
1 große Handvoll **Erbsensprossen** oder **Brunnenkresse**, die dicken Stiele entfernt
3 EL **geröstete Pinienkerne**
**Salz** und **frisch gemahlener schwarzer Pfeffer**

1. In einem großen Topf 1 Esslöffel Olivenöl erhitzen. Die Zwiebeln und 1 Prise Salz darin sanft anschwitzen, bis sie glasig, aber nicht braun sind. Den Knoblauch unter Rühren 1 Minute mit anbraten. Einen weiteren Esslöffel Öl zugeben, 1 Minute rühren und dann den Reis zugeben. Unter Rühren weitergaren, bis der Reis anfängt, glasig zu werden.
2. Den Wein angießen. Weiterrühren und köcheln lassen, bis der Wein vom Reis aufgesogen wurde. Die heiße Brühe Kelle für Kelle sorgfältig in den Reis einrühren. Garen, bis der Reis cremig ist, aber noch Biss hat; dafür ist vielleicht nicht die gesamte Brühe nötig.
3. Während der Reis gart, die Erbsen in einen Topf mit kochendem Wasser geben. Erneut aufkochen lassen, dann abgießen. Im Standmixer zu einem groben Püree zerkleinern oder mit dem Kartoffelstampfer zerdrücken.
4. Sobald das Risotto fertig ist, von der Herdplatte nehmen und Erbsen, restliches Öl, Zitronenschale, Basilikum und Hefe (optional) hinzufügen. Gut umrühren und mit Salz und Pfeffer abschmecken. In flachen Schüsseln mit Erbsensprossen oder Brunnenkresse sowie gerösteten Pinienkernen servieren.

# SHIITAKE-CASHEW-PFANNE MIT SAUCE AUS SCHWARZEN BOHNEN

FÜR 4

GF WF

VORBEREITUNGSZEIT: 20 MINUTEN • GARZEIT: 20 MINUTEN

**Fermentierte schwarze Bohnen erhalten Sie in asiatischen Supermärkten oder online. Eine superschnelle Alternative sind 200 ml wirklich gute Schwarze-Bohnen-Sauce aus dem Glas.**

150 g **Cashewkerne**
1 EL **geschmacksneutrales Öl**
2 **Knoblauchzehen**, in dünne Scheiben geschnitten
1 daumengroßes Stück **frischer Ingwer**, geschält und in sehr feine Stifte geschnitten
1 **rote Chilischote** (weniger, wenn Kinder mitessen), in dünne Ringe geschnitten
1 große **Zwiebel**, halbiert und in Scheiben geschnitten
240 g **Shiitake-Pilze**, bei Bedarf halbiert
100 g **Brokkolini** (oder **normaler Brokkoli**) oder **grüne Bohnen**, gedrittelt
6 **Frühlingszwiebeln**, 4 in je 4 Stücke geschnitten, 2 in feine Ringe geschnitten
1 TL **Sesamöl**
**gedämpfter Reis** (60 g ungekochter Reis pro Person), zum Servieren

**FÜR DIE SCHWARZE-BOHNEN-SAUCE:**

2 EL **fermentierte schwarze Bohnen**
1 **veganer Brühwürfel** für Gemüsebrühe oder 1 EL **vegane gekörnte Gemüsebrühe**
300 ml **heißes Wasser**
1 EL **geschmacksneutrales Öl**
5 **Knoblauchzehen**, fein gehackt
1 daumengroßes Stück **frischer Ingwer**, geschält und fein gehackt
2 EL **Tamari**
2 EL **veganes Mirin**, **chinesischer Reiswein** oder **trockener Sherry** (Sherry für GF und WF)
1 EL **Kokosblütenzucker** (oder **brauner Zucker**)
1 TL **Speisestärke**
1 EL **kaltes Wasser**

1. Für die Sauce die Bohnen abspülen und grob zerdrücken. Die gekörnte Brühe oder den Würfel mit dem heißen Wasser mischen und zur Seite stellen.
2. Das Öl in einem kleinen Topf erhitzen, dann Bohnen, Knoblauch und Ingwer zugeben und unter Rühren 2–3 Minuten anbraten. Brühe, Tamari, Mirin, Reiswein oder Sherry sowie Zucker zufügen und zum Kochen bringen, die Hitze reduzieren und 10–15 Minuten köcheln lassen, bis die Sauce ca. zur Hälfte eingekocht ist. Speisestärke und kaltes Wasser vermischen, dann in den Topf geben und einige Minuten einrühren, bis die Sauce eindickt.
3. In der Zwischenzeit die Cashewkerne in einem heißen Wok oder einer Pfanne bei mittlerer Hitze 3–5 Minuten unter gelegentlichem Rühren rösten. Aus der Pfanne nehmen und zur Seite stellen.
4. Das Öl in einem Wok oder einer Pfanne sehr heiß werden lassen und Knoblauch, Ingwer und Chilis hineingeben. 30–60 Sekunden unter ständigem Rühren anbraten, Zwiebeln zugeben und 1 weitere Minute anschwitzen. Pilze, Brokkolini oder grüne Bohnen sowie Frühlingszwiebelstücke hinzufügen und 2–3 Minuten unter Rühren anbraten.
5. Geröstete Cashewkerne und Schwarze-Bohnen-Sauce dazugeben und gut verrühren, 1 Minute weitergaren. Von der Hitze nehmen und das Sesamöl einrühren.
6. Mit gedämpftem Reis und bestreut mit den Frühlingszwiebelringen servieren.

# JACKFRUCHT-TINGA

FÜR 4

GF WF SoF

4 mittelgroße **Süßkartoffeln**
3 große **Tomaten**
2 gehäufte TL **vegane Chipotle-Paste**, plus etwas mehr zum Abschmecken
2 **Knoblauchzehen**, zerdrückt
1 TL **getrockneter Oregano**
2 TL **brauner Zucker**
2 TL **veganer Apfelessig**
1 TL **gemahlener Kreuzkümmel**
1 EL **Olivenöl**
1 gehäufter TL **Tomatenmark**
400 g **gekochte Jackfrucht** (siehe Seite 50)
1 **Lorbeerblatt**
400 ml **heißes Wasser**
**Salz** und **frisch gemahlener schwarzer Pfeffer**
**Chilisauce** oder **Limettenspalten**, zum Servieren

**FÜR DIE TOPPINGS: (ALLE OPTIONAL)**
**Guacamole** (siehe Seite 234)
**Selbst gemachte Saure Cashewsahne** (siehe Seite 228) oder **vegane sojafreie Saure Sahne** aus dem Supermarkt
**mexikanischer Krautsalat** (siehe Seite 162)
**Romana-Salat-Blätter**
**frische Korianderblätter**

**VORBEREITUNGSZEIT: 20 MINUTEN • GARZEIT: 45 MINUTEN**

**Tinga de Pollo ist ein mexikanisches Hühnchengericht. Jackfrucht (siehe Seite 50) ist ein exzellenter Ersatz für das Fleisch. Köchin und Autorin Thomasina Miers hat uns auf das Potenzial angekokelter Tomaten in mexikanischen Saucen gebracht, dies ist eine Variante von einem ihrer Rezepte.**

---

1. Den Ofen auf 180 °C vorheizen. Die Süßkartoffeln auf ein Backblech legen und 45 Minuten backen.
2. Während die Kartoffeln im Ofen sind, das Jackfrucht-Tinga zubereiten. Dafür die Tomaten in einer trockenen Pfanne bei großer Hitze 8–10 Minuten garen, gelegentlich wenden, bis sie schwarz sind und anfangen, weich zu werden. Tomaten leicht abkühlen lassen, dann in der Küchenmaschine oder im Standmixer mit Chipotle-Paste, Knoblauch, Oregano, Zucker, Essig und Kreuzkümmel zu einem groben Püree zerkleinern.
3. In einem großen Topf das Öl erhitzen, das Tomatenmark hineingeben und ein paar Minuten bei mittlerer Hitze anrösten, dann die pürierten Tomaten, die Jackfrucht, das Lorbeerblatt und reichlich Pfeffer hinzufügen und 20 Minuten unter Rühren köcheln. Falls die Mischung zu trocken wird, etwas mehr Wasser zugeben.
4. Das Tinga abschmecken – es sollte würzig, rauchig und herb schmecken. Bei Bedarf noch etwas Chipotle-Paste sowie Salz und Pfeffer zugeben. Das Lorbeerblatt entfernen.
5. Die Süßkartoffeln aus dem Ofen nehmen, aufschneiden und mit dem Tinga behäuft servieren. Nach Belieben mit Toppings garnieren.

**TIPP**
Wenn Sie keine Süßkartoffeln mögen, servieren Sie das Tinga mit gedämpftem Reis und einem kleinen Salat aus gewürfelten Avocados, Tomaten, Schalotten und Koriander, auch bekannt als Pico de Gallo mit zusätzlicher Avocado (siehe Seite 231).

# OFEN-BLUMENKOHL AUF DREIERLEI ART

FÜR 2

1 **Blumenkohl**
2 EL **geschmacksneutrales Öl**, plus etwas mehr zum Einfetten
**Salz** und **frisch gemahlener schwarzer Pfeffer**

**VORBEREITUNGSZEIT: 5 MINUTEN • GARZEIT: 15 MINUTEN**

1. Den Ofen auf 200 °C vorheizen.
2. Den Blumenkohl in 4 cm große Röschen teilen, große Stücke halbieren. Auf einem eingefetteten Backblech verteilen, würzen und mit dem Öl beträufeln. 15 Minuten rösten (oder 5 Minuten für den Miso-Ingwer-Blumenkohl)
3. Je nach gewähltem Rezept (siehe weiter unten) fortfahren.

## 1. MISO-INGWER

GF WF NF

**VORBEREITUNG: 15 MIN. • GARZEIT: 25 MIN.**

2 TL **weiße** oder **gelbe Misopaste**
1 Stück **frischer Ingwer** (ca. 6 cm), geschält und fein gerieben
2 TL **veganes Mirin**
1 TL **geröstetes Sesamöl**
1 TL **Sesamsamen**
2 **Knoblauchzehen**
½ TL **Salz**
1 EL **Ahornsirup** oder **Agavendicksaft** (oder **Zucker**)
2 EL **Wasser**
**frisch gemahlener schwarzer Pfeffer**
6 **Frühlingszwiebeln**, in feine Ringe geschnitten, zum Servieren

1. Blumenkohl wie oben beschrieben vorbereiten und 5 Minuten rösten.
2. Alle Zutaten bis auf die Frühlingszwiebeln vermischen.
3. Blumenkohl aus dem Ofen nehmen und mit der Misomischung bedecken. Weitere 10 Minuten rösten, bis alles klebrig wirkt und anfängt, braun zu werden.
4. Vor dem Servieren mit den Frühlingszwiebeln bestreuen.

## 2. TANDOORI

GF WF NF SoF

**VORBEREITUNG: 15 MIN. • GARZEIT: 35 MIN.**

1 **Schalotte**, grob gehackt
2 **Knoblauchzehen**, grob gehackt
1 Stück **frischer Ingwer** (ca. 4 cm), geschält und grob gehackt
Saft von ½ **Zitrone**
½ TL **Fenchelsamen**
Samen aus 4 **grünen Kardamomkapseln**
Samen aus 1 **schwarzen Kardamomkapsel**
1 TL **gemahlener Koriander**
1 TL **gemahlener Kreuzkümmel**
1 TL **Garam Masala**
2 TL **Paprikapulver** (scharf oder edelsüß, nach Belieben)
1 großzügige Prise **gemahlene Kurkuma**
100 g **Kokosjoghurt**

**ZUM SERVIEREN:**
**frischer Koriander**, **Tsatsiki** oder **Minzjoghurt**

1. Den Ofen auf 220 °C vorheizen.
2. Vor dem Rösten alle Tandoori-Zutaten in der Küchenmaschine oder im Standmixer zerkleinern.
3. Jedes Röschen in der Tandoori-Marinade wälzen. Auf einem eingefetteten Backblech verteilen, mit dem Öl beträufeln und unter gelegentlichem Wenden 35 Minuten rösten, bis die Marinade dunkel wird und der Blumenkohl weich ist.
4. Mit Koriander, Tsatsiki oder Minzjoghurt servieren.

### 3. ORIENTALISCH (ABGEBILDET)

★ (GF) (WF) (SoF)

**VORBEREITUNG: 15 MIN. • GARZEIT: 25 MIN.**

2 EL **Dukkah** (siehe Seite 243)
2 EL **Harissa** (siehe Seite 206 für die selbst gemachte Variante)
1 TL **Zitronensaft**
1 TL **geschmacksneutrales Öl**
1 TL **Wasser**
je 1 kleine Handvoll **frische Minze**, **Petersilie** und **frischer Koriander**, die Blätter zerzupft
60 ml **Tahin-Dressing** (siehe Seite 206)
Kerne von ½ **Granatapfel**

1. Blumenkohl rösten (siehe gegenüber).
2. Aus dem Ofen nehmen, mit Dukkah bestreuen und vermischen, sodass alles gut bedeckt ist. Weitere 10 Minuten rösten. (Das lässt sich gut im Voraus zubereiten, da sich der unmarinierte, geröstete Blumenkohl in einem verschlossenen Behältnis bis zu 3 Tage im Kühlschrank hält.)
3. In der Zwischenzeit Harissa, Zitronensaft, Öl und Wasser für das Dressing verquirlen.
4. Den gerösteten Blumenkohl auf einer Servierplatte anrichten und mit den Kräutern bestreuen. Mit dem Harissa-Tahin-Dressing beträufeln und die Granatapfelkerne drüberstreuen. Entweder warm oder lauwarm servieren.

# MISO-JACKFRUCHT MIT NUDELN

FÜR 4

GF WF NF SoF

**VORBEREITUNGSZEIT: 15 MINUTEN • GARZEIT: 25 MINUTEN**

**Die mit Limette, Ingwer und Knoblauch gegarte Jackfrucht liefert Energie für den ganzen Tag und ist perfekt mit Nudeln und Pak Choi.**

2 Dosen **junge grüne Jackfrucht in Salzlake** oder **Wasser** (à 565 g oder 400 g), abgetropft
1 gehäufter TL **milde weiße** oder **gelbe Misopaste**
abgeriebene Schale und Saft von ½ **Limette**
1 EL **veganes Mirin** oder ½ TL **Zucker** und 1 EL **veganer Weißwein**
1 TL **geröstetes Sesamöl**
2 TL **Tamari** (für GF und WF) oder **Maggi-Flüssigwürze** (für SoF), plus etwas mehr zum Servieren
1 **Knoblauchzehe**, gerieben
1 Stück **frischer Ingwer** (ca. 2 cm), geschält und gerieben
2 EL **geschmacksneutrales Öl**
60 ml **Wasser**
2 **Frühlingszwiebeln**, fein gehackt

**FÜR DIE NUDELN:**
3 Köpfe **Pak Choi**
1 EL **geschmacksneutrales Öl**
1 **Knoblauchzehe**, angedrückt (optional)
600 g **vorgegarte Reisnudeln** (für GF und WF) oder **Weizennudeln**

1. Den Ofen auf 200 °C vorheizen.
2. Die Jackfrucht vom harten holzigen Inneren befreien, sodass nur das weiche Fruchtfleisch übrig bleibt. In einer mittelgroßen Schüssel Miso, Limettenschale, Mirin oder Weißwein und Zucker, Sesamöl, Tamari oder Flüssigwürze, Knoblauch und Ingwer verquirlen. Die Jackfruchtstücke zugeben und gut mischen.
3. In einer Pfanne 1 Esslöffel Öl bei mittlerer Temperatur erhitzen. Die marinierte Jackfrucht zugeben und unter Rühren ca. 1 Minute garen, dann das Wasser zugießen. Die Temperatur erhöhen und die Mischung 6–8 Minuten köcheln lassen. Wenn die Flüssigkeit nahezu verkocht ist, von der Herdplatte nehmen.
4. Die Jackfrucht mit zwei Gabeln zerteilen, dabei übrige Kerne oder Stücke von Stängeln entfernen. Das restliche Öl auf einem Backblech verteilen, dann die Jackfrucht darauf platzieren. 8–12 Minuten backen, bis die Ränder leicht dunkel werden.
5. In der Zwischenzeit die Nudeln zubereiten. Den Pak Choi in mundgerechte Stücke zerteilen. Das Öl in einer großen Pfanne oder einem Wok erhitzen, den Pak Choi und den angedrückten Knoblauch (optional) zufügen. 1 Minute unter ständigem Rühren anbraten, dann die Nudeln zugeben und 3 Minuten unter Rühren garen. Aus der Pfanne nehmen und den Knoblauch entfernen.
6. Nudeln und Gemüse in flache vorgewärmte Schüsseln verteilen. Mit der Miso-Jackfrucht belegen, mit den Frühlingszwiebeln bestreuen und mit etwas Limettensaft beträufeln. Mit extra Tamari oder Maggi servieren.

# WÜRZIGER MAROKKANISCHER TOFU

FÜR 4

NF

1 EL **Rosenwasser**
2 EL **natives Olivenöl extra**
1 TL **gemahlener Kreuzkümmel**
½ TL **gemahlener Zimt**
1 TL **gemahlener Ingwer**
1 großzügige Prise **gemahlene Kurkuma**
Samen aus 2 **Kardamomkapseln**, gemahlen
1 Prise **Safran**
1 TL **gemahlener Koriander**
1 TL **Knoblauchpulver**
280 g **schnittfester Tofu**
**Salz** und **frisch gemahlener schwarzer Pfeffer**

**FÜR DEN COUSCOUS:**
200 g **Couscous**
1 kleines Bund **frische Petersilie**, die Blätter fein gehackt
2 EL **frischer Schnittlauch** oder **Frühlingszwiebeln**, sehr fein gehackt
abgeriebene Schale von ½ **Zitrone**
**Salz**

**VORBEREITUNGSZEIT: 20 MINUTEN • ZEIT ZUM MARINIEREN: 2 STUNDEN • GARZEIT: 20 MINUTEN**

**Dieses Gericht ist köstlich, so wie es ist – Sie können diesen aromatischen nordafrikanisch inspirierten Tofu aber auch mit dem Salzzitronen-chutney von Seite 231 oder dem Tomaten-Granatapfel-Salat von Seite 156 servieren. Statt Couscous eignen sich ebenso Bulgur oder Freekeh, falls Sie es gluten- und weizenfrei mögen auch Quinoa oder Reis. Der Tofu passt ebenfalls großartig zu dem spanischen Kichererbseneintopf auf Seite 140 oder dem gefüllten Kürbis auf Seite 142.**

---

1. Alle Zutaten bis auf den Tofu in einer flachen Schale vermischen. Den Tofu in 4 Scheiben schneiden, dann in der Marinade wenden. Im Kühlschrank mindestens 2 Stunden oder über Nacht marinieren.
2. Den Couscous in eine ofenfeste Schüssel geben und mit kochendem Wasser bedecken. Eine gute Prise Salz zugeben, dann mit Frischhaltefolie abdecken (dabei nicht das Wasser berühren) und 10 Minuten quellen lassen, bis der Couscous das gesamte Wasser aufgenommen hat und gequollen ist.
3. In der Zwischenzeit eine Grillpfanne ohne Fettzugabe stark erhitzen. Den Tofu aus der Marinade nehmen und 2–3 Minuten anbraten, bis angekohlte Grillstreifen auf der Unterseite sichtbar sind. Dann um 90 Grad drehen und weitere 2–3 Minuten braten, sodass ein Kreuzmuster entsteht (dafür sollte kein Öl nötig sein). Wenden und auf der Rückseite ebenso verfahren.
4. Couscous, Petersilie, Schnittlauch oder Frühlingszwiebeln und Zitronenschale vermischen und nach Belieben salzen. Den Tofu mit dem warmen Kräuter-Couscous servieren.

# PERSISCHE KRÄUTER-FRITTATA

FÜR 8

GF WF SoF

**VORBEREITUNGSZEIT: 15 MINUTEN • ZEIT ZUM RUHEN: 30 MINUTEN • GARZEIT: 1 STUNDE**

**Chantals Großvater war Perser und sie stellt sich gerne vor, dass ihre Vorfahren eine Version dieser eifreien, mit sauren Beeren gespickten Frittata verspeisten. Getrocknete Berberitzen sind kleine säuerliche Trockenbeeren, die in der persischen Küche sehr beliebt sind. Sie finden sie in Läden mit nahöstlichen Spezialitäten oder großen Supermärkten, als Alternative eignen sich Cranberrys oder Sauerkirschen.**

### FÜR DEN BACKTEIG:

200 g **Kichererbsenmehl**
500 ml **ungesüßte Pflanzenmilch** (ohne Nüsse für NF, ohne Soja für SoF)
1 EL **natives Olivenöl extra**
1 EL **Knoblauchpulver**
1 EL **Senfpulver**
2 EL **Hefeflocken**
2 TL **Zwiebelpulver**
½ TL **Kala Namak** (schwarzes Salz; siehe Seite 38) oder **feines Salz**
1 TL **gemahlene Kurkuma**
1 TL **Backpulver** (ohne Gluten für GF und WF)

### FÜR DIE FÜLLUNG:

1 EL **Olivenöl**
1 große **Zwiebel**, halbiert und in dicke Scheiben geschnitten
200 g **Babyspinat**
2 EL **Pinienkerne**, geröstet
4 **Frühlingszwiebeln**, in feine Ringe geschnitten
1 Bund **frische Petersilie**, die Blätter fein gehackt
1 große Handvoll **frischer Dill**, fein gehackt
1 große Handvoll **frischer Koriander**, die Blätter fein gehackt
1 EL **getrocknete Berberitzen** oder **getrocknete Sauerkirschen**, grob gehackt
**Salz** und **frisch gemahlener schwarzer Pfeffer**

1. Das Kichererbsenmehl in eine große Rührschüssel sieben, die Milch angießen und zu einem glatten Teig verrühren. Die restlichen Zutaten für den Backteig bis auf das Backpulver hinzufügen und verquirlen. 30 Minuten ruhen lassen.
2. Nach der Hälfte der Ruhezeit, mit der Füllung beginnen. Den Ofen auf 180 °C vorheizen.
3. Das Öl in einer ofenfesten Pfanne stark erhitzen, die Zwiebeln hineingeben und unter gelegentlichem Rühren 10 Minuten goldbraun anschwitzen. Den Spinat unterrühren und ca. 2 Minuten garen, bis er zusammengefallen ist. Die Pfanne von der Herdplatte nehmen, die restlichen Zutaten für die Füllung unterrühren und mit Salz und Pfeffer würzen.
4. Das Backpulver unter den Teig heben, dann über die Zutaten für die Füllung gießen und alles gleichmäßig vermischen. In der Pfanne 40–50 Minuten backen, bis bei der Stäbchenprobe kein Teig mehr haften bleibt. Warm oder leicht abgekühlt servieren.

**TIPP**

Mit dem Tomaten-Granatapfel-Salat von Seite 156 servieren.

# SATAY-TOFU MIT ANANAS-SALSA

FÜR 4

GF WF

300 g **schnittfester Tofu**
1 TL **gemahlener Koriander**
½ TL **gemahlene Kurkuma**
1 EL **Tamari**
3 **Knoblauchzehen**, fein gehackt
2 TL **geschmacksneutrales Öl** (oder **raffiniertes Kokosöl**, geschmolzen), plus etwas mehr zum Einfetten
**gedämpfter Reis** (60 g ungekochter Reis pro Person), zum Servieren

**FÜR DIE SATAY-SAUCE:**
2 EL **raffiniertes** oder **natives Kokosöl extra**
4 **Schalotten**, fein gewürfelt
8 **Knoblauchzehen**, fein gehackt
1 **rote Chilischote**, entkernt
1 Stück **frischer Ingwer** (ca. 3 cm), geschält und fein gehackt
1 EL **gemahlener Koriander**
1 TL **gemahlene Kurkuma**
400 ml **Kokosmilch**
60 ml **Tamari**
2 EL **Palmzucker** (oder **brauner Zucker**)
2 Stängel **Zitronengras**, flach gedrückt
1 **Kaffirlimettenblatt**
150 g **Erdnussbutter (crunchy)**

**VORBEREITUNGSZEIT: 25 MINUTEN • ZEIT ZUM MARINIEREN: 30 MINUTEN • GARZEIT: 40 MINUTEN**

**Satay ist eine Erdnusssauce aus Malaysia. Dieses Rezept basiert auf einer Satay-Sauce, die unsere LEON-Köchin Gizzi Erskine kreierte – wir haben eine vegane Version daraus gemacht.**

---

**FÜR DIE ANANAS-SALSA:**
½ **Gurke**, geschält und gewürfelt
1 **rote Chilischote**, entkernt und in dünne Ringe geschnitten
1 kleine **Ananas**, gewürfelt
1 große **Zwiebel**, gewürfelt
1 große Handvoll **frischer Koriander**, die Blätter grob gehackt
abgeriebene Schale und Saft von 1 **Limette**
**Salz**

1. Den Tofu in 4 gleich große Scheiben schneiden. In einer flachen Schüssel die gemahlenen Gewürze, Tamari, Knoblauch und 2 Teelöffel Öl vermischen. Den Tofu dazugeben und 30 Minuten marinieren.
2. Für die Satay-Sauce das Öl in einer Pfanne erhitzen und Schalotten, Knoblauch, Chili und Ingwer unter gelegentlichem Rühren 5 Minuten anbraten, dann die gemahlenen Gewürze hinzufügen und 1 Minute weiterbraten. Kokosmilch, Tamari, Zucker, Zitronengras und Limettenblatt dazugeben und 20 Minuten köcheln lassen, bis die Flüssigkeit auf gut die Hälfte reduziert ist. Erdnussbutter einrühren und weitere 10 Minuten köcheln.
3. In der Zwischenzeit den Ofen auf 200 °C vorheizen. Den Tofu auf ein eingefettetes Backblech legen und 20 Minuten backen, nach der Hälfte der Zeit wenden.
4. Für eine völlig glatte Sauce Zitronengras und Limettenblatt entfernen und im Standmixer oder mit dem Stabmixer pürieren (portionsweise vorgehen, wenn Ihr Mixer keine heißen Flüssigkeiten verarbeiten kann).
5. In einer Schüssel alle Zutaten für die Salsa vermischen.
6. Den gebackenen Tofu auf dem gedämpften Reis anrichten und mit der Satay-Sauce und der Ananas-Salsa servieren.

# KNUSPRIGE VIETNAMESISCHE PFANNKUCHEN

FÜR 4

GF WF NF

**raffiniertes** oder **natives Kokosöl extra**, zum Braten
280 g **schnittfester Tofu**, in 1 cm große Würfel geschnitten
1 **Zwiebel**, halbiert und in feine Scheiben geschnitten
2 **Knoblauchzehen**, fein gehackt
400 g **Bohnensprossen**
**Salz**
je 1 kleine Handvoll **frische Minze**, **Thaibasilikum** und **Koriander**, die Blätter grob gehackt, zum Servieren

**FÜR DIE PFANNKUCHEN:**
130 g **Reismehl**
20 g **Speisestärke** (oder **Tapiokamehl** oder **Pfeilwurzelmehl**)
400 ml **Kokosmilch**
1 Prise **Salz**
½ TL **frisch gemahlener schwarzer Pfeffer**
½ TL **gemahlene Kurkuma**
20–50 ml **Wasser**
2 **Frühlingszwiebeln**, in feine Ringe geschnitten

**FÜR DIE SAUCE:**
1 **Knoblauchzehe**, fein gehackt
1 kleine **rote** oder **grüne Chilischote**, fein gehackt
1 Prise **frisch gemahlener schwarzer Pfeffer**
1 TL **süße weiße Misopaste**
2 EL **veganer Reisessig**
1 TL **Zucker**
2 EL **Wasser**
3 EL **Tamari**

**VORBEREITUNGSZEIT: 15 MINUTEN • ZEIT ZUM RUHEN: 30 MINUTEN • GARZEIT: 40 MINUTEN**

**Chantal probierte diese Pfannkuchen zum ersten Mal, als sie – eingepfercht in einen Kinderplastikstuhl – am Ufer des Hoi-An-Flusses in Vietnam saß. Es war das Beste, was sie auf ihrer Reise durch Vietnam, Kambodscha und Thailand gegessen hat. Heute fühlt sie sich jedes Mal, wenn sie dieses Gericht zubereitet, dorthin zurückversetzt.**

1. Für den Pfannkuchenteig beide Mehlsorten, Kokosmilch, Salz, Pfeffer und Kurkuma glatt rühren. Der Teig sollte die Konsistenz von Crème double aufweisen, falls nötig das Wasser zugeben, dann mindestens 30 Minuten ruhen lassen.
2. In der Zwischenzeit die Zutaten für die Sauce verrühren und zur Seite stellen, damit sich die Aromen entfalten können.
3. Den Ofen auf 80 °C vorheizen.
4. In einer Gusseisen- oder Antihaftpfanne mit 25 cm Durchmesser ein wenig Kokosöl erhitzen. Sobald es heiß ist, ca. 3 Esslöffel Teig hineingeben und die Pfanne schwenken, damit sich die Masse gut verteilt. 7–10 Minuten ohne Wenden backen, bis die Unterseite goldbraun und knusprig ist. Auf ein mit Backpapier ausgelegtes Bachblech gleiten lassen und im Ofen warm halten. Mit den übrigen 3 Pfannkuchen ebenso verfahren, dabei je eine Schicht Backpapier zwischen die Pfannkuchen legen, damit sie nicht zusammenkleben.
5. Während die Pfannkuchen backen, den Tofu trocken tupfen. Ca. 1 Esslöffel Kokosöl in einem Wok stark erhitzen. Sobald es heiß ist, den Tofu darin von allen Seiten knusprig anbraten. Zwiebeln zugeben und 1 Minute anschwitzen, dann Knoblauch und Bohnensprossen zufügen. Unter ständigem Rühren 1 Minute anbraten. Mit einer Prise Salz würzen, aus dem Wok nehmen und warm halten.
6. Die Pfannkuchen auf Tellern anrichten. Tofumischung, Kräuter und Sauce darauf verteilen und die Pfannkuchen jeweils darüberfalten. Sofort servieren.

**TIPP**
Die Pfannkuchen bestehen aus einer Mischung aus Reismehl und Speisestärke. Alternativ können Sie 150 g glutenfreies Mehl verwenden, das in der Regel eine Mischung aus beiden ist.

# GEBRATENER ACKEE-REIS

FÜR **2**

★ (GF) (WF) (NF) (SoF)

**VORBEREITUNGSZEIT: 10 MINUTEN • GARZEIT: 6 MINUTEN**

**Vor Kurzem hatten wir die Idee, gekochte Ackee (siehe Seite 36) in gebratenem Reis auszuprobieren (anstelle des weit häufiger verwendeten Seidentofus, den Sie natürlich auch nehmen können). So kommen nämlich ihr cremiges Aroma und ihre Konsistenz perfekt zur Geltung. Wenn Sie Kala Namak (schwarzes Salz) im Haus haben, so wird der Geschmack von Eiern noch intensiver – nehmen Sie aber nur eine kleine Prise. Vor dem Kochen alle Zutaten für das Anbraten vorbereiten.**

1 EL **geschmacksneutrales Öl**
125 g **Langkornreis**, gekocht und abgekühlt
3 **Frühlingszwiebeln**, in feine Ringe geschnitten
1 kleine **Knoblauchzehe**, zerdrückt
1 gehäufter TL **geriebener frischer Ingwer**
1 Prise **Kala Namak** (schwarzes Salz; siehe Seite 38, optional)
50 g **tiefgefrorene Erbsen**
1 TL **Tamari** (für GF und WF), **Maggi-Flüssigwürze** (für SoF) oder **Coconut Aminos** (für GF, WF und SoF), plus etwas mehr zum Servieren
1 Dose **gekochte Ackee** (à 280 g), abgegossen

**ZUM SERVIEREN:**
**Limettensaft**
1–2 TL **geröstetes Sesamöl**
2 EL **geröstete Erdnüsse**, grob gehackt
2 TL **rote Chilischote**, fein gehackt (weniger, wenn Kinder mitessen)
**Sriracha-Chilisauce** (optional)

1. Das Speiseöl in einem großen Wok stark erhitzen. Sobald es sehr heiß ist, den gekochten Reis und den Großteil der Frühlingszwiebeln dazugeben (einige zum Servieren aufbewahren). Rasch Knoblauch, Ingwer, Kala Namak (optional), Erbsen und Tamari, Flüssigwürze oder Aminos hinzufügen und gut verrühren.
2. Die abgetropfte Ackee zugeben und 2–3 Minuten mitgaren, bis sie heiß ist, dabei vorsichtig rühren, damit sie nicht völlig zerfällt.
3. In vorgewärmten Schüsseln anrichten und mit etwas Limettensaft und einem Spritzer Sesamöl beträufeln. Nach Belieben mit Frühlingszwiebelringen, Erdnüssen und Chilis bestreuen und etwas Sriracha-Sauce servieren.

**TIPP**

Jedes Land in Asien (und noch so einige andere) hat seine ganz eigene Version von gebratenem Reis. Mit einem Schuss Kokosmilch erhalten Sie gebratenen Kokos-Reis, mit 1 Teelöffel Currypulver gebratenen Curry-Reis. Etwas ergiebiger wird es mit 100 g gekochten, in Scheiben geschnittenen Pilzen oder gebratenen Tofuwürfeln. Alternativ können Sie auch 3 Esslöffel abgetropftes Kimchi fein hacken und zusammen mit der Ackee zugeben. Experimentieren Sie auch mit Toppings wie fein gehacktem Koriander oder Petersilie, gerösteten Sesamsamen, warmen Edamame-Bohnen, japanischen Aonori-Algenflocken, eingelegtem Gemüse wie Radieschen oder Gurke (siehe Seite 237), eingelegtem Ingwer oder knusprigen Röstzwiebeln (siehe Seite 160). Auch die indonesische Kecap-Manis-Sauce passt toll dazu.

# MASALA DOSA

FÜR 4

GF WF NF SoF

**VORBEREITUNGSZEIT: 20 MINUTEN • GARZEIT: 40 MINUTEN**

**Masala Dosa sind südindische Pfannkuchen aus fermentierten Linsen, gefüllt mit würzigen Kartoffeln. Unsere schnelle Variante ist gewissermaßen eine Täuschung, da sie Backpulver als Triebmittel enthält und aus Kichererbsen- und Reismehl besteht. Wir mögen sie trotzdem. Die Füllung lässt sich gut einfrieren, also bereiten Sie gleich mehr davon zu.**

### FÜR DEN DOSA-TEIG:

1 Prise **Bockshornkleesamen**
100 g **Kichererbsenmehl**
60 g **Reismehl**
1 Prise **Salz**
1 TL **Backpulver** (ohne Gluten für GF und WF)
300 ml **Wasser**
2 TL **Zitronensaft**
**frisch gemahlener schwarzer Pfeffer**
1 TL **geschmacksneutrales Öl**

### FÜR DIE DOSA-FÜLLUNG:

600 g **Kartoffeln**, ungeschält und in kleine Stücke geschnitten
1 **Karotte**, fein gewürfelt
2 EL **geschmacksneutrales Öl**
1 **Zwiebel**, fein gewürfelt
1 Prise **Salz**
2 **Knoblauchzehen**, gerieben
1 Stück **Ingwer** (ca. 2 cm), geschält und gerieben
1 TL **Senfkörner** (am besten schwarze)
10 **Curryblätter**, zerbröselt
2 TL **grüne Chilischote**, fein gehackt (weniger, wenn Kinder mitessen), nach Belieben entkernt
1 TL **gemahlene Kurkuma**
1 TL **Garam Masala**
75 g **Spinat**, die Stiele entfernt, grob gehackt
1 EL **frischer Koriander**, fein gehackt
1 TL **Zitronensaft**
**Rote-Linsen-Sambar** (siehe Seite 88) und **Kokos-Chutney** (siehe Seite 231), zum Servieren (optional)

---

1. Für den Dosa-Teig die Bockshornkleesamen in einer heißen Pfanne ohne Fettzugabe 1–2 Minuten rösten, dann im Mörser zu einem Pulver zerstoßen. Die Hälfte zusammen mit reichlich schwarzem Pfeffer und dem Rest der Teigzutaten bis auf das Öl in eine große Schüssel geben. Glatt rühren und zur Seite stellen.
2. Kartoffel- und Karottenstücke in einen großen Topf geben, mit heißem Wasser bedecken und zum Kochen bringen. Köcheln, bis sie weich sind.
3. In der Zwischenzeit 1 Esslöffel Öl in einer Pfanne erhitzen, Zwiebeln und Salz darin goldbraun anschwitzen. Knoblauch und Ingwer hinzufügen und 1 Minute anbraten, dann restliches Öl, Senfkörner, Curryblätter, übriges Bockshornkleepulver und gemahlene Gewürze zugeben. Rühren und 1 weitere Minute anbraten, Spinat zufügen und zusammenfallen lassen.
4. Kartoffeln und Karotten abgießen, grob zerdrücken. Spinatmischung unter die Kartoffeln heben, dann Koriander und Zitronensaft einrühren. Warm halten.
5. Für die Dosas einen sehr kleinen Spritzer Öl in einer großen Pfanne mit Küchenpapier verteilen. Bei niedriger Hitze 1 Kelle Teig eingießen und rasch schwenken, damit er sich kreisförmig verteilt. Ca. 5 Minuten backen (dabei bilden sich feine Risse auf der Oberfläche). Die Unterseite sollte nur langsam Farbe annehmen, sonst verfliegt der bohnenartige Geschmack des Mehls nicht. Sobald das Dosa ganz gestockt und an der Unterseite zartbraun, aber noch nicht knusprig ist, aus der Pfanne nehmen und auf einen vorgewärmten Servierteller legen. Warm stellen und die 3 übrigen Dosas zubereiten.
6. Ein Viertel der Kartoffelfüllung auf eine Seite der Dosas setzen, dann die andere Hälfte darüber falten. Nach Belieben mit Sambar und Kokos-Chutney servieren.

# ROTE-LINSEN-SAMBAR

FÜR 4

GF WF NF SoF

200 g **rote Linsen**
500 ml **Wasser**
240 g **Basmatireis**, abgespült
2 TL **Tamarindenpaste**
100–200 g **gekochtes Gemüse** (**Karotten**, **Auberginen**, **Kürbis** oder **Okra**), frisch oder tiefgefroren, gewürfelt (optional)
1 EL **geschmacksneutrales Öl**
1 **Knoblauchzehe**, gerieben
6 **Curryblätter**, zerbröselt
½ TL **gemahlene Kurkuma**
1 großzügige Prise **Chilipulver**
2 Prisen **Salz**
**milchfreier**, **sojafreier** oder **nussfreier Joghurt**, zum Servieren

**VORBEREITUNGSZEIT: 10 MINUTEN • GARZEIT: 35 MINUTEN**

**Sambar ist eine Tamarinden-Linsen-Suppe, die traditionell zu Dosas oder mit Reis und Joghurt serviert wird. Sie lässt sich gut einfrieren und kann daher auf Vorrat zubereitet werden.**

1. Linsen und Wasser in einem Topf aufkochen. Schaum abschöpfen, die Temperatur reduzieren und ca. 30 Minuten zugedeckt köcheln lassen, bis die Linsen zerfallen sind.
2. In der Zwischenzeit in einem weiteren Topf den Reis mit Wasser bedecken. Eine Prise Salz hinzufügen und zugedeckt entsprechend der Packungsanleitung gar kochen.
3. Die Linsen von der Herdplatte nehmen, die Tamarindenpaste und das Gemüse (optional) unterrühren. Das Öl in einer kleinen Pfanne erhitzen und den Knoblauch 1 Minute anbraten, von der Herdplatte nehmen und sofort Curryblätter, Kurkuma und Chilipulver dazugeben. Gut verrühren und mit dem Salz zu den Linsen geben. Umrühren und abschmecken, es sollte mild-würzig und säuerlich schmecken.
4. Den Reis abgießen und in kleinen Schüsseln mit Sambar und separat gereichtem Joghurt servieren.

# TOFU-KATSU-CURRY

FÜR 4

GF WF NF

**VORBEREITUNGSZEIT: 15 MINUTEN • GARZEIT: 30 MINUTEN**

**Katsu ist eine japanische Zubereitungstechnik, bei der paniert und gebraten wird. Das Ergebnis wird oft mit einer milden Currysauce serviert. Hier ist unsere vegane Variante.**

**FÜR DIE KATSU-CURRY-SAUCE:**

2 TL **geschmacksneutrales Öl** oder **raffiniertes Kokosöl**
1 große **Zwiebel**, fein gewürfelt
1 Stange **Lauch**, halbiert und in feine Ringe geschnitten
4 **Knoblauchzehen**, zerdrückt
1 Stück **frischer Ingwer** (ca. 2 cm), geschält und fein gerieben
2 EL **mildes Currypulver**
1 EL **normales** oder **glutenfreies Mehl**
500 ml **Wasser**
1 kleine **Karotte**, längs geviertelt und gewürfelt
2 EL **Tamari**
2 EL **veganes Mirin**
1 Prise **Salz**
1 TL **Zucker**

**FÜR DIE PANIERTEN TOFU-KOTELETTS:**

300 g **schnittfester Tofu**
50 g **normales** oder **glutenfreies Mehl**
50 g **Speisestärke**
1 EL **Wasser**
100 **g normale** oder **glutenfreie Semmelbrösel**
2 EL **geschmacksneutrales Öl** oder **raffiniertes Kokosöl**
**Salz** und **frisch gemahlener schwarzer Pfeffer**

**ZUM SERVIEREN:**

**gedämpfter Reis** (60 g ungekochter Reis pro Person)
gedämpfter **Brokkoli** (75 g pro Person)

1. Für die Currysauce das Öl in einer Pfanne erhitzen und Zwiebeln, Lauch, Knoblauch und Ingwer unter gelegentlichem Rühren 10 Minuten anschwitzen. Currypulver unterrühren, sodass das Gemüse komplett überzogen ist, und 1 Minute mitbraten. Mehl zugeben und 1 weitere Minute braten, dann nach und nach unter regelmäßigem Rühren das Wasser angießen, bis eine glatte Sauce entstanden ist. Karotten, Tamari, Mirin, Salz und Zucker hinzufügen und ca. 15 Minuten köcheln, bis die Flüssigkeit um die Hälfte reduziert ist.
2. In der Zwischenzeit den Tofu in ein sauberes Geschirrtuch einschlagen und die Flüssigkeit herausdrücken, dann trocken tupfen. In 4 gleich große Scheiben schneiden.
3. 3 Schüsseln vorbereiten, eine mit Mehl, Salz und Pfeffer, eine mit Speisestärke gemischt mit dem Wasser und eine mit den Bröseln. Das Öl in einer großen Pfanne bei mittlerer Temperatur erhitzen.
4. Die Tofuscheiben nacheinander in Mehl, Stärkemischung und abschließend den Bröseln wenden. Im heißen Öl 5–8 Minuten von beiden Seiten goldbraun anbraten. Auf Küchenpapier abtropfen lassen.
5. Mit der Sauce übergießen und mit gedämpftem Reis und Brokkoli servieren.

# SUPERGRÜNES GRÜNES CURRY

FÜR 4

GF WF NF SoF

240 g **Klebreis**
3 EL **geschmacksneutrales Öl**
2 **Auberginen**, in 2 cm große Stücke geschnitten
600 ml **Kokosmilch** (aus 2 gut geschüttelten Dosen)
1 Prise **getrocknete rote Chiliflocken** (weniger, wenn Kinder mitessen), plus etwas mehr zum Abschmecken (optional)
125 g **Brokkoli**, in Röschen geteilt
125 g **grüne Bohnen**, geputzt und in Stücke geschnitten
125 g **Frühkohl** (oder ein anderer weicher grüner Kohl), in feine Streifen geschnitten
100 g **Blumenkohl**, in Röschen geteilt
1 EL **Limettensaft**, plus etwas mehr zum Abschmecken
**Salz**
**frisches Thai-Basilikum** oder **normales Basilikum**, zum Servieren

**FÜR DIE CURRYPASTE:**
1 Prise **gemahlener Koriander**
1 Prise **gemahlener Kreuzkümmel**
½ TL **feines Salz**
1 TL **Galgantpaste** oder **frischer Galgant**, fein gehackt (optional)
1 gehäufter TL **weiße** oder **gelbe Misopaste** (ohne Soja für SoF)
1 Stück **frischer Ingwer** (ca. 4 cm), geschält und grob gehackt
15 **Kaffirlimettenblätter**
2 TL **brauner Zucker**
1 Stängel **Zitronengras**, die harten äußeren Blätter entfernt, fein gehackt
3 kleine **Schalotten**, grob gehackt
3 **Knoblauchzehen**, grob gehackt
1 Bund **frischer Koriander**, Blätter und Stängel grob gehackt
1 **scharfe grüne Chilischote**, nach Belieben entkernt, grob gehackt

**VORBEREITUNGSZEIT: 20 MINUTEN • GARZEIT: 35 MINUTEN**

**Klebreis aus Thailand wie auch Galgant finden Sie in größeren Supermärkten, Sie können jedoch auch Basmati nehmen und den Galgant einfach weglassen. Auch Misopaste ist überall erhältlich – zusammen mit dem Limettensaft und dem Salz ersetzen ihre intensiven Aromen die Fischsauce, die traditionell in Thai-Currys zum Einsatz kommt. Sojafreie Versionen gibt es online.**

1. Reis abspülen, in einem Topf mit so viel kaltem Wasser bedecken, dass es ca. 1 cm über die Reiskörner reicht. Eine Prise Salz dazugeben und zum Kochen bringen, dann die Hitze reduzieren und zugedeckt 10 Minuten köcheln lassen. Von der Herdplatte nehmen und zugedeckt ca. 20 Minuten dämpfen, bis das Curry fertig ist.
2. In der Zwischenzeit 2 Esslöffel Öl in einer großen Pfanne erhitzen, Auberginen zugeben und ca. 15 Minuten sanft anbraten, dabei gelegentlich wenden, bis alle schön goldbraun ist. Zur Seite stellen.
3. Für die Currypaste alle Zutaten in der Küchenmaschine oder dem Standmixer glatt pürieren. Alternativ im Mörser zerstoßen.
4. Das restliche Öl in einem großen, tiefen Topf erhitzen und die Currypaste darin 2 Minuten unter regelmäßigem Rühren anbraten, bis sie anfängt zu duften. Temperatur reduzieren und die Kokosmilch angießen. Langsam und vorsichtig zum Köcheln bringen (sonst gerinnt die Kokosmilch). Die roten Chiliflocken hinzufügen, wenn Sie es schärfer mögen.
5. Brokkoli, Bohnen, Frühkohl und Blumenkohl unterrühren und mit der Sauce überziehen. 4 Minuten köcheln, dann Auberginen hinzufügen und 1 weitere Minute garen. Gemüse probieren – es sollte weich sein, aber noch Biss haben.
6. Den Topf von der Herdplatte nehmen und den Limettensaft einrühren. Mit Salz, Chiliflocken und Limettensaft abschmecken.
7. Den Reis auflockern. Das grüne Curry in Schüsseln anrichten und mit Basilikum bestreut servieren. Den Reis in separaten Schalen reichen.

# PULLED-JACKFRUIT-BURGER

FÜR 2

★ (GF) (WF) (NF) (SoF)

1 EL **Olivenöl** oder **geschmacksneutrales Öl**
1 **Zwiebel**, fein gewürfelt
1 Dose **junge grüne Jackfrucht in Salzlake** oder **Wasser** (à 565 g oder 400 g), abgetropft
1 **Knoblauchzehe**, zerdrückt
150 ml heiße **vegane Brühe** (siehe Seite 140 für die selbst gemachte Variante)
1 TL **veganer Dijon-Senf**
½ TL **süßes geräuchertes Paprikapulver**
1 TL **Tamari** (für GF und WF) oder **Maggi-Flüssigwürze** (für SoF)
4 EL **vegane Barbecue-Sauce** (siehe Seite 223 für die selbst gemachte Variante)

**ZUM SERVIEREN:**
4 **vegane Burgerbrötchen**, **vegane Brioche-Brötchen** (siehe Seite 241) oder **glutenfreie Burgerbrötchen** (für GF und WF), aufgeschnitten und leicht getoastet
**Coleslaw** (siehe Seite 162)
**Essiggurken**, in Scheiben geschnitten
**eingelegte Jalapeños** (optional)
**Pommes frites**

**VORBEREITUNGSZEIT: 15 MINUTEN • GARZEIT: 30 MINUTEN**

**Pulled Pork ist längst schon ein Begriff. Wir waren aber ganz schön verblüfft, als wir das erste Mal Pulled Jackfruit probiert haben – die unreifen, grünen Früchte funktionieren erstaunlich gut anstelle des traditionellen Fleischs, sind außerdem wahnsinnig gesund und können völlig ohne schlechtes Gewissen genossen werden. (Sie können hierfür auch die Jackfrucht von Seite 50 nehmen und bei Punkt 4 des Rezeptes starten.)**

---

1. Das Olivenöl in einer großen Bratpfanne erhitzen und die Zwiebeln darin 8 Minuten anschwitzen, bis sie glasig sind.
2. In der Zwischenzeit das harte, holzige Innere der Jackfrucht entfernen, sodass nur das weiche Fruchtfleisch übrig bleibt (das sind ca. 150 g). Mit den Händen grob zerteilen. Gut unter fließendem Wasser abspülen, dann in einem sauberen Geschirrtuch trocken tupfen.
3. Den zerdrückten Knoblauch zu den Zwiebeln in die Pfanne geben und 2 Minuten braten. Temperatur erhöhen und die Jackfrucht dazugeben. Ca. 5 Minuten unter gelegentlichem Rühren anbraten, bis Jackfrucht und Zwiebeln anfangen, Farbe anzunehmen. (Geleeartige Kerne und harte Stücke herausfischen.) Brühe angießen und zum Köcheln bringen, dann ca. 10–15 Minuten kochen, bis die Flüssigkeit fast vollständig verdampft ist.
4. (Wenn Sie die Jackfrucht von S. 50 verwenden, diese in etwas Olivenöl in einer großen Pfanne erhitzen.)
5. Senf, süßes geräuchertes Paprikapulver und Tamari oder Maggi zugeben. Rühren, damit alles gut bedeckt ist, dann von der Herdplatte nehmen. Mit einem Kartoffelstampfer grob zerdrücken, um das Fruchtfleisch weiter zu zerteilen. Bei niedriger Temperatur erhitzen und die Barbecue-Sauce hinzufügen. Gut umrühren und 3–4 Minuten garen.
6. Die Burgerbrötchen mit Coleslaw, Essiggurken, Jalapeños und Jackfrucht belegen und Pommes frites dazu servieren.

**TIPP**
Wenn Sie keine Burger mögen, dann empfehlen wir Pulled Jackfruit zu Mac-&-no-Cheese (siehe Seite 114) und hierbei sogar als mittlere Lage, die vor dem Überbacken hinzugefügt wird. Auch zu Nachos mit Guacamole (siehe Seite 234) passt die Wunderfrucht super.

# JEMIMAS KICHERERBSEN-BLUMENKOHL-EINTOPF

FÜR 4

GF WF NF

2 EL **raffiniertes** oder **natives Kokosöl extra**
3 **Schalotten** oder kleine **Zwiebeln**, fein gewürfelt
5 **Knoblauchzehen**, sehr fein gehackt
1 Stück **frischer Ingwer** (ca. 3 cm), geschält und sehr fein gehackt
1 TL **gemahlene Kurkuma**
1 TL **Paprikapulver**
1 Dose **gehackte Tomaten** (à 400 g)
2 EL **weiße** oder **gelbe Misopaste**
1 TL **Tamari**
400 ml **Kokosmilch**
1 Dose **Kichererbsen** (à 400 g), abgetropft (oder 240 g gekochte Kichererbsen)
1 **rote Paprikaschote**, in 5 mm breite Streifen geschnitten
½ **Blumenkohl** (oder 1 kleiner im Ganzen), in kleine Röschen geteilt
**Zitronensaft**, zum Abschmecken
**Salz** und **frisch gemahlener schwarzer Pfeffer**

**ZUM SERVIEREN:**
**frische Korianderblätter**
**gedämpfter Reis** (60 g ungekochter Reis pro Person), zum Servieren

**VORBEREITUNGSZEIT: 15 MINUTEN • GARZEIT: 35 MINUTEN**

**Wir haben LEONs Instagram- und Twitter-Follower gebeten, uns ihre veganen Lieblingsrezepte zu schicken. Jemima Grant – 19 Jahre jung und Hobby-Köchin – reichte uns dieses Rezept ein. Es ist eine Mischung aus Eintopf und Curry und ganz klar als Gewinnergericht hervorgegangen.**

---

1. In einer großen Pfanne das Öl erhitzen und Schalotten oder Zwiebeln darin unter regelmäßigem Rühren ca. 5 Minuten anschwitzen, bis sie anfangen, weich zu werden. Knoblauch und Ingwer hinzufügen und ein paar Minuten weiterbraten, bis die Zwiebeln weich sind. Gewürze dazugeben und gut umrühren, damit die Zwiebeln komplett überzogen sind. 30–60 Sekunden braten, bis alles duftet.
2. Gehackte Tomaten, Misopaste und Tamari unterrühren und 5 Minuten unter gelegentlichem Rühren leicht einkochen lassen.
3. Kokosmilch, Kichererbsen und rote Paprikaschote dazugeben, zum Köcheln bringen und 10 Minuten unter gelegentlichem Rühren simmern lassen. Blumenkohl hinzufügen, wieder gut umrühren und weitere 10 Minuten kochen, bis der Eintopf schön sämig und der Blumenkohl weich ist.
4. Von der Herdplatte nehmen und nach Belieben mit Zitronensaft und etwas Salz und Pfeffer abschmecken. Mit den Korianderblättern bestreuen und mit gedämpftem Reis servieren.

# VIDAS FILO-PIE MIT PILZEN & GRÜNKOHL

FÜR 4

NF SoF

2 EL **Olivenöl**, plus 50 ml zum Bestreichen
2 kleine **rote Zwiebeln**, halbiert und in Scheiben geschnitten
2 **Knoblauchzehen**, fein gehackt
1 Bund **frischer Thymian**, die Blätter abgezupft
300 g **Portobello-Pilze**, grob gehackt
120 g **Shiitake-Pilze** oder andere **Waldpilze**, grob gehackt (kleine Exemplare ganz lassen)
200 g **Grünkohl** oder **Cavolo nero**, oder eine Mischung, dicke Stiele entfernt
100 g **Oliven**, entsteint und grob gehackt, oder **veganer Feta** (ohne Nüsse für NF und ohne Soja für SoF oder selbst gemacht, siehe Seite 154), oder eine Mischung aus beiden
12 Blätter **Filoteig**
**Salz** und **frisch gemahlener schwarzer Pfeffer**
**grünes Gemüse**, zum Servieren

**VORBEREITUNGSZEIT: 25 MINUTEN**
**GARZEIT: 1 STUNDE 5 MINUTEN**

**Vida Scannell ist bei LEON für das Wohlbefinden der Mitarbeiter zuständig. „Dieses Gericht ist meine Hommage an die griechische Spinatpastete Spanakopita. Filoteig und Waldpilze lassen das Gericht schnell sehr mächtig wirken, aber es ist ein sehr einfaches und schnelles Rezept. Der Grünkohl sättigt ordentlich, während der vegane Feta für die salzige und schwungvolle Note sorgt. Die Pie ist unser Favorit für Sonntage, es bleibt nie etwas übrig und sie schmeckt herrlich zu blanchiertem grünen Gemüse."**

---

1. Den Ofen auf 180 °C vorheizen.
2. In einer tiefen Pfanne 1 Esslöffel Öl erhitzen, Zwiebeln und Knoblauch sowie eine Prise Salz und Pfeffer hineingeben und 8–10 Minuten anschwitzen, bis alles weich und glasig ist.
3. Thymianblätter, Pilze und 1 weiteren Esslöffel Öl zugeben und 10 Minuten unter regelmäßigem Rühren köcheln lassen. Grünkohl oder Cavolo nero hinzufügen und unter gleichmäßigem Rühren zusammenfallen lassen. Von der Herdplatte nehmen und die Oliven (optional) unterheben. Zur Seite stellen.
4. Die 50 ml Olivenöl in eine kleine Tasse oder Schüssel gießen. Eine kleine Pieform à 25 × 25 cm einfetten. Ein Filoblatt so in die Form legen, dass es über die Seiten hängt, dann leicht mit Öl bestreichen. Mit den übrigen 5 Blättern ebenso verfahren.
5. Die Pilzmischung vorsichtig darauf verteilen. Mit kleinen Häufchen Feta (optional) belegen. Die Ecken und Seiten des Teiges über die Füllung schlagen. Mit den übrigen Teigblättern die Pie belegen, sodass die Füllung ausreichend bedeckt ist. Die Teigblätter dazu leicht mit Öl bestreichen.
6. Ca. 40 Minuten backen, bis die Pie goldbraun ist. Wird sie zu rasch dunkel, ein Stück Alufolie oder Backpapier darüberlegen, damit sie noch etwas durchgaren kann. Zu grünem Gemüse servieren.

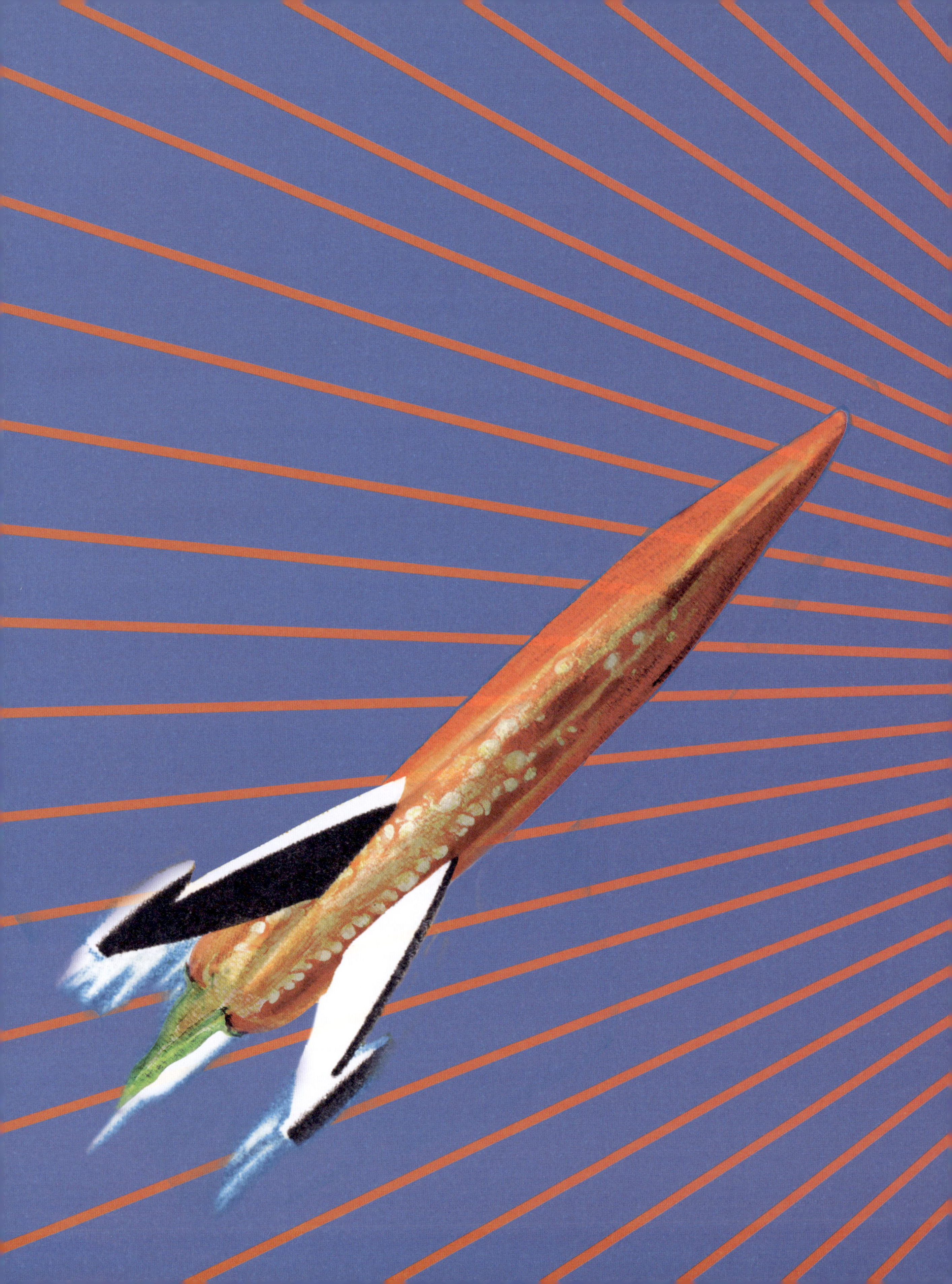

# 3

# FAST FOOD

# MAISIES „FISH“ & CHIPS

FÜR 4

NF SoF

1–2 Dosen **Bananenblüten** (à 500 g)
300 ml **warmes Wasser**
2 EL **Zitronensaft**
2 TL **Algenpulver**

**FÜR DEN BACKTEIG:**
125 **Mehl**, plus etwas mehr zum Bestäuben
1 EL **Backpulver**
1 TL **Salz**
250 ml **kaltes Wasser**
**geschmacksneutrales Öl**, zum Frittieren

**ZUM SERVIEREN:**
**Pommes frites**
**vegane Sauce tartare** (siehe Seite 222)
**Zitronenspalten**
450 g **gekochte Zuckererbsen**, zerstampft oder püriert

**VORBEREITUNGSZEIT: 20 MINUTEN • ZEIT ZUM MARINIEREN: ÜBER NACHT • GARZEIT: 15 MINUTEN**

**Maisie Manterfield ist eine der Gründerinnen von Burgerlolz (heute The Burger Garden), einem ausgezeichneten veganen Fast-Food-Restaurant in Sheffield. Durch sie lernte Rebecca die Bananenblüten in Backteig kennen, die – mit Algen gewürzt – ein perfekter Ersatz für weißen Fisch sind. Sie müssen die Blüten bereits am Vortag vorbereiten. In manchen Dosen sind oft nur kleine Stücke enthalten, kaufen Sie also besser zwei, um sicherzugehen, dass Sie genügend große Stücke haben.**

1. Die Blüten abgießen und in eine große Schüssel geben. Die festen Stängel leicht zerdrücken, damit sie weicher werden. Wasser, Zitronensaft und Algenpulver zugeben, vorsichtig verrühren und über Nacht marinieren.
2. Am nächsten Tag die trockenen Zutaten für den Backteig vermischen, dann das kalte Wasser zugeben und gut verrühren. 5–10 Minuten ruhen lassen, dann noch einmal rühren.
3. In einem tiefen Topf mit schwerem Boden ca. 6 cm Öl auf 170 °C erhitzen (so heiß, dass ein Würfel altbackenes Brot darin in 30 Sekunden braun wird).
4. Die marinierten Blüten in ein Sieb abgießen, vorsichtig trocken tupfen. Etwas Mehl auf einen Teller geben, jeweils ein paar Blütenstücke gleichzeitig im Mehl wenden, dann in den Backteig tauchen. Dabei sichergehen, dass sie rundherum mit Teig überzogen sind.
5. Die Blüten mit einer Zange vorsichtig in das heiße Öl gleiten lassen, dabei portionsweise vorgehen. Von jeder Seite ca. 2 Minuten frittieren, bis der Teig knusprig und goldbraun ist. Aus dem Öl heben und auf Küchenpapier abtropfen lassen. Warm stellen, während Sie mit dem Rest der Blüten ebenso verfahren.
6. Mit Pommes frites, Sauce tartare, Zitronenspalten und zerstampften Erbsen servieren.

**TIPP**
Bananenblüten in Dosen gibt es in asiatischen Supermärkten (in der südostasiatischen und der indischen Küche werden sie als Gemüse genutzt) oder online. Sie können sie vor dem Kochen auch in kleinere Stücke zerteilen und in „Fisch“-Tacos (siehe Seite 63) oder heißen Wraps (siehe Seite 103) verwenden.

# GEBACKENES JACKFRUCHT-„HÜHNCHEN“

FÜR 4

NF SoF

6 EL **Reismehl**
6 EL **geschrotete Leinsamen**
250 ml **Wasser**
500 g **Jackfrucht** (siehe Seite 50)
**geschmacksneutrales Öl**, zum Braten

**FÜR DIE PANADE:**
250 ml **ungesüßte Pflanzenmilch** (ohne Nüsse für NF, ohne Soja für SoF)
2 TL **veganer Apfelessig**
125 g **Mehl**
100 g **Speisestärke**
1 TL **Cayennepfeffer** (optional)
2 TL **süßes geräuchertes Paprikapulver**
2 TL **Senfpulver**
2 TL **Knoblauchpulver**
1 ½ TL **grobes Meersalz**, fein zerstoßen
**frisch gemahlener schwarzer Pfeffer**

**ZUM SERVIEREN:**
**Pommes frites**
**vegane scharfe Chilisauce**
**vegane Knoblauch-Aioli** oder **vegane Chipotle-Mayonnaise** (siehe Seite 222)
**mexikanischer Krautsalat** oder **Miso-Sesam-Krautsalat** (siehe Seite 162 oder 163)

**VORBEREITUNGSZEIT: 25 MINUTEN • GARZEIT: 25 MINUTEN**

**Für diese unglaublich köstlichen, knusprigen kleinen Bratlinge nehmen wir Buttermilch auf Pflanzenbasis und klassische Semmelbrösel. Das erste Mal probierte Rebecca gebratene Jackfrucht-„Wings“ bei Biff's Jack Shack in London, wo man frittierte Jackfrucht bekommt, die um einen „Knochen“ aus Zuckerrohr gelegt wird. Dieses Rezept ist von Biffs unglaublichen Kreationen inspiriert, aber vereinfacht für den Hausgebrauch. Wählen Sie für dieses Rezept Öl mit einem sehr hohen Rauchpunkt, z. B. Sonnenblumenöl.**

---

1. In einer kleinen Schüssel Reismehl, Leinsamen und Wasser vermischen und 5 Minuten quellen lassen. Die eingedickte Flüssigkeit durch ein Sieb abgießen, mit der Rückseite eines Löffels nachstreichen. Flüssigkeit auffangen, die festen Reste entsorgen. Die Flüssigkeit mit der zerteilten Jackfrucht mischen und zur Seite stellen.
2. Milch und Essig in eine große flache Schüssel gießen. In einer zweiten großen flachen Schüssel die Mehlsorten mit Cayennepfeffer (optional), Paprikapulver, Senfpulver, Knoblauchpulver und Meersalz vermischen. Mit reichlich Pfeffer würzen.
3. Ca. 1 cm Öl in einer großen, tiefen Pfanne erhitzen. In der Zwischenzeit die Jackfrucht-Mischung in 12 Portionen teilen und zu sehr kleinen Bratlingen formen, indem das Fruchtfleisch schön platt gedrückt wird.
4. Sobald das Öl siedend heiß ist (190 °C), mit dem Panieren der Jackfrucht beginnen: Einen Bratling in der Hand halten und die Milchmischung darüberlöffeln, anschließend vorsichtig im gewürzten Mehl wenden. Diesen Vorgang noch zweimal wiederholen, dabei sichergehen, dass jeder Bratling gut mit Teig bedeckt ist und von der Frucht nichts mehr zu sehen ist.
5. 3 oder 4 Bratlinge gleichzeitig vorsichtig in das heiße Öl gleiten lassen. (Nicht zu viele auf einmal in die Pfanne geben, da das Öl sonst abkühlt und die Bratlinge sich mit Fett vollsaugen.) Ca. 3 Minuten von jeder Seite braten, bis die Panade goldbraun und knusprig ist. Mit einem Schaumlöffel aus dem Öl heben, dabei überschüssiges Öl zurück in die Pfanne laufen lassen. Auf Küchenpapier abtropfen lassen und warm stellen.
6. Mit Pommes frites, Chilisauce, Mayonnaise und Krautsalat servieren.

**TIPP**
Wer auf Buffalo Wings steht, kann die frittierten Häppchen vor dem Servieren noch in scharfe Buffalo-Sauce tunken.

## VARIATIONEN – JACKFRUCHT-NUGGETS & BURGER

Für kleine Nuggets – besonders bei Kindern beliebt – halbieren Sie die Größe der Bratlinge. In der Mehlmischung Cayennepfeffer und Paprikapulver weglassen und die Mengen von Senfpulver und Salz halbieren. Goldbraun frittieren, wie gegenüber beschrieben. Für Jackfrucht-„Hühnchen"-Burger die Jackfruchtmasse zu 4–6 großen Burgerpatties, ca. 1,5 cm dick, formen. Von jeder Seite ca. 5 Minuten goldbraun in Öl anbraten. Da sie größer sind, sind sie auch zerbrechlicher. Nehmen Sie daher zum Wenden am besten zwei Pfannenwender.

# RAUCHIGE BOHNEN-BURGER

FÜR 4

NF SoF

3 EL **geschmacksneutrales Öl**
1 **Zwiebel**, sehr fein gewürfelt
2 **Knoblauchzehen**, fein gehackt
1 TL **gemahlener Kreuzkümmel**
½ TL **gemahlener Koriander**
½ TL **Senfkörner**
1 TL **süßes geräuchertes Paprikapulver**
½ TL **vegane Chipotle-Paste** (weniger, wenn Kinder mitessen)
1 Dose **Kidney-Bohnen** (à 400 g), abgetropft
1 Dose **schwarze Bohnen** (à 400 g), abgetropft
1 **vorgegarte Rote Bete** (nicht in Essig eingelegt), ca. 80–90 g, grob gehackt
4 EL **Semmelbrösel**
2 EL **frischer Koriander**, Blätter und Stiele fein gehackt
2 EL **frische Petersilie**, Blätter und Stiele fein gehackt
2 EL **vegane Mayonnaise**
2 EL **raffiniertes Kokosöl**
**Salz** und **frisch gemahlener schwarzer Pfeffer**

**ZUM SERVIEREN:**
**vegane Burgerbrötchen**, aufgewärmt oder getoastet
**knackiger Salat** und in Scheiben geschnittene **Tomaten**
**Essiggurken**, in Scheiben geschnitten
**Burger-Relish**
**vegane Knoblauch-Aioli** oder **Chipotle-Mayonnaise** (siehe Seite 222)
**Pommes frites**

**VORBEREITUNGSZEIT: 20 MINUTEN • GARZEIT: 30 MINUTEN**

**Damit der Teig gut zusammenhält, verwenden wir bei diesen Burgern raffiniertes Kokosöl zusammen mit veganer Mayonnaise und Semmelbröseln – fettfrei mag vielleicht gesund klingen, ergibt jedoch recht matschige, krümelige Burger.**

1. In einer großen Pfanne 1 Esslöffel Öl langsam erhitzen, Zwiebeln, Knoblauch und 1 Prise Salz dazugeben und unter Rühren 8–10 Minuten glasig anschwitzen.
2. Gewürze und reichlich Pfeffer zugeben. Unter Rühren 1–2 Minuten mitbraten, bis die Gewürze zu duften beginnen, dann die Chipotle-Paste zufügen. Umrühren und die Kidney-Bohnen sowie die schwarzen Bohnen untermischen.
3. Die Hälfte der Bohnen-Mischung in die Küchenmaschine oder den Standmixer geben, die andere Hälfte in der Pfanne lassen. Rote Bete, Semmelbrösel, Koriander, Petersilie und vegane Mayonnaise in die Küchenmaschine geben und zu einem groben Püree mixen.
4. Die pürierte Bohnenmischung zurück in die Pfanne geben und die Temperatur auf mittlere Hitze erhöhen. Kokosöl zugeben und unter regelmäßigem Rühren ca. 10 Minuten köcheln, bis das Öl aufgenommen wurde und die Mischung eingedickt ist. Überschüssige Flüssigkeit einkochen lassen. Zum Abkühlen zur Seite stellen, bis die Masse kühl genug ist, um Burgerpatties zu formen.
5. Die Masse in 4–6 gleich große Portionen aufteilen, je nach Größe der Burgerbrötchen. Mit den Händen zu schönen Burgerpatties formen. Gut zusammenpressen, damit sie beim Braten ihre Form behalten.
6. Die Bratpfanne auswischen und das übrige Speise- oder Olivenöl hineingeben. Die Temperatur reduzieren und die Burger von jeder Seite ca. 3 Minuten schön braun anbraten. Mit einem Pfannenwender vorsichtig wenden, ansonsten aber lieber in Ruhe lassen, da sie leicht brechen.
7. In den Burgerbrötchen mit Salat, Tomaten, Gurken, Relish, Aioli oder Chipotle-Mayonnaise anrichten und mit Pommes frites dazu servieren.

**TIPP**
Wenn die Burgerpatties nicht sofort gegessen werden, mit jeweils einer Lage Backpapier dazwischen stapeln und einfrieren, sobald sie abgekühlt sind. Vor dem erneuten Aufwärmen völlig auftauen lassen.

# WRAPS

***VIELE UNSERER REZEPTE ERGEBEN EINE PERFEKTE FÜLLUNG FÜR WRAPS & CO. HIER SIND EINIGE UNSERER LIEBLINGSIDEEN.***

**Inzwischen gibt es eine große Auswahl glutenfreier Wraps sowie Wraps aus Reis oder blauem Mais. Schauen Sie sich die Zutatenliste genau an – manche Pitas und andere Fladenbrote enthalten Milch.**

---

**Gebratene Seitan**- oder Tempeh-Streifen mit Sojasauce, Limettensaft und geriebenem Ingwer, dazu fein geschnittene Frühlingszwiebeln und Gurkenstifte und/oder Miso-Sesam-Krautsalat (siehe Seite 163).

**Warmes Ofengemüse** mit würziger veganer Mayonnaise (siehe Seite 224), Harissa oder Tsatsiki (siehe Seite 230), gerösteten Nüssen oder Kernen (siehe Seite 242/243), Tomatenscheiben und knackigem Salat.

**Gebratener Bananenblüten-„Fisch“** (siehe Seite 98), vegane Sauce tartare (siehe Seite 222), Gurke und Salat.

**Aufgewärmte Reste:** Chili (siehe Seite 126 oder 139), Tinga (siehe Seite 70), Tortilla (siehe Seite 150), Frittata (siehe Seite 78), panierter Tofu (siehe Seite 89), gebackenes Jackfrucht-„Hühnchen“ (siehe Seite 100), „Fleischbällchen“ (siehe Seite 134) oder Curry (siehe Seite 90 oder 133) mit Salat und/oder Reis.

**Salt-n-Pepper-Tofu** (siehe Seite 58), fein geschnittene Frühlingszwiebeln, dünn geschnittene Gurke, Chinakohl, Bohnensprossen und Hoisin-Sauce.

**Warmes Bohnenmus** aus der Dose, Salsa, Salat, Gurke, Koriander, Limettensaft, und/oder mexikanischer Krautsalat (siehe Seite 162).

**Bohnenmus**, Guacamole (siehe Seite 234), Salat, Mais-Salsa, Saure Cashewsahne (siehe Seite 228) und Chilisauce.

**Zwiebel-Bhaji**, Mango-Chutney (siehe Seite 235), Salat und Tsatsiki (siehe Seite 230).

**Knoblauch-Pilze**, gebratene Zwiebeln, Brunnenkresse, veganer Dijon-Senf und vegane Mayonnaise (siehe Seite 224).

**Kichererbsen**, erwärmt und mariniert in einer Mischung aus Paprikapulver, gemahlenem Kreuzkümmel, Salz, Zitronensaft und 1 Prise Cayennepfeffer, dazu Tsatsiki (siehe Seite 230), Ofengemüse oder Salat.

**Jackfrucht-Tikka-Masala** (siehe Seite 144) mit Reis und Rohkost.

# TOFU-BURGER

FÜR 6

★ GF WF NF

250 g **Shiitake-Pilze**
**Olivenöl**, zum Braten
1 **Zwiebel**, fein gewürfelt
2 **Knoblauchzehen**, fein gehackt
½ TL **frischer Thymian**, fein gehackt
½ TL **frischer Rosmarin**, fein gehackt
280 g **schnittfester Tofu**
2 EL **normales** oder **glutenfreies Mehl**
2 EL **geschrotete Leinsamen**
1 EL **Chiasamen**, gemahlen
3 EL **Tamari**, plus etwas mehr zum Abschmecken
2 EL **vegane Mayonnaise** (siehe Seite 224)
3 EL **Sonnenblumenkerne**, geröstet
**Salz** und **frisch gemahlener schwarzer Pfeffer**

**ZUM SERVIEREN:**
**vegane Burgerbrötchen**, **vegane Brioche-Brötchen** (siehe Seite 241) oder **glutenfreie vegane Burgerbrötchen**, aufgeschnitten und getoastet
**knackiger Salat**, **Tomatenscheiben** und **Essiggurken**
**Avocadoscheiben** oder **Guacamole** (siehe Seite 234)
**Chipotle-Mayonnaise** oder **Knoblauch-Aioli** (siehe Seite 222)
**Burger-Relish**
**Pommes frites**

**VORBEREITUNGSZEIT: 20 MINUTEN • GARZEIT: 40 MINUTEN**
**ZEIT ZUM KÜHLEN: 20 MINUTEN**

**Hier kommt ein toller Ersatz für Fleischburger, der ausgezeichnet mit unseren veganen Brioche-Brötchen (siehe Seite 241) harmoniert. Dazu lieben wir cremige Avocado oder Guacamole wie auch die klassischen Burgerbeilagen.**

---

1. Eine große Pfanne erhitzen. Die Pilze in sehr kleine Stücke schneiden und mit so viel Öl in die Pfanne geben, dass der Boden bedeckt ist. 10 Minuten unter regelmäßigem Rühren anbraten, bis die Pilze um etwa drei Viertel kleiner geworden sind. Einen Tropfen Öl hinzufügen, Zwiebeln, Knoblauch, Thymian und Rosmarin zugeben und weitere 10–15 Minuten anbraten, bis die Zwiebeln glasig sind. Von der Herdplatte nehmen und abkühlen lassen.
2. In einem sauberen Geschirrtuch oder Küchenpapier die Flüssigkeit aus dem Tofu drücken, dann so trocken wie möglich tupfen. Den Tofu in kleine Stückchen zerkrümeln, dabei ein paar größere Stücke für die Konsistenz übrig lassen.
3. Sobald die Pilzmischung ausreichend abgekühlt ist, Tofu, Mehl, Samen, Tamari, Mayonnaise und Sonnenblumenkerne dazugeben. Gut würzen und behutsam vermischen. Eine kleine Portion der Tofumischung kurz in ein wenig Olivenöl anbraten, um den Geschmack zu überprüfen. Bei Bedarf mit Salz, Pfeffer oder Tamari nachwürzen, dann 6–8 Burgerpatties formen. 20 Minuten in den Kühlschrank stellen, damit die Masse anzieht. Den Ofen auf 180 °C vorheizen.
4. In derselben Pfanne einen weiteren Spritzer Olivenöl erhitzen und die Burgerpatties von beiden Seiten schön braun anbraten. Auf ein Backblech legen und 10 Minuten im Ofen garen.
5. Eine Hälfte der Burgerbrötchen mit Salat, Tomaten und Essiggurken belegen. Darauf ein Burgerpattie platzieren, mit Avocado und Saucen bzw. Relish garnieren, die andere Brötchenhälfte auflegen und servieren.

**TIPP**
Diese Burger eignen sich nicht zum Einfrieren. Wenn Sie also nicht so viele benötigen, halbieren Sie die im Rezept angegebenen Mengen.

LEON

# GEBACKENE BUFFALO-BLUMENKOHL-WINGS

FÜR 4

NF SoF

1 **Blumenkohl**
90 ml **ungesüßte Pflanzenmilch** (ohne Nüsse für NF, ohne Soja für SoF)
1 TL **veganer Apfelessig**
120 ml **geschmacksneutrales Öl**, plus etwas mehr zum Einfetten
4 EL **Mehl**
1 EL **Speisestärke**
2 TL **süßes geräuchertes Paprikapulver**
1 TL **Senfpulver**
2 TL **Knoblauchpulver**
½ TL **Salz**
150 g **Pankomehl**
8 EL **vegane Buffalo-Wing-Sauce** oder **vegane scharfe Chilisauce**
**frisch gemahlener schwarzer Pfeffer**

**VORBEREITUNGSZEIT: 15 MINUTEN • GARZEIT: 35 MINUTEN**

**Feurig und unglaublich schmackhaft. Servieren Sie dieses Gericht mit veganer Mayonnaise (siehe Seite 224), Knoblauch-Aioli (siehe Seite 222) oder Ranch Dressing (siehe Seite 223).**

---

1. Den Ofen auf 180 °C vorheizen. Die Blätter vom Blumenkohl entfernen und den Kopf in ca. 4–5 cm große Röschen zerteilen.
2. Milch, Essig und 75 ml des Öls verquirlen. In einer großen Schüssel die Mehlsorten, süßes geräuchertes Paprikapulver, Senfpulver, Knoblauchpulver, Salz und reichlich Pfeffer vermischen. Die flüssigen Zutaten mit den trockenen zu einem glatten, dicken Teig verrühren.
3. Das Pankomehl in eine separate Schüssel geben.
4. Jedes Röschen durch den Backteig ziehen und diesen mit den Händen in die Furchen und Spalten einarbeiten. Überschüssigen Teig abstreifen – jedes Stück sollte gut, aber nicht zu dick überzogen sein. Dann die Röschen im Pankomehl wälzen und auf ein mit Backpapier ausgelegtes und leicht eingeöltes Backblech legen. Mit dem Rest der Röschen ebenso verfahren.
5. In einer weiteren Schüssel das restliche Öl mit der Sauce verquirlen und zur Seite stellen.
6. Die Röschen 15 Minuten backen, dabei gegen Hälfte der Garzeit wenden. Jedes Röschen mit einer Zange in die scharfe Sauce tauchen, dann zurück auf das Backblech legen und weitere 20 Minuten backen, dabei zweimal wenden, bis der Blumenkohl weich und die Hülle tiefrot und sehr knusprig ist.
7. 3–4 Minuten auf Küchenpapier abtropfen und vor dem Servieren leicht abkühlen lassen.

# ARANCINI

ERGIBT **16** STÜCK

★ (GF) (WF) (NF) (SoF)

**VORBEREITUNGSZEIT: 15 MINUTEN • GARZEIT: 20 MINUTEN**

**Frittierte Bällchen aus reiner Freude am Risotto.**

- **geschmacksneutrales Öl**, zum Frittieren
- 100 g **normales** oder **glutenfreies Mehl**
- 75–90 ml **ungesüßte Pflanzenmilch** (ohne Nüsse für NF, ohne Soja für SoF)
- 150 g **normale** oder **glutenfreie Semmelbrösel**
- 1 Portion gekühltes **Kürbis- oder Zitronen-Erbsen-Basilikum-Risotto** (ohne Garnitur, siehe Seite 66/67) oder 500–600 g anderes **veganes Risotto**, gekühlt
- **Salz** und **frisch gemahlener schwarzer Pfeffer**
- **Zitronenspalten**, zum Servieren

1. In einem großen, tiefen Topf mit schwerem Boden ca. 6 cm Öl erhitzen (so heiß, dass ein Würfel altbackenes Brot darin in 30 Sekunden braun wird). Sobald das Öl heiß ist, die Temperatur leicht reduzieren, um sie konstant zu halten.
2. In der Zwischenzeit das Mehl in eine Schüssel geben und mit Salz und Pfeffer würzen. Die Milch in eine weitere Schüssel gießen, die Semmelbrösel in eine dritte.
3. Mithilfe eines Dessertlöffels, Reisbällchen in der Größe von Tischtennisbällen aufnehmen und mit den Händen zu glatten Bällchen formen. Jedes Bällchen in dem gewürzten Mehl wenden, dann in die Milch tauchen und zuletzt in den Semmelbröseln wälzen, dabei sichergehen, dass jedes Bällchen gut bedeckt ist.
4. Mit einer Zange 3 oder 4 Bällchen vorsichtig in das heiße Öl gleiten lassen. (Portionsweise vorgehen, da sonst die Temperatur des Öls sinkt und sich die Arancini mit Fett vollsaugen.) Ca. 4 Minuten frittieren, bis die Hülle goldbraun und knusprig ist, wenn nötig ein- bis zweimal wenden. Mit der Zange oder einem Schaumlöffel aus dem Öl heben, das überschüssige Öl zurück in den Topf laufen lassen. Auf Küchenpapier abtropfen lassen und warm stellen, während die restlichen Arancini frittiert werden. Mit den Zitronenspalten anrichten und servieren.

**TIPP**

Durch das Kühlen wird das Risotto fester und lässt sich leichter formen. Wer mag, kann noch zusätzlich ein Stückchen veganen Mozzarella oder Blauschimmelkäse in jedes Bällchen drücken. Arancini aus einfachem Risotto können mit diversen Füllungen aufgepeppt werden, wie z. B. gegrillte Artischocken oder gegarte Knoblauch-Pilze. Stellen Sie aber sicher, dass die Füllung gut mit Reis bedeckt ist, und überfüllen Sie die Bällchen nicht.

# PIZZA

ERGIBT **4** ***PIZZEN À 20–25 CM DURCHMESSER***

SoF

**VORBEREITUNGSZEIT: 35 MINUTEN • ZEIT ZUM GEHEN: 4–6 STUNDEN • GARZEIT: 10 MINUTEN PRO PIZZA**

**Wenn Sie einen veganen Mozzarella, Parmesan, Blauschimmelkäse, Feta oder Ziegenkäse kennen und lieben, dann sollten Sie in diesem Rezept definitiv damit experimentieren. Die Beläge kann man nach Belieben tauschen und den aufgegangenen Teig gut einfrieren.**

**FÜR DEN TEIG:**

250 ml **lauwarmes Wasser**
2 TL **Trockenhefe** · 1 TL **Zucker**
2 EL **Olivenöl**, plus etwas mehr
375 g **backstarkes weißes Brotmehl**
100 g **Mehl** (**Type 00** oder **Universalmehl**)
1 TL **feines Salz**
**Polenta** oder **Mehl**, zum Bestäuben

**FÜR DIE TOMATENSAUCE:**

200 ml **passierte Tomaten**
½ TL **getrockneter Oregano**
1 **Knoblauchzehe**, zerdrückt
1 EL **natives Olivenöl extra**
**frisch gemahlener schwarzer Pfeffer**

**BELÄGE:**

**Artischockenherzen in Olivenöl**
**Pilz-Speck** (siehe Seite 40)
**Kapern** · **Oliven**
gekochter und ausgedrückter **Spinat**
**roher Grünkohl** oder **Rosenkohl**, klein geschnitten
**Walnüsse**, zerkrümelt
**gebackener Kürbis**, gewürfelt
**sonnengetrocknete** oder **halbierte Kirschtomaten**
**Paprika** · **Zwiebeln**
**Pilze**, natur oder in Öl eingelegt
**Spargel**, längs halbiert
**Zucchini**, mit dem Sparschäler in dünne Streifen geschnitten
**Pinienkerne**
**frische** oder **getrocknete Chilischoten**
**Feigen**, geviertelt
**Rucola** oder **Basilikum**, als Garnitur nach dem Backen

1. Für den Pizzateig Wasser, Hefe und Zucker vermischen. 10 Minuten stehen lassen, bis die Mischung schäumt. Olivenöl zugeben, dann mit dem Mehl und dem Salz in einer großen Schüssel vermischen. Mit den Händen zunächst grob vermengen, dann zu einem glatten Teig kneten. Auf einer sauberen, mit Mehl bestäubten Arbeitsfläche 5 Minuten kneten, bis sich der Teig weich und elastisch anfühlt. (Alternativ die Knethaken der Küchenmaschine verwenden.)
2. Den Teig in eine saubere, leicht eingeölte Schüssel legen und mit Frischhaltefolie abdecken. An einem warmen Ort mindestens 4, besser 6 Stunden gehen lassen, bis sich das Volumen verdoppelt hat. Den Teig wieder zusammenschlagen, dann in vier gleich große Portionen teilen. Weitere 20 Minuten oder bis zur Weiterverarbeitung gehen lassen.
3. In der Zwischenzeit die Tomatensauce zubereiten. Alle Zutaten vermischen und zur Seite stellen.
4. Den Ofen auf höchster Stufe vorheizen. Einen oder zwei Pizzasteine in den Ofen schieben oder stattdessen umgedrehte Backbleche benutzen.
5. Sobald der Ofen aufgeheizt ist, eine Teigkugel zu einem Kreis mit ca. 20–25 cm Durchmesser ausrollen oder ziehen (Ziehen ist kniffliger, so bekommen Sie aber eine Kruste). Mit einer zweiten Teigkugel wiederholen, wenn Sie 2 Steine oder Bleche haben. Die heißen Steine oder Bleche aus dem Ofen nehmen und mit Mehl oder Polenta bestäuben. Die vorbereiteten Böden auf die Bleche gleiten lassen und mit einem großen Löffel etwas Sauce dünn auf dem Teig verteilen, dabei 2 cm zum Rand frei lassen.
6. Rasch den gewählten Belag drauflegen, 5–10 Minuten backen und nach 5 Minuten alle 1–2 Minuten überprüfen (wie lange die Pizzen brauchen, hängt davon ab, wie heiß Ihr Ofen ist).
7. Zum Schluss mit allen Belägen garnieren, die nicht gebacken werden müssen. Mit den übrigen Pizzaböden ebenso verfahren. Sofort servieren.

# CEM & ROJS LAHMACUN

ERGIBT **6** *LAHMACUN*

NF

**FÜR DEN TEIG:**

1 EL **Trockenhefe**
300 ml **warmes Wasser**
1 ½ TL **Zucker**
500 g **Mehl**
25 ml **Olivenöl**, plus etwas mehr zum Einfetten
1 ¼ TL **Salz**
**Polenta** oder **Mehl**, zum Bestäuben

**FÜR DIE SAUCE:**

100 g **Sojaschnetzel**
1 Dose **Eiertomaten** (à 400 g), überschüssige Flüssigkeit abgießen
½ kleine **Zwiebel**, fein gehackt
½ **rote Paprikaschote**, fein gehackt
2 TL **rotes Paprikamark** oder **-paste** (am besten türkisches **Biber salçası**)
2 EL **Sonnenblumenöl**
1 TL **Knoblauchpulver**
½ TL **schwarzer Pfeffer**
1 TL **Paprikapulver**
1 großzügige Prise **Salz**
1 kleine Handvoll **frische Petersilie**, die Blätter fein gehackt

**TIPP**

Mit Tsatsiki (siehe Seite 230) und Tomaten-Petersilien-Salat (siehe Seite 60) servieren.

**VORBEREITUNGSZEIT: 30 MINUTEN • ZEIT ZUM GEHEN: 1 ½–2 STUNDEN • BACKZEIT: 12 MINUTEN PRO LAHMACUN**

**Cem und Roj führen What the Pitta (www.whatthepitta.com), einen veganen Kebab-Laden in London – falls Sie mal in der Nähe in einer ihrer Filialen (in Shoreditch, Camden oder Croydon) sein sollten, müssen Sie unbedingt ihre veganen Döner probieren. Sie servieren auch Lahmacun, eine üblicherweise käsefreie türkische Pizza. Die Basis besteht aus einem Hefeteigboden mit einer Sauce aus Tomaten, Kräutern und roten Paprikaschoten. Für eine vegane Version eignet sich jeder Hackfleischersatz, oder Sie nehmen statt Fleisch gekochte Puy-Linsen. Wer es würzig-scharf mag, fügt frische oder getrocknete Chilis hinzu.**

1. Für den Teig die Hefe mit Wasser und der Hälfte des Zuckers vermischen. 5–10 Minuten stehen lassen, bis die Mischung schaumig ist. Den restlichen Zucker mit dem Mehl in einer großen Schüssel vermischen. Eine Mulde im Mehl formen und die Hefemischung, Olivenöl und Salz hineingeben. Zu einem Teig vermengen und 10–12 Minuten kneten, bis dieser glatt und geschmeidig ist. Den Teig in eine eingeölte saubere Schüssel geben. Mit einem sauberen Geschirrtuch abdecken und an einem warmen Ort 1 ½–2 Stunden gehen lassen, bis sich das Volumen verdoppelt hat.
2. In der Zwischenzeit die Sauce zubereiten. Dafür die Sojaschnetzel 10–15 Minuten in heißem Wasser einweichen, bis sie weich sind, dann abgießen und so viel Wasser wie möglich ausdrücken. Eiertomaten, Zwiebeln, rote Paprika, rotes Paprikamark oder -paste und Sonnenblumenöl in der Küchenmaschine oder im Standmixer glatt pürieren. In eine große Schüssel geben und die restlichen Zutaten zusammen mit den Sojaschnetzeln hinzufügen. Abschmecken und bei Bedarf nachwürzen.
3. Den Ofen auf höchster Stufe vorheizen. Pizzastein – wenn vorhanden – zum Aufheizen in den Ofen legen. Alternativ 2 oder 3 sehr große umgedrehte Backbleche nehmen, fall diese einen erhöhten Rand haben.
4. Den aufgegangenen Teig in 6 Portionen zu je 120 g teilen. Zu ordentlichen Kugeln formen und weitere 10 Minuten zur Seite legen.
5. Zum Backen 2 oder 3 Teigkugeln auf einer mit Mehl bestäubten sauberen Arbeitsfläche zu Kreisen mit ca. 25 cm Durchmesser ausrollen. Stein oder Blech aus dem Ofen nehmen, mit Polenta oder Mehl bestäuben und die Teigscheiben vorsichtig darauf gleiten lassen. Die Sauce dünn auf dem Teig verteilen, dabei etwas Platz zum Rand hin lassen.
6. 6–12 Minuten backen (die Backzeit hängt davon ab, wie heiß Ihr Ofen ist), bis der Teig leicht braun ist und Blasen wirft. Mit dem restlichen Teig ebenso verfahren. Das Lahmacun frisch aus dem Ofen essen.

# MAC-&-NO-CHEESE MIT KNUSPERKRUSTE

FÜR 4

SoF

5 EL **gemahlene Mandeln**
75 ml **Wasser**
150 g **Kartoffeln**, geschält und grob klein geschnitten
350 g **Kürbis** (z. B. Hokkaido), geschält, entkernt und grob klein geschnitten
1 **Karotte**, geschält und klein geschnitten
350 g **Maccheroni** oder **Fusilli**
2 EL **Olivenöl**
2 EL **Mehl**
500 ml **ungesüßte Pflanzenmilch** (ohne Soja für SoF), plus etwas mehr nach Belieben
2 TL **Hefeflocken**, plus etwas mehr nach Belieben
2 TL **englisches Senfpulver**, plus etwas mehr nach Belieben
1 TL **Knoblauchpulver**
1 großzügige Prise **Meersalz**
1 großzügige Prise **frisch geriebene Muskatnuss**
50 g **Sauerkraut**
**reichlich weißer Pfeffer**
**geschmacksneutrales Öl**, zum Einfetten

**FÜR DIE KRUSTE:**

50 g leicht **altbackenes Brot**
1 **Knoblauchzehe**
1 **Prise Meersalz**
1 EL **Olivenöl**

**VORBEREITUNGSZEIT: 25 MINUTEN • GARZEIT: 40 MINUTEN**

**Das Sauerkraut in der Zutatenliste mag auf den ersten Blick seltsam erscheinen, doch es verleiht dem Gericht eine subtil milchige Note – wir haben diese Idee von Isa Chandra Moskowitz, einer Bloggerin, deren Rezept für Makkaroni und Cashewkerne äußerst beliebt ist.**

1. Den Ofen auf 200 °C vorheizen. Mandeln und Wasser vermischen und ziehen lassen.
2. Kartoffeln, Kürbis und Karotten in einem Topf mit kochendem Wasser 10 Minuten geradeso weich kochen. Abgießen.
3. In der Zwischenzeit die Pasta in einem weiteren Topf mit kochendem Wasser 3 Minuten kürzer als auf der Packung angegeben kochen. Abgießen.
4. Während Gemüse und Pasta kochen, Brot und Knoblauchzehe in der Küchenmaschine zu Bröseln für die Kruste zerkleinern. Die Brösel mit Öl vermischen, in eine Schüssel geben und die Schüssel der Küchenmaschine sauber reiben.
5. Für die Béchamelsauce das Öl in einem großen Topf erhitzen. Sobald es heiß ist, das Mehl zugeben. Die Temperatur reduzieren und unter Rühren einige Minute zu einem Brei einkochen (nicht anbräunen lassen). Die Milch esslöffelweise zugießen, bis etwa die Hälfte eingearbeitet ist, dann den Rest einrühren. Unter Rühren 5 Minuten köcheln lassen. Die Sauce ist jetzt noch recht flüssig.
6. Das Gemüse in die Küchenmaschine geben (oder einen hochtourigen Standmixer verwenden) – wenn nötig portionsweise vorgehen – und Béchamelsauce, Hefe, Senfpulver, Knoblauchpulver, Salz, Muskat, Sauerkraut, Pfeffer und eingeweichte Mandeln zugeben. Völlig glatt pürieren, dafür die Seiten zweimal abkratzen.
7. Die Sauce mit Senf, Pfeffer, Hefe und Salz abschmecken. Sie sollte würzig, käsig und cremig schmecken. Mit der abgetropften Pasta vermischen. Ist die Mischung zu trocken, Milch hinzufügen – sie dickt beim Backen noch ein. Alles in eine große eingefettete Auflaufform füllen und mit einer dicken Schicht Bröseln bestreuen. 20 Minuten backen, bis die Sauce blubbert und die Kruste goldbraun ist. (Wer eingefrorene Reste wieder erwärmen möchte, diese in eine ofenfeste Form füllen. Einen Schuss ungesüßte Pflanzenmilch zugeben. Mit Alufolie bedecken und bei 200 °C in den Ofen schieben. 10 Minuten erwärmen, dann die Alufolie entfernen und weitere 5–10 Minuten backen, bis die Kruste wieder knusprig ist.)

**TIPP**

Einige Küchenmaschinen oder Standmixer haben eine maximale Füllmenge für heiße Lebensmittel – ignoriert man diese, können sie buchstäblich an die Decke gehen. Pürieren Sie die Sauce daher gegebenenfalls portionsweise. Wenn die Sauce beim Abschmecken nicht würzig genug ist, fügen Sie – für den Anfang – ½ TL vegane Worcestershire-Sauce, Misopaste oder Maggi-Flüssigwürze hinzu. Den Extrabiss verleihen in Ringe geschnittene Jalapeños, süßes geräuchertes Paprikapulver, vegane Chipotle-Paste, blanchierter und ausgedrückter Spinat oder eine unserer „Speck"-Sorten (siehe Seite 40/41).

# MERIELS IN BIER MARINIERTE SEITAN-BURRITOS

FÜR 4

NF

**FÜR DEN MARINIERTEN SEITAN:**

250 g **dunkler Seitan** (siehe Seite 132 für die selbst gemachte Variante), in dünne Streifen geschnitten
3 **Knoblauchzehen**, fein gehackt
1 **rote Zwiebel**, fein gehackt
1 Bund **frischer Koriander**, Blätter und Stiele grob gehackt
2 TL **getrocknete rote Chiliflocken** oder 1 **frische rote Chilischote**, fein gehackt
500 ml **veganes Bier** (Red Ale oder hopfiges Indian Pale Ale passen gut, Lager nicht so gut)
Saft von 2–3 **Limetten**, nach Belieben
1 Prise **Salz**
2 EL **Pflanzenöl**

**FÜR DIE BURRITOS:**

4 **milchfreie Tortillas**
150 g **brauner** oder **weißer Langkornreis**, gekocht
200 g **Guacamole** (siehe Seite 234)
1 **Romana-Salat**, fein gehackt
**eingelegte rosa Zwiebeln** (siehe gegenüber, optional)
200 ml **ungesüßter veganer Naturjoghurt** (ohne Nüsse für NF, ohne Soja für SoF), gemischt mit **Zitronensaft**
**Salsa** (oder **Pico de Gallo**, siehe Seite 231)
**scharfe Chilisauce**
**Korianderkresse** oder **frische Korianderblätter**
2 **Limetten**, zum Servieren

**VORBEREITUNGSZEIT: 20 MINUTEN • ZEIT ZUM MARINIEREN: 10 MINUTEN • GARZEIT: 15 MINUTEN**

**Meriel Armitage gründete 2014 den Club Mexicana, ein 100 % veganer mexikanischer Street-Food-Stand. Aktuell serviert sie Tacos, Burger, Burritos und Cocktails in Londons erstem völlig veganem Pub, dem Spread Eagle in Hackney, aber auch im Kerb in Camden und im Dinerama in Shoreditch findet man sie. Die Seitan-Burritos hat sie erfunden. „Es gibt keine strengen Regeln, was hineingehört. Ich habe das aufgelistet, was ich gerne verwende. Wenn man jedoch keine Zeit hat, Zwiebeln einzulegen, macht das auch nichts."**

---

1. Den Seitan mit allen Zutaten für die Marinade bis auf das Öl in eine große Schüssel geben und mit den Händen vermischen, bis alle Stücke einzeln liegen und rundum mit den Gewürzen überzogen sind. Mit Frischhaltefolie abdecken und im Kühlschrank mindestens 10 Minuten oder bis zu 24 Stunden marinieren. Je länger, desto besser.

2. In einer großen Pfanne das Öl erhitzen. Den Seitan aus der Marinade nehmen und diese aufbewahren. Den Seitan, wenn nötig, portionsweise in die Pfanne geben und behutsam wenden, bis er rundherum mit heißem Öl bedeckt ist. Bei mittlerer Hitze 5–10 Minuten (je nach Pfanne) rundum knusprig anbraten. Die aufbewahrte Marinade zugeben, die Temperatur erhöhen und 2–5 Minuten köcheln, bis die Flüssigkeit fast vollständig verkocht ist. Nicht anbrennen lassen.

3. In der Zwischenzeit eine große Pfanne ohne Fettzugabe stark erhitzen. Die Tortillas einzeln für 10 Sekunden in die Pfanne legen, dann wenden. Jede Seite sollte sich aufblähen und leicht angekohlt, aber nicht verbrannt sein.

4. Die warme Tortilla auf ein Schneidbrett legen und mit folgenden Zutaten belegen (optional): 2 Esslöffel Reis, 2 Esslöffel Guacamole, 1 Handvoll Salat, ein Viertel der Seitanstreifen, rosa Zwiebeln, Joghurt, Salsa/Pico de Gallo, scharfe Chilisauce und Korianderkresse oder -blätter. Für einen Extraschuss Säure Limettensaft darüberpressen. Jede Seite der Tortilla zur Mitte falten, dann die Ränder festhalten und den Burrito weg vom Körper rollen, dabei ein wenig zusammendrücken, damit eine enge Rolle entsteht. Mit den übrigen Tortillas ebenso verfahren.

5. In Alufolie oder Backpapier wickeln, wenn Sie das einfacher finden. Noch heiß mit den Händen essen – Besteck verboten!

**TIPP**

Kurz vor dem Servieren der Burritos sämtliche Zutaten für die Füllung bereitstellen und den Reis frühzeitig kochen, damit er gar ist, wenn auch der Seitan fertig ist.

# EINGELEGTE ROSA ZWIEBELN

GF WF NF SoF

1 500ML

**VORBEREITUNGS: 10 MIN. • GARZEIT: 5 MIN. • ZEIT ZUM RUHEN: 1 STUNDE**

200 ml **Limettensaft**
200 ml **heller Essig**
1 EL **Salz**
3 EL **Zucker**
250 g **rote Zwiebeln**, in dünne Scheiben geschnitten

1. Limettensaft, Essig, Salz und Zucker in einen Topf geben und zum Kochen bringen. Rühren, bis sich der Zucker aufgelöst hat.
2. Die roten Zwiebeln in einen Topf geben, der nicht mit Säure reagiert, und die Einlegeflüssigkeit darübergießen. Mindestens 1 Stunde ziehen lassen. In ein sauberes, sterilisiertes Schraubglas abfüllen. Hält sich im Kühlschrank einige Wochen.

LEON.

# VEGANE SANDWICHES

**So sehr wir Hummus auch lieben lieben lieben, so sehr haben wir manchmal auch gerne etwas anderes zum Mittagessen.**

**„Ei"-Mayo mit Kresse:** (NF) Pro Sandwich 75 g Ackee (mehr zu dieser unglaublichen, Rührei-artigen Frucht auf Seite 36) oder Seidentofu einplanen. Mit 1 gehäuften EL veganer Mayonnaise (siehe Seite 224) mischen, große Stücke zerdrücken, und mit Kala Namak (siehe Seite 38) abschmecken. Mit Kresse oder Brunnenkresse bestreuen.

**„Thunfisch"-Sandwiches:** (NF) (SoF) Für 2 Personen. Pro Person 100 g Jackfrucht auf Vorrat (siehe Seite 50) oder 100 g grob zerdrückte Kichererbsen aus der Dose mit 1 TL abgetropfte Kapern, 1 gehackten Frühlingszwiebel, 2 EL veganer Mayonnaise (siehe Seite 224) und 1 Prise Algenpulver (optional) mischen. Abschmecken und bei Bedarf 1 Spritzer Zitrone und 1 TL Ketchup hinzufügen. Mit Salat, Gurke und schwarzem Pfeffer im Sandwich anrichten.

**Kräuter-Labneh mit schwarzen Oliven, Karotte & Minze:** 4 gehäufte EL veganen probiotischen Naturjoghurt mit hohem Fettgehalt (z. B. Kokosjoghurt) in ein mit Musselin oder einem sauberen Geschirrtuch ausgelegtes Sieb über einer Schüssel geben. Ca. 30–60 Minuten abtropfen lassen, bis er dick ist und sich verstreichen lässt. Eine Prise Knoblauchpulver und 2 EL gehackte frische Kräuter wie Petersilie, Dill oder Basilikum zugeben. Auf knuspriges Brot streichen oder in milchfreiem Pitabrot mit gehackten schwarzen Oliven ohne Stein, geriebenen oder in Scheiben geschnittenen Karotten und frischen Minzblättchen servieren.

**Chili-Käse-Dog:** Ein veganes Hotdog-Würstchen erhitzen, in ein warmes Hotdog-Brötchen legen, mit 1–2 EL Chili con Jackfrucht (siehe Seite 126) oder Chili mit dreierlei Bohnen (siehe Seite 139), gebratenen Zwiebeln, veganem Käse nach Wahl, z. B. Queso (siehe Seite 230), oder „Käse"-Sauce (siehe Seite 226) und in Scheiben geschnittenen Jalapeños garnieren.

**Mumbai-Sandwich:** (NF) (SoF) Ottie Ise, eine unserer LEON-Mitarbeiterinnen, empfiehlt diese indisch-inspirierte Variante: „Für das Bombay Emerald Chutney je 1 Handvoll frischen Koriander und Minze hacken und mit 1 kleinen Knoblauchzehe, 1 grünen Chili und etwas Limettensaft und Salz zerstoßen. Je 1 großzügige Prise gemahlenen Kreuzkümmel, Koriander und Zimt vermischen. Das Sandwichbrot mit Kokosöl bestreichen, mit Tomatenscheiben, roten Zwiebeln, Gurke und gekochten Kartoffeln belegen, dann mit dem Chutney und der Würzmischung garnieren."

## Noch mehr vegane Sandwich-Ideen …

**Avocado, sonnengetrocknete Tomaten & Basilikum**

**Kokosnuss-Speck** (siehe Seite 41), Rucola, Avocado und Tomaten

**Veganer Frischkäse** oder **Labneh** (siehe links) mit Roter Bete und Sprossen

**Mandel-Feta** (siehe Seite 154) mit Tomaten, Gurke, Oliven, roten Zwiebeln und frischem Oregano

**Geräucherter Karotten-„Lachs"** (siehe Seite 34) oder **„Graved Lachs"** (siehe Seite 192) mit veganem Frischkäse, Mayonnaise oder Saurer Cashewsahne, frischem Dill und gehackten Frühlingszwiebeln

**Baba Ghanoush** (siehe Seite 232) mit Granatapfelkernen und Walnüssen

**Avocado, Tomaten & veganes Pesto** (siehe Seite 56) oder geröstete rote Paprikapaste aus dem Glas

**Knusprige Kichererbsen, Hummus** (siehe Seite 60), Tomaten, rote Zwiebeln und Tahin

**Remoulade** (siehe Seite 172) **mit Bananenblüten-„Fisch" im Backteig** (siehe Seite 98), Salat und Brunnenkresse

**Hummus** (siehe Seite 60), **marokkanischer Tofu** (siehe Seite 76), geriebene Karotten, dünn geschnittener Rotkohl und eingelegte rote Zwiebeln

**Panierter Tofu** (siehe Seite 89), **Tapenade** (siehe Seite 198), Gurke, Salat und vegane Sauce tartare (siehe Seite 222)

**Tapenade** (siehe Seite 198), Tomatenscheiben, Spinat und Rucola

# KÜHLSCHRANK-SNACKS

**Sich vegan zu ernähren, erfordert meist ein wenig Planung. Hier ist eine Liste unserer liebsten „Kühlschrank-Snacks" – Dinge, die wir gerne im Kühlschrank (oder im Tiefkühlschrank) haben, damit immer irgendetwas Kleines und Sättigendes zum Knabbern im Haus ist.**

---


**CHIASAMEN-JOGHURT**
(siehe Seite 39)

**TORTILLA**
(siehe Seite 150)

**SALT-N-PEPPER-TOFU**
(siehe Seite 58)

**OFEN-BLUMENKOHL**
(siehe Seite 72)

**BUFFALO-BLUMENKOHL-WINGS**
(siehe Seite 106)

**PIZZA**
(siehe Seite 110)

**LAHMACUN**
(siehe Seite 112)

**PERSISCHE KRÄUTER-FRITTATA**
(siehe Seite 78)

**WÜRZIGER MAROKKANISCHER TOFU**
(siehe Seite 76)

**GEBRATENES JACKFRUCHT-„HÜHNCHEN"**
(siehe Seite 100)

**ARANCINI**
(siehe Seite 108)

**JACKFRUCHT-NUGGETS**
(siehe Seite 101)

**KROKETTEN**
(siehe Seite 178)

**SAMOSAS**
(siehe Seite 182)

**AUBERGINENSPALTEN**
(siehe Seite 206)

**GEFÜLLTE AUBERGINENRÖLLCHEN**
(siehe Seite 203)

**ZUCCHINIBRATLINGE**
(siehe Seite 202)

**SPANISCHE KICHERERBSENBRATLINGE**
(siehe Seite 204)

**FRITTIERTE MAISBÄLLCHEN**
(siehe Seite 200)

**PASTINAKEN-RÖSTI**
(siehe Seite 199)

**SELLERIERÖSTI**
(siehe Seite 194)

**GEFÜLLTE FEIGEN**
(siehe Seite 190)

**FALAFEL**
(siehe Seite 60)

**HUMMUS**
(siehe Seite 60)

**BABA GHANOUSH**
(siehe Seite 232)

**FRÜHSTÜCKSMUFFINS**
(siehe Seite 28)

**HEIDELBEER-MOHN-MUFFINS**
(siehe Seite 26)

## HERRLICH BEERIGER EISCREME-MILCHSHAKE

1

GF WF NF SoF

**VORBEREITUNGSZEIT: 10 MINUTEN**
**ZEIT ZUM GEFRIEREN: ÜBER NACHT**

**Sieht unfassbar sündig aus, enthält aber dennoch drei der Fünf-am-Tag-Zutaten. Wer nicht auf Nüsse allergisch reagiert, kann den Milchshake mit unserer Cashew-Vanille-Eiscreme (siehe Seite 284) zubereiten.**

---

100 g **tiefgefrorene Erdbeeren**
50 **tiefgefrorene Himbeeren**
1 **Banane**, in Scheiben geschnitten und über Nacht tiefgefroren
160 ml **Pflanzenmilch** (ohne Nüsse für NF, ohne Soja für SoF)
3 große Kugeln **veganes Vanilleeis** (ohne Nüsse für NF, ohne Soja für SoF, siehe Seite 284 für die selbst gemachte Variante)

1. Früchte und Milch im Standmixer glatt pürieren. Eiscreme hinzufügen und erneut mixen.
2. In ein Milchshakeglas oder ein hohes schmales Glas gießen.

## BANANEN-PEKANNUSS-EISCREME-MILCHSHAKE

1

GF WF SoF

**VORBEREITUNGSZEIT: 10 MINUTEN**
**ZEIT ZUM GEFRIEREN: ÜBER NACHT**

**Un. Glaub. Lich. Gut.**

---

2 **Bananen**, in Scheiben geschnitten und über Nacht tiefgefroren
80 g **veganer Vanillejoghurt** (ohne Soja für SoF)
60 ml **Pflanzenmilch** (ohne Soja für SoF)
4 Kugeln **veganes Vanilleeis** (ohne Soja für SoF, siehe Seite 284 für die selbst gemachte Variante)
2 EL gehackte **kandierte Pekannüsse** (siehe Seite 286)

1. Früchte und Milch im Standmixer glatt pürieren. Eiscreme hinzufügen und erneut mixen.
2. In ein Milchglas oder ein hohes schmales Glas gießen und zum Servieren mit kandierten Pekannüssen garnieren.

**TIPP**
Beide Milchshakes können mit geschlagener Sojasahne (aus der Dose) oder eisgekühlter geschlagener Cashewsahne (siehe Seite 257) garniert werden. Eine tolle Alternative ist geschlagene Kokossahne (siehe Seite 257) mit einem Hauch veganer Schokosauce.

J0 9032

4

# SLOW FOOD

# PHO

FÜR 6

GF WF SoF

**VORBEREITUNGSZEIT: 20 MINUTEN**
**GARZEIT: 4 STUNDEN 15 MINUTEN**

**Pho ist eine Nudelsuppe aus Vietnam. Es existieren zahlreiche Varianten, sie wird jedoch oft vegan zubereitet, damit auch Buddhisten und Vegetarier generell sie essen können. Für extra Pep garnieren Sie die Suppe mit gebratenen, scharf gewürzten oder naturbelassenen Tofustückchen (siehe Seite 58, 80, 89 und 145). Obwohl die Zubereitung der Brühe ein wenig Zeit in Anspruch nimmt, verlangt sie nur wenig Aufmerksamkeit. Wenn Sie einen sehr großen Topf haben, dann verdoppeln Sie die Menge und frieren Sie die Hälfte ein.**

### FÜR DIE BRÜHE:

3 **Zwiebeln**, halbiert
1 Stück **frischer Ingwer** (ca. 8 cm), grob klein geschnitten
2 **Karotten**, längs halbiert und grob klein geschnitten
2 **Knoblauchknollen**, quer halbiert
3 l **Wasser**
500 g **Shiitake-Pilze**
30 g **getrocknete Pilze**
2 **Zimtstangen**
5 **Sternanise**
3 **schwarze Kardamomkapseln**
1 EL **Koriandersamen**
1 EL **Salz**
1 EL **Palmzucker**
½ TL **frisch gemahlener schwarzer Pfeffer**
1 TL **weiße** oder **gelbe sojafreie Misopaste**
1 EL **Tamari** (für GF und WF), **Maggi-Flüssigwürze** (für SoF) oder **Coconut Aminos** (für GF, WF und SoF)

### ZUM SERVIEREN:

600 g **breite flache Reisnudeln**
100 g **Bohnensprossen**
4 **Frühlingszwiebeln**, fein gehackt
150 g **Pak Choi**, längs in schmale Spalten geschnitten
Blätter von je 1 Bund **frisches Thai-Basilikum**, **frische Minze** und **frischer Koriander**
1 **rote Chilischote** (weniger, wenn Kinder mitessen), in dünne Ringe geschnitten
1 **Limette**, in 6 Spalten geschnitten
**Sriracha-Sauce** oder **Hoisin-Sauce** (optional; weglassen für GF, WF oder SoF)

1. Zunächst die Brühe zubereiten. Zwiebeln, Ingwer und Karotten mit der Schnittseite nach unten in eine heiße Pfanne legen und ohne Fettzugabe rösten, dann den Knoblauch zugeben und ebenfalls rundum rösten. Das Gemüse in einen großen Suppentopf füllen und die restlichen Zutaten für die Brühe zugeben.
2. Aufkochen lassen, die Hitze reduzieren und zugedeckt mindestens 4 Stunden kochen. Nach Bedarf mit Wasser aufgießen.
3. Gemüse und Gewürze aus der Suppe entfernen. Lediglich 8 Shiitake-Pilze zurückbehalten. Diese längs klein schneiden. Die Brühe am Köcheln halten und abschmecken.
4. Die Nudeln entsprechend der Packungsanleitung bissfest kochen.
5. Die Nudeln in Schüsseln verteilen, mit Shiitake-Pilzen, Bohnensprossen, Frühlingszwiebeln und Pak Choi garnieren. Die heiße Brühe angießen. Mit Kräutern und roten Chilis bestreuen, mit einer Limettenspalte und der gewünschten Sauce servieren.

# CHILI CON JACKFRUCHT

FÜR 4

GF WF NF SoF

**VORBEREITUNGSZEIT: 20 MINUTEN**
**GARZEIT: 1 STUNDE 50 MINUTEN**

**Mehr über die wundersame fleischige Jackfrucht erfahren Sie auf Seite 50.**

2 EL **Olivenöl**
1 große **Zwiebel**, gewürfelt
8 **Knoblauchzehen**, fein gehackt
1 Handvoll **frischer Koriander**, die Stiele fein gehackt, die Blätter gezupft
1 **Karotte**, gewürfelt
1 Stange **Staudensellerie**, gewürfelt
2 TL **getrockneter Oregano**
2 EL **süßes geräuchertes Paprikapulver**
1 EL **gemahlener Kreuzkümmel**
1 TL **gemahlener Koriander**
1 EL **Tomatenmark**
200 ml **veganer Rotwein**
2 Dosen **junge grüne Jackfrucht in Salzlake** oder **Wasser** (à 565 g oder 400 g), abgetropft
1 Dose **gehackte Tomaten** (à 400 g)
1 EL **Tamari** (für GF und WF) oder **Maggi-Flüssigwürze** (für SoF)
2 EL **vegane Chipotle-Paste** oder **-Pulver** (weniger, wenn Kinder mitessen)
400 ml **Wasser**
2 TL **Kakaopulver ohne Zuckerzusatz**
1 Dose **Kidney-Bohnen** (à 400 g)
1 TL **frisch gemahlener schwarzer Pfeffer**
1 EL **vegane gekörnte Gemüsebrühe**
1 TL **veganer Apfelessig**, plus etwas mehr zum Abschmecken
1 EL **Ahornsirup**, plus etwas mehr zum Abschmecken
**Salz**

**ZUM SERVIEREN:**
**gedämpfter Reis** (60 g ungekochter Reis pro Person)
**Guacamole** (siehe Seite 234)

1. In einem großen Topf das Öl erhitzen und die Zwiebeln darin bei mittlerer Temperatur 5 Minuten anschwitzen, dann Knoblauch, Korianderstiele, Karotten und Sellerie zugeben. Zugedeckt weitere 10 Minuten unter gelegentlichem Rühren anschwitzen.

   Oregano und Gewürze in eine kleine Schüssel geben und verrühren (so setzen sie sich nicht gleich am Topfboden fest).

2. Tomatenmark in den Topf geben und 1 Minute unter ständigem Rühren anrösten. Die Gewürzmischung einrühren und mit dem Wein ablöschen. Einige Minuten köcheln lassen, dann die abgetropften Jackfruchtstücke und die gehackten Tomaten zugeben.

3. Tamari oder Maggi-Flüssigwürze, Chipotle, Wasser, Kakaopulver, Kidney-Bohnen, schwarzen Pfeffer, gekörnte Brühe und eine großzügige Prise Salz einrühren. Zum Köcheln bringen, den Deckel auflegen und 90 Minuten kochen, dabei gelegentlich umrühren und die Jackfruchtstücke mit einem Löffel zerdrücken (Samen nach Belieben herausfischen).

4. Kurz vor dem Servieren Apfelessig, Ahornsirup und Korianderblätter einrühren. Abschmecken und bei Bedarf mehr Salz, Essig oder Sirup zugeben. Mit gedämpftem Reis und Guacamole servieren.

# EINTOPF MIT „CHORIZO"-BUTTERNUSS & KICHERERBSEN

FÜR 4

NF

2 EL **Olivenöl**
1 **Zwiebel**, fein gewürfelt
1 EL **Tomatenmark**
2 **Knoblauchzehen**, zerdrückt
60 ml **veganer Rotwein**
350 g **Butternusskürbis**, geschält und in 2 cm große Würfel geschnitten
400 ml **heiße vegane Gemüsebrühe** (siehe Seite 140 für die selbst gemachte Variante)
2 TL **süßes geräuchertes Paprikapulver**, plus etwas mehr zum Abschmecken
1 Dose **Kichererbsen** (à 400 g), abgetropft
1 Dose **gehackte Tomaten** (à 400 g)
1 EL **frische Thymianblätter**
1 Prise **getrocknete rote Chiliflocken**, plus etwas mehr zum Abschmecken
300 g **vegane Seitan-Chorizo**, zerkrümelt
**Salz** und **frisch gemahlener schwarzer Pfeffer**

**ZUM SERVIEREN:**
**frische Koriander-** oder **Petersilienblätter**
**knuspriges Brot**

**VORBEREITUNGSZEIT: 15 MINUTEN**
**GARZEIT: 50 MINUTEN**

**Wenn Sie keine Seitan-Chorizo finden, dann lassen Sie sie einfach weg oder nehmen Sie stattdessen geräucherten schnittfesten Tofu oder Sojasteaks.**

---

1. Die Hälfte des Öls in einem Topf bei mittlerer Temperatur erhitzen, eine Prise Salz und die Zwiebeln zugeben und unter regelmäßigem Rühren ca. 10 Minuten goldbraun anschwitzen. Tomatenmark und Knoblauch zufügen und unter Rühren 2 Minuten anbraten. Wein angießen und kurz aufkochen lassen, dann den Kürbis und die heiße Brühe einrühren.
2. Zum Köcheln bringen und geräuchertes Paprikapulver, Kichererbsen, Tomaten, Thymian und Chili dazugeben. Ohne Deckel 30 Minuten sanft köcheln lassen, bis der Kürbis weich und die Sauce leicht eingedickt ist.
3. In der Zwischenzeit das restliche Öl in einer Pfanne erhitzen. Die zerkrümelte Seitan-Chorizo darin rundum braun anbraten. Aus der Pfanne nehmen und warm stellen.
4. Sobald der Kürbis gar ist, mit Pfeffer würzen und mit Salz, Chiliflocken und Paprikapulver abschmecken. Die Wurststückchen dazugeben und alles in den Eintopf einrühren.
5. Mit Kräutern bestreut servieren. Dazu knuspriges Brot zum Auftunken der Sauce reichen.

**TIPP**
Werden in einem Rezept Kichererbsen in der Dose angeführt, dann heben Sie die Einlegeflüssigkeit unbedingt auf, um sie als Aquafaba beim Backen oder für Baisers (siehe Seite 252), in Dressings und Mayonnaise (siehe Seite 224) oder sogar in Cocktails (siehe Seite 296) zu verwenden.

# MOUSSAKA

FÜR 6

GF WF SoF

3 EL **Olivenöl**, plus etwas mehr zum Bestreichen
2 **Zwiebeln**, fein gehackt
1 kleine **Karotte**, fein gewürfelt
2 Stangen **Staudensellerie**, fein gewürfelt
1 **rote Paprikaschote**, fein gewürfelt
8 **Knoblauchzehen**, zerdrückt
1 TL **Zimt**
1 EL **frischer Thymian**, fein gehackt
1 EL **frischer Oregano**, fein gehackt
2 **Lorbeerblätter**
75 g **schwarze Oliven**, entsteint und fein gehackt
75 g **rote Linsen**
1 Dose **Pinto-Bohnen** (à 400 g), abgetropft
75 ml **veganer Rotwein**
500 ml **Tomaten-Passata**
300 ml **Wasser**
3 **Auberginen**, längs in dünne Streifen geschnitten
**Salz** und **frisch gemahlener schwarzer Pfeffer**

**FÜR DIE BÉCHAMELSAUCE:**
1 l **ungesüßte Mandelmilch**
60 ml **Olivenöl**
60 g **normales** oder **glutenfreies Mehl**
2 EL **Kichererbsenmehl**
2 TL **Knoblauchpulver**
1 großzügige Prise **frisch geriebene Muskatnuss**
1 EL **Hefeflocken**
**Salz** und **frisch gemahlener schwarzer Pfeffer**

**VORBEREITUNGSZEIT: 25 MINUTEN • GARZEIT: 1 ½ STUNDEN**

**Wir mögen dieses Gericht mit einem griechischen Salat dazu. Dafür 200 g gewürfelte Tomaten, 200 g Gurke und 1 kleine rote Zwiebel mit nativem Olivenöl extra, Zitronensaft, Salz und Pfeffer vermischen.**

1. Das Öl in einem großen Topf erhitzen und darin Zwiebeln, Karotten, Sellerie, rote Paprika und Knoblauch unter regelmäßigem Rühren ca. 10 Minuten anschwitzen, bis alles leicht gebräunt ist. Zimt, Kräuter und Oliven einrühren und weitere 2–3 Minuten anbraten. Linsen, Bohnen, Rotwein, Passata und Wasser zugeben. Zum Köcheln bringen und 30–45 Minuten unter gelegentlichem Rühren simmern lassen, bis die Linsen gar sind und die Sauce um etwa die Hälfte eingekocht und schön sämig ist. (Wenn sie zu schnell einkocht, den Deckel auflegen.)

2. In der Zwischenzeit eine Grillpfanne erhitzen oder den Backofengrill vorheizen. Die Auberginenstreifen mit Salz und Pfeffer würzen und mit Olivenöl bestreichen. In der heißen Pfanne oder unter dem Grill portionsweise ca. 5 Minuten grillen, bis die Auberginen auf beiden Seiten ein wenig schwarz sind (sie müssen nicht durch sein). Zur Seite stellen.

3. Die Milch in einem kleinen Topf aufkochen, dann zur Seite stellen. Das Öl in einem großen Topf erhitzen. Sobald es heiß ist, die Mehlsorten zugeben. Die Temperatur reduzieren und unter ständigem Rühren anschwitzen (das Mehl sollte nicht braun werden). Knoblauchpulver zugeben, dann nach und nach unter ständigem Rühren die Milch zugießen, bis eine dicke weiße Sauce entstanden ist. Muskatnuss, Hefe, ½ Teelöffel Salz und etwas Pfeffer zufügen und glatt rühren, dann abschmecken.

4. Den Ofen auf 200 °C vorheizen.

5. Eine Lage Auberginen in eine ofenfeste Form mit den Maßen ca. 25 × 30 cm legen, mit einer Schicht Gemüsesauce bedecken, dann wieder Auberginen darauf verteilen. Erneut Gemüsesauce darüberlöffeln und mit Auberginen abschließen. Die Béchamelsauce darübergießen. 30 Minuten backen, bis die Sauce fest und goldbraun ist.

# HELLER SEITAN AUF HÜHNCHEN-ART

ERGIBT 250 G

NF SoF

125 g **glutenhaltiges Weizenmehl**
3 EL **Kichererbsenmehl**, plus etwas mehr zum Bestäuben
1 TL **Tamari** oder **Maggi-Flüssigwürze** (für SoF)
100 ml **Wasser**
½ TL **Hefeflocken**, fein zerkrümelt

**VORBEREITUNGSZEIT: 15 MINUTEN • ZEIT ZUM RUHEN: 30 MINUTEN • GARZEIT: 50 MINUTEN**

**Seitan oder „Weizenfleisch" besteht aus Weizenmehl, dessen Stärke herausgewaschen wurde. Übrig bleibt im Prinzip nur das Weizeneiweiß. Schon seit Jahrhunderten kommt Seitan in der chinesischen und japanischen Küche zum Einsatz – wenn Sie jemals Falsche Ente in einem Chinarestaurant gegessen habe, dann haben Sie bereits Seitan probiert. Er ist sehr proteinreich und funktioniert dank seiner Konsistenz besonders gut als Fleischersatz. Seitan erhalten Sie in jedem größeren Supermarkt. Man kann ihn jedoch auch selbst zubereiten und ihn dann gleich an das jeweilige Rezept anpassen, Aromen wie gemahlenen Kreuzkümmel, Tomatenmark, Miso, Chili oder süßes geräuchertes Paprikapulver hinzufügen oder den gegarten Teig in Jerk-, Barbecue- oder Teriyaki-Sauce wenden. Wir haben SEHR VIEL mit Seitanteig experimentiert und obwohl viele Rezepte das Köcheln in Brühe angeben, finden wir, dass es den Seitan schwammig und matschig macht. Für uns funktioniert Dämpfen am besten.**

1. Weizen- und Kichererbsenmehl vermischen. Tamari oder Maggi-Flüssigwürze und Wasser dazugeben und zu einem Teig verrühren. Den Teig auf eine saubere, mit Mehl bestäubte Arbeitsfläche legen und 5–10 Minuten ordentlich kneten, bis er sehr fest und glatt ist. Mit Frischhaltefolie oder einem sauberen feuchten Küchentuch bedecken und 30 Minuten ruhen lassen.
2. Den Teig zu einer Rolle formen. Eng in Backpapier und dann in Folie wickeln. Die eingepackte Rolle in einen Dampfgarer legen, abdecken und 50 Minuten dämpfen, bis der Teig wachsartig aussieht, sehr fest und nicht mehr klebrig ist. Auspacken und vor dem Verwenden völlig auskühlen lassen.
3. Für zusätzliches Aroma den Seitan in Scheiben oder Streifen schneiden und in Olivenöl anbraten, bis er leicht braun ist, dann verwenden.
4. Gegarter Seitan lässt sich gut einfrieren oder hält sich im Kühlschrank bis zu 2 Tage.

## VARIATION: GLUTENFREIER SEITAN

Chantal verträgt kein Gluten und hat daher diese Variante erfunden: 1 Dose Lima-Bohnen (à 400 g) inklusive Flüssigkeit glatt pürieren. 2 EL Tamari, je 1 EL Olivenöl und glutenfreie gekörnte Gemüsebrühe, 2 TL Knoblauchpulver, je 1 TL Zwiebelpulver und Misopaste sowie je ½ TL Salz und Pfeffer hinzufügen und gut verrühren. 150 g glutenfreies braunes Brotmehl dazugeben und zu einem Teig vermischen, dann 5 Minuten kneten. Wie oben beschrieben garen, dabei den Teig zu 2 Rollen formen und das Backpapier einfetten. Wenn man auf ihn drückt und er zurückfedert, ist der Seitan fertig. Im Kühlschrank hält er sich, mit Wasser bedeckt, bis zu 2 Tage.

## TIPP

Wenn Sie einen zusätzlichen Esslöffel Sojasauce zum Teig geben, erhalten Sie einen dunkleren, rindfleischartigen Seitan.

# KARIBISCHES CURRY MIT KOCHBANANEN

FÜR 4

GF WF NF SoF

2 EL **raffiniertes** oder **natives Kokosöl extra**
2 **Zwiebeln**, gewürfelt
1 Knolle **Knoblauch**, die Zehen geschält und fein gehackt
1 ½ EL **frischer Thymian**, fein gehackt
2 EL **mildes Currypulver**
½ TL **Piment**
1 TL **Salz**
400 ml **Kokosmilch**
800 ml **Wasser**
1 **große Karotte**, längs geviertelt und gewürfelt
1 **rote Paprikaschote**, entkernt und in 3 cm große Würfel geschnitten
3 **reife Kochbananen**, schräg in 1 cm breite Scheiben geschnitten
1 **Scotch Bonnet**, im Ganzen (weglassen, wenn Kinder mitessen)
1 **Lorbeerblatt**
1 EL **vegane gekörnte Gemüsebrühe**
250 g **Frühkohl**, halbiert und in 1 cm breite Streifen geschnitten
abgeriebene Schale und Saft von 1 **Limette**
2 EL **frischer Koriander**, fein gehackt
**frisch gemahlener schwarzer Pfeffer**
**Roti**, **milchfreie Fladenbrote** oder **Kokosreis & Bohnen** (für GF und WF, siehe Seite 220), zum Servieren

**VORBEREITUNGSZEIT: 20 MINUTEN**
**GARZEIT: 1 STUNDE 45 MINUTEN**

**Dieses üppige und cremige Curry enthält Scotch Bonnet Chilis, die ihm eine wunderbare Schärfe verleihen. Nehmen Sie reife Kochbananen, die viele braune Flecken aufweisen.**

---

1. Das Öl in einem großen Topf erhitzen und die Zwiebeln darin 5 Minuten anschwitzen, dann Knoblauch und Thymian zugeben und weitere 10 Minuten braten. Gewürze einrühren, mit schwarzem Pfeffer würzen und alles gut vermischen.
2. Salz, Kokosmilch, Wasser, Karotten, rote Paprika, Kochbananen, Scotch Bonnet, Lorbeerblatt und Gemüsegranulat hinzufügen. 45–60 Minuten köcheln, bis die Kochbananen weich sind, die Sauce reduziert und eingedickt ist. Frühkohl dazugeben und zugedeckt weitere 30 Minuten garen.
3. Kurz vor dem Servieren die Chilischote herausfischen (wenn Sie sie nicht finden, ist sie vermutlich verkocht – das ist völlig in Ordnung; Sie wollen nur nicht irrtümlich auf eine ganze Schote beißen). Limettenschale und -saft hinzufügen und Koriander unterrühren.
4. Mit Roti, Fladenbroten oder Kokosreis & Bohnen servieren.

# AUBERGINEN-„HACKFLEISCHBÄLLCHEN“

FÜR 4

SoF

**VORBEREITUNGSZEIT: 25 MINUTEN • ZEIT ZUM KÜHLEN: 1 STUNDE • GARZEIT: 45 MINUTEN**

**Diese Bällchen sind sogar noch besser – und viel fester –, wenn man sie schon am Tag zuvor formt und brät. Dann braucht man sie nur noch 10 Minuten im heißen Ofen aufwärmen. Wenn Sie kein raffiniertes Kokosöl haben, nehmen Sie stattdessen einfach mehr Olivenöl – wir bevorzugen jedoch Kokosöl, weil es den Teig besser bindet.**

---

### FÜR DIE BÄLLCHEN:

2 EL **raffiniertes Kokosöl**
3 EL **Olivenöl**, plus etwas mehr bei Bedarf
2 **Auberginen**, gewürfelt
1 **Zwiebel**, gewürfelt
2 **Knoblauchzehen**, zerdrückt
15 **schwarze Oliven**, entsteint und grob gehackt
2 TL **rote Paprikapaste**
2 TL **Tomatenmark**
1 TL **Paprikapulver**
2 TL **Fenchelsamen** (optional)
2 EL **Sonnenblumenkerne**
2 EL **Pinienkerne**
1 EL **geschrotete Leinsamen**
1 EL **Wasser**
1 Zweig **frischer Rosmarin**, die Nadeln fein gehackt
2 EL **frische Petersilie**, grob gehackt
abgeriebene Schale von ¼ **Zitrone**
150 g **gekochte Puy-Linsen**
5–7 EL **Semmelbrösel**
4 EL **Kichererbsenmehl**
1 TL **Backpulver**
**Salz** und **frisch gemahlener schwarzer Pfeffer**

### FÜR PASTA & SAUCE:

400 g **Spaghetti**
1 EL **Olivenöl**
2 **Knoblauchzehen**, im Ganzen, leicht angedrückt
300 ml **Tomaten-Passata**
1 große Handvoll **frisches Basilikum**, die Blätter zerzupft
**Salz** und **frisch gemahlener schwarzer Pfeffer**

1. Kokosöl und 1 Esslöffel Olivenöl in einer großen Pfanne erhitzen. Sobald es heiß ist, Auberginen dazugeben und unter Rühren ca. 5 Minuten anbraten, dann Zwiebeln und eine Prise Salz hinzufügen und 15 Minuten unter regelmäßigem Rühren sautieren, bis die Auberginen weich, zart und braun und die Zwiebeln glasig und ebenfalls leicht braun sind. Erscheint die Pfanne zu trocken, einen Spritzer Olivenöl zugeben.
2. Knoblauch, Oliven, rote Paprikapaste, Tomatenmark, Paprikapulver, Fenchelsamen, Sonnenblumen- und Pinienkerne hinzufügen und unter Rühren 3 Minuten braten.
3. In der Zwischenzeit in einer kleinen Schüssel die geschrotete n Leinsamen und das Wasser mischen und 5 Minuten quellen lassen.
4. Die Auberginenmischung mit Rosmarin, Petersilie, Zitronenschale und 50 g der gekochten Puy-Linsen in der Küchenmaschine rasch grob pürieren, aber nicht zu sehr, da die Bällchen eine gewisse Konsistenz brauchen und sonst matschig werden.
5. Das Püree und die restlichen Linsen mit 5 Esslöffel Semmelbrösel, eingeweichten Leinsamen, Kichererbsenmehl, Backpulver,

**TIPP**

Probieren Sie die Bällchen mal mit 2 Teelöffel Kapern, die Sie – abgetropft und klein gehackt – mit in die Küchenmaschine geben (dann ist wohl kein Salz mehr nötig). Für eine orientalische Note 1 großzügige Prise Sumach, je ½ Teelöffel gemahlenen Kreuzkümmel und getrocknete rote Chiliflocken hinzufügen. Anstelle von Pasta mit Couscous oder milchfreiem Pitabrot, Tsatsiki (siehe Seite 230) und Salat servieren.

einer großzügigen Prise Salz und etwas schwarzem Pfeffer in eine Schüssel geben und mit einem Löffel gut verrühren. Im Kühlschrank 1 Stunde fest werden lassen.

6. Anschließend etwas Öl in einer sauberen Pfanne erhitzen. Zunächst nur ein wenig der Mischung braten, um Konsistenz und Würzung zu testen. Ist sie zu feucht, mehr Semmelbrösel zugeben. Bei Bedarf mit Salz und Pfeffer nachwürzen.
7. Die Mischung mit 2 Esslöffeln oder den bemehlten Händen zu 16 golfballgroßen „Hackfleischbällchen" formen. Die 2 restlichen Esslöffel Öl in die Pfanne geben und die Bällchen portionsweise sanft braten, dabei oft wenden, bis sie tiefbraun und außen knusprig sind. Mit einem Schaumlöffel aus der Pfanne heben und warm stellen.
8. In der Zwischenzeit die Pasta in kochendem Salzwasser al dente garen. Für die Sauce das Öl in einer Pfanne erhitzen und den angedrückten Knoblauch dazugeben. 10 Minuten dünsten (nicht anbräunen lassen). Knoblauch entfernen und Passata zugießen. Zum Köcheln bringen und je 1 Prise Salz und Pfeffer zugeben.
9. Pasta abgießen. Basilikum zur Tomatensauce geben, die Pasta zufügen und in der Pfanne schwenken. Mit den warmen Auberginenbällchen garniert servieren.

# MR. BAOS SESAM-AUBERGINEN-BAO

ERGIBT **8** *BAO-BRÖTCHEN*

SoF

**VORBEREITUNGSZEIT: 45 MINUTEN • ZEIT ZUM GEHEN: 4 STUNDEN • GARZEIT: 35 MINUTEN**

**Mr. Bao ist ein taiwanesisches Restaurant in Peckham im Süden Londons. 2017 erfanden deren Köche das erste vegane Bao-Brötchen Londons und sie waren so freundlich, uns das Rezept zu verraten. Für die Brötchen benötigen Sie einen Dampfgarer. Eine tolle Beilage zu diesem Gericht ist übrigens Miso-Sesam-Krautsalat (siehe Seite 163).**

### FÜR DIE BAO-BRÖTCHEN:

1 TL **Trockenhefe**
1 ½ TL **Feinstzucker**
100 ml **warmes Wasser**
250 g **Mehl**, plus etwas mehr nach Bedarf und zum Bestäuben
1 Prise **Salz**
2 EL **ungesüßte Pflanzenmilch** (ohne Soja für SoF)
1 TL **Pflanzenöl**, plus etwas mehr zum Einfetten und Bestreichen
1 TL **veganer Reisessig**
1 TL **Backpulver**

### FÜR DIE KNUSPRIGEN SCHALOTTEN:

**geschmacksneutrales Öl**, zum Braten
**6 Schalotten**, in dünne Streifen geschnitten

### FÜR DIE SESAM-AUBERGINEN:

150 g **Sesamsauce** (siehe Tipp nächste Seite)
250 ml **veganes Mirin**
2 TL **salzarmes Tamari** oder **Maggi-Flüssigwürze** (für SoF)
2 **Auberginen**, halbiert und in 1 cm dicke Scheiben geschnitten

1. Für den Teig Hefe, Zucker und warmes Wasser vermischen, bis sich das Backtriebmittel aufgelöst hat. 5–10 Minuten stehen lassen, bis die Oberfläche schaumig ist. In einer großen Schüssel Mehl und Salz vermischen, dann die Hefemischung, Milch, Öl und Essig hinzufügen. Zu einem weichen Teig verrühren. Ist er zu trocken, noch mehr Wasser zugeben; ist er recht klebrig, 1–2 Esslöffel Mehl zufügen. Den Teig auf einer sauberen, mit Mehl bestäubten Arbeitsfläche 10 Minuten kneten, bis er glatt und elastisch ist. (Alternativ die Knethaken der Küchenmaschine verwenden.) In eine saubere, eingeölte Schüssel legen. Mit Frischhaltefolie oder einem feuchten, sauberen Geschirrtuch abdecken und an einem warmen Ort 3 Stunden gehen lassen, bis er seine Größe verdoppelt hat.

2. Den Teig auf einer sauberen Arbeitsfläche mit den Händen zur ursprünglichen Größe zusammenschlagen. Das Backpulver drüberstreuen, dann 5 Minuten kneten. In 8 gleich große Portionen teilen und diese zu ordentlichen Kugeln rollen.

3. Jede Kugel zu einem ca. 2 mm dicken Oval ausrollen. Ein Essstäbchen leicht einölen, dann den Teig ebenfalls mit Öl bestreichen. Jedes Teigoval mittig über dem eingeölten Stäbchen falten, dieses vorsichtig wieder herausziehen (zwischendurch gegebenenfalls wieder einölen). Den Teig auf ein mit Backpapier ausgelegtes Backblech legen und locker mit einem Geschirrtuch abdecken. An einem warmen Ort 1 Stunde gehen lassen, bis sich die Größe verdoppelt hat.

4. In der Zwischenzeit die Füllungen zubereiten. Ca. 2 cm Öl in einem großen, tiefen Topf erhitzen, die Schalotten hineingeben und knusprig-goldbraun frittieren (nicht dunkelbraun, sonst schmecken sie bitter). Mit einem Schaumlöffel herausheben und auf Küchenpapier abtropfen lassen.

5. Sesamsauce, Mirin und Tamari oder Maggi verrühren, ein wenig Wasser zugeben, wenn die Mischung zu klebrig ist. Die Auberginenscheiben dazugeben, mit Sauce bedecken und 30 Minuten marinieren. Den Ofen auf 180 °C vorheizen. Die Auberginenscheiben in einer Lage auf einem eingefetteten Backblech ausbreiten und 10 Minuten backen. Zur Seite stellen.

# MR. BAOS SESAM-AUBERGINEN-BAO

**FÜR DAS KORIANDER-PESTO:**

½ Bund **frischer Koriander**
1 **Knoblauchzehe**
50 ml **Olivenöl**, plus etwas mehr bei Bedarf
25 ml **Sesamöl**
1 EL **veganer Apfelessig**
25 g **süßes Erdnusspulver** (siehe Tipp weiter unten)
25 **geröstete ungesalzene Erdnüsse**
1 Prise **Salz**

**ZUM SERVIEREN:**

2 **Frühlingszwiebeln,** in 3 cm dünne Streifen geschnitten
Kerne von 1 **Granatapfel**

6. Mit dem Stabmixer alle Zutaten für das Pesto pürieren. Wenn es zu dick ist, etwas mehr Olivenöl dazugeben. Zur Seite stellen.
7. Sobald der Teig ausreichend aufgegangen ist, kleine Backpapierquadrate für die Brötchen ausschneiden. Den Dampfgarer bereitstellen. Wenn das Wasser im Dampfgarer köchelt, die Backpapierausschnitte hineinlegen und die Brötchen daraufsetzen (dann bleiben sie nicht kleben). Die abgedeckten Brötchen 8–10 Minuten dämpfen. (Je nach Größe Ihres Dampfgarers müssen Sie vielleicht portionsweise vorgehen.)
8. In der Zwischenzeit einen Spritzer Öl in einer Brat- oder Grillpfanne erhitzen und die gebackenen Auberginen darin von beiden Seiten braun anbraten. Warm stellen.
9. Die warmen Bao-Brötchen teilen und mit den warmen Auberginen, einem Löffel Pesto, knusprigen Schalotten, Frühlingszwiebeln und einer Handvoll Granatapfelkernen füllen.

**TIPP**

Für das Erdnusspulver einfach Erdnüsse im Ofen rösten und dann mit einer winzigen Menge Zucker pulverisieren. (Oder das Pulver ganz weglassen und stattdessen die Erdnussmenge im Rezept verdoppeln.) Sesamsauce ist ein chinesisches und japanisches Würzmittel – achten Sie darauf, dass Sie eine vegane kaufen. Alternativ können Sie Tahin nutzen, vermischt mit 1 Teelöffel veganer Reisessig, 1 Teelöffel brauner Zucker, einer Prise Salz und heißem Wasser.

# CHILI MIT DREIERLEI BOHNEN

FÜR 4

GF WF SoF

2 EL **Olivenöl**
1 **rote Zwiebel**, fein gehackt
1 **Zwiebel**, fein gehackt
1 **Karotte**, fein gehackt
1 **Stange Staudensellerie**, fein gehackt
100 g **Pilze**, fein gehackt
2 **Knoblauchzehen**, zerdrückt
1 EL **rote Chili**, entkernt und fein gewürfelt
1 Dose **gehackte Tomaten** (à 400 g)
1 TL **gemahlener Kreuzkümmel**
½ TL **getrockneter Oregano**
1 gehäufter TL **Kakaopulver ohne Zuckerzusatz** oder **Rohkakaopulver**
½ **Zimtstange**
1 TL **vegane scharfe Chipotle-Paste**, plus etwas mehr zum Abschmecken
1 kleine **Süßkartoffel**, geschält und fein gewürfelt
500 ml **vegane Gemüsebrühe** (siehe Seite 140 für die selbst gemachte Variante)
1 TL **veganer Apfelessig**, plus 2–3 TL zum Abschmecken
1 gehäufter TL **brauner Zucker**
1 TL **süßes geräuchertes Paprikapulver**
1 Dose **Pinto-Bohnen** (à 400 g), abgetropft
1 Dose **Borlotti-Bohnen** (à 400 g), abgetropft
1 Dose **Kidney-Bohnen** (à 400 g), abgetropft
**Salz** und **frisch gemahlener schwarzer Pfeffer**

**VORBEREITUNGSZEIT: 20 MINUTEN • GARZEIT: 2 STUNDEN**

**Perfekt für einen kalten Winterabend. Eventuelle Reste machen sich toll in Tacos oder Burritos.**

**ZUM SERVIEREN:**
**frische Korianderblätter**
**gedämpfter Reis** (60 g ungekochter Reis pro Person)
4–6 EL **Saure Cashewsahne** (siehe Seite 228, optional)
1 **Avocado**, grob zerdrückt
**vegane scharfe Chilisauce** (optional)
**Limettenspalten**

1. Das Öl in einem großen tiefen Topf erhitzen und Karotten, Sellerie und 1 Prise Salz sanft anschwitzen, bis die Zwiebeln glasig sind und anfangen, braun zu werden.

2. Knoblauch, Chili und Tomaten zugeben und einige Minuten unter Rühren köcheln. Kreuzkümmel, Oregano, Kakaopulver, Zimtstange und Chipotle-Paste hinzufügen und unter Rühren 1 Minute weiterbraten. Süßkartoffeln, die Hälfte der veganen Brühe, 1 Teelöffel Essig, Zucker und geräuchertes Paprikapulver dazugeben und zum Köcheln bringen. Zugedeckt 30 Minuten sanft simmern lassen. Zimtstange entfernen, die restliche Brühe angießen und die Bohnen einrühren. Wieder aufkochen lassen und 1 Stunde köcheln, bis die Süßkartoffeln ganz weich sind.

3. Einen Teil des Chilis entnehmen und in der Küchenmaschine oder im Standmixer glatt pürieren (oder mit dem Stabmixer vorsichtig direkt im Topf zerkleinern), dadurch wird die Sauce dicker.

4. Um die Süße von Bohnen und Gemüse auszugleichen, ist ganz sicher ein bisschen mehr Salz und Essig nötig. Nach Belieben nachsalzen und den Essig löffelweise zugeben – das fertige Gericht sollte herb und würzig sein, aber nicht nach Essig schmecken. Ist es zu fad, noch 1 Teelöffel Chipotle-Paste zugeben.

5. Mit Korianderblättern und etwas Salz bestreuen und zusammen mit gedämpftem Reis, Saurer Cashewsahne (optional), zerdrückter Avocado sowie etwas Chilisauce servieren. Die Limettenspalten dazu reichen.

# SPANISCHER KICHERERBSENEINTOPF

FÜR 4

GF WF NF SoF

**VORBEREITUNGSZEIT: 15 MINUTEN**
**GARZEIT: 1 STUNDE 10 MINUTEN**

**Dieses Gericht war ein Klassiker auf der Speisekarte in Chantals Restaurant, dem Secret Pantry. Mit gedämpftem Reis servieren.**

60 ml **Olivenöl**
3 **rote Zwiebeln**, gewürfelt
4 **Knoblauchzehen**, fein gehackt
1 **Stange Staudensellerie**, gewürfelt
1 **Fenchelknolle**, gewürfelt
1 große **Karotte**, gewürfelt
je 1 TL **gemahlener Kreuzkümmel**, **süßes geräuchertes Paprikapulver** und **Fenchelsamen**
1 Prise **Safran**
½ TL **frisch gemahlener schwarzer Pfeffer**
1 EL **veganer Sherry-Essig**
abgeriebene Schale und Saft von 1 **Orange**
2 Dosen **Kichererbsen** (à 400 g), abgetropft
300 ml **vegane Gemüsebrühe** (siehe unten) oder 1 EL **vegane gekörnte Gemüsebrühe** + 300 ml **Wasser**
3 EL **frische Petersilie**, grob gehackt
**Salz**
**Orangenspalten**, zum Servieren

1. Das Öl in einem großen Top erhitzen. Sobald es heiß ist, Zwiebeln, Knoblauch und Gemüse hineingeben und unter gelegentlichem Rühren 15 Minuten anschwitzen.
2. Getrocknete Gewürze, Fenchelsamen, Safran und Pfeffer hinzufügen und 3 Minuten braten. Gut verrühren, dann Essig und Orangensaft angießen. 1 Minute köcheln. Kichererbsen, Orangenschale, Brühe oder gekörnte Brühe und Wasser zugeben und zum Köcheln bringen.
3. Temperatur reduzieren und zugedeckt 45 Minuten unter gelegentlichem Rühren köcheln. Nach Bedarf mit etwas Salz würzen – wenn Sie gekörnte Gemüsebrühe verwenden, ist dies vielleicht nicht nötig, da sie ohnehin sehr salzig ist. 2 Esslöffel der Petersilie unterrühren, mit dem Rest bestreuen und mit den Orangenspalten servieren.

**SELBST GEMACHTE VEGANE GEMÜSEBRÜHE (ERGIBT 1,5 LITER)**

Für eine reichhaltige braune Brühe (z. B. toll für herzhafte Suppen) in einem tiefen Topf einen Spritzer Olivenöl erhitzen, 2 Zwiebeln, 2 Karotten, 1 Stange Lauch und 2 Stangen Staudensellerie (alle klein geschnitten) auf mittlerer Stufe unter regelmäßigem Rühren ca. 10 Minuten anschwitzen, bis das Gemüse zu karamellisieren beginnt. 8 braune Champignons und 4 halbierte Knoblauchzehen hinzufügen und weitere 5 Minuten braten, weiterrühren, damit nichts anbrennt oder am Topfboden anlegt. 1–2 Liter kochendes Wasser (je nach Topfgröße) zugießen, 2 Lorbeerblätter, 4 Zweige Thymian, 4 Stiele Petersilie und 10 schwarze Pfefferkörner hinzufügen. Zum Köcheln bringen und 45–60 Minuten simmern lassen. Das Gemüse entfernen und nur die klare Brühe zurückbehalten. Im Kühlschrank zugedeckt einige Tage aufbewahren oder in Eiswürfelbehältern oder -beuteln einfrieren.
Für eine leichtere und hellere, sommerlichere Brühe ebenso vorgehen, nur das Anbraten im Öl auslassen und das Gemüse gleich mit 1–2 Litern Wasser aufkochen. 15–20 Minuten köcheln lassen, abseihen und die Brühe in Gläser o. Ä. abfüllen.

# ORIENTALISCH GEFÜLLTER KÜRBIS

FÜR 4 ALS HAUPTGANG, 6 ALS BEILAGE

GF WF SoF

50 g **ungesalzene Pistazien**
1 **Kürbis** (ca. 1 kg)
2 EL **Olivenöl**
2 **rote Zwiebeln**, in dünne Ringe geschnitten
6 **Knoblauchzehen**, in dünne Scheiben geschnitten
1 EL **Koriandersamen**
4 **grüne Kardamomkapseln**, angedrückt
1 TL **Zimt**
1 Prise **frisch geriebene Muskatnuss**
1 Prise **Safran**
1 **rote Chilischote** (weniger, wenn Kinder mitessen), je nach Belieben entkernt und fein gewürfelt
20 g **getrocknete Berberitzen**
20 g **Rosinen**
50 g **Basmati-Reis**
200 ml **vegane Gemüsebrühe** (siehe Seite 140 für die selbst gemachte Variante)
1 TL **getrocknete Orangenschale**, fein gehackt
1 TL **Rosenwasser**
1 EL **getrocknete, essbare Rosenblütenblätter**
**Granatapfelsirup**, zum Beträufeln (optional)
**Salat**, zum Servieren

**VORBEREITUNGSZEIT: 20 MINUTEN**
**GARZEIT: 1 STUNDE 25 MINUTEN**

**Unser Rezept für süßen Ofenkürbis, gefüllt mit nussigem, duftendem Reis und herb-säuerlichen Berberitzen. Servieren Sie ihn als Hauptspeise mit einem grünen Salat oder dem Tomatensalat von Seite 60 oder als Mezze (siehe Seite 60, 188 und 232).**

1. Die Pistazien in einer heißen Pfanne ohne Fettzugabe 2–3 Minuten unter regelmäßigem Wenden anrösten, bis sie duften. Zur Seite stellen.
2. Die Oberseite des Kürbisses abschneiden und als Deckel zur Seite legen. Die Kerne mit einem großen Löffel entfernen. Ist der Hohlraum recht flach, müssen Sie auch etwas vom Fleisch auskratzen (dieses klein hacken und für später aufbewahren).
3. Den Ofen auf 220 °C vorheizen.
4. In einem Topf das Öl erhitzen. Zwiebeln 10 Minuten dünsten, bis sie anfangen, braun zu werden. Ausgekratztes Kürbisfleisch zugeben und 2 Minuten anbraten, dann Knoblauch, Koriandersamen, Kardamom, Zimt, Muskat, Safran und Chilis zufügen und 3 Minuten unter regelmäßigem Rühren anschwitzen. Berberitzen und Rosinen untermengen, dann den Reis und die gerösteten Pistazien. Umrühren, damit alles gut vermischt ist, und den Reis 2–3 Minuten mitrösten. Brühe, Orangenschale und Rosenwasser zugeben und zum Kochen bringen. 6 Minuten kochen, dann von der Herdplatte nehmen.
5. Die Reismischung in den Kürbis löffeln, den Deckel aufsetzen, dann den gefüllten Kürbis mit feuchtem Backpapier und darüber Alufolie umwickeln, sodass ein Päckchen entsteht. Auf ein Backblech setzen und 45 Minuten bis 1 Stunde backen, bis der Kürbis gar ist und ein scharfes Messer ohne Widerstand durch das Fleisch gleitet.
6. In Spalten schneiden und mit Granatapfelsirup (optional) beträufeln. Mit Salat servieren.

# JACKFRUCHT-TIKKA-MASALA

FÜR 4

GF WF NF SoF

2 Dosen **junge grüne Jackfrucht in Salzlake** oder **Wasser** (à 565 g oder 400 g), abgegossen
2 TL **Garam Masala**
1 EL **vegane gekörnte Gemüsebrühe**

**FÜR DIE TIKKA-MASALA-SAUCE:**
2 EL **raffiniertes** oder **natives Kokosöl extra**
4 **Zwiebeln**, halbiert und in dünne Scheiben geschnitten
1 Stück **frischer Ingwer** (ca. 6 cm), geschält und fein gerieben
8 **Knoblauchzehen**, fein gerieben
6 **grüne Kardamomkapseln**, angedrückt
2 **schwarze Kardamomkapseln**, angedrückt
1 TL **gemahlene Kurkuma**
1 TL **gemahlener Zimt**
1 ½ TL **gemahlener Kreuzkümmel**
2 TL **gemahlener Koriander**
2 TL **süßes geräuchertes Paprikapulver**
2 TL **Garam Masala**
400 g **Tomaten**, gewürfelt
400 ml **Kokosmilch**
800 ml **Wasser**
1 EL **Zucker**

**FÜR DIE TIKKA-PASTE:**
100 g **veganer Naturjoghurt** (ohne Nüsse für NF, ohne Soja für SoF)
1 Stück **frischer Ingwer** (ca. 4 cm), geschält und fein gerieben
2 **Knoblauchzehen**
1 **Schalotte**, grob gehackt

**VORBEREITUNG: 30 MIN. • GARZEIT: 1 STUNDE 20 MIN.**

**Mehr Informationen zur wundersamen Jackfrucht finden Sie auf Seite 50. Tikka-Paste und Sauce können auch mit Tofu, Seitan, Gemüsestücken oder gekochten Hülsenfrüchten verwendet werden. Auch mit dem Aloo Kabli von Seite 174 oder dem Tomaten-Granatapfelsalat auf Seite 156 passt das Gericht gut zusammen, da beide einen frischen Kontrast zur reichhaltigen, cremigen Masala-Sauce bilden.**

---

Saft von ½ **Zitrone**
1 TL **Paprikapulver**
1 TL **gemahlener Koriander**
1 TL **gemahlener Kreuzkümmel**
Samen aus 2 **grünen** und 1 **schwarzen Kardamomkapsel**
½ TL **Fenchelsamen**
1 großzügige Prise **gemahlene Kurkuma**

**ZUM SERVIEREN:**
**frische Korianderblätter**
**gedämpfter Reis** (60 g ungekochter Reis pro Person) oder **Fladenbrot**

1. Die abgetropfte Jackfrucht in einen Topf geben. Mit Wasser bedecken und Garam Masala sowie gekörnte Gemüsebrühe dazugeben. Zum Köcheln bringen und 1 Stunde simmern lassen. Wenn nötig, noch etwas Wasser angießen. Abseihen und abkühlen lassen.
2. In der Zwischenzeit die Sauce zubereiten. Öl in einem Topf stark erhitzen, Zwiebeln zugeben, Hitze reduzieren und ca. 20 Minuten anschwitzen, bis sie anfangen, braun zu werden (nicht dunkel werden lassen). Ingwer und Knoblauch zugeben und 5 Minuten braten, dann die Gewürze und die Tomaten hinzufügen. 20 Minuten unter regelmäßigem Rühren köcheln, sodass nichts anbrennt. Temperatur reduzieren, Kokosmilch und Wasser angießen und wieder zum Köcheln bringen. Ca. 40 Minuten simmern, bis die Mischung eingedickt und um die Hälfte reduziert ist.
3. Zucker zugeben, dann die Sauce im Standmixer (oder mit dem Stabmixer) glatt pürieren. (Zuerst abkühlen lassen oder portionsweise vorgehen.)
4. Alle Zutaten für die Tikka-Paste in der Küchenmaschine oder im Standmixer (oder mit dem Stabmixer) pürieren. In einer Schüssel mit der abgekühlten Jackfrucht vermischen.
5. Den Grill auf höchster Stufe vorheizen. Die Jackfrucht auf einem Grillgitter über einem Backblech 3 Minuten von jeder Seite grillen – gelegentlich wenden, bis sie goldbraun und stellenweise leicht angekohlt ist.
6. Tikka-Masala-Sauce aufwärmen und die gegrillte Jackfrucht dazugeben. Mit Koriander bestreuen und Reis oder Fladenbrot dazu servieren.

# ZITRONENGRAS-CHILI-TOFU

FÜR 4

GF WF NF

1 Stängel **Zitronengras**, harte äußere Blätter entfernt, grob gehackt
1 **rote Chilischote**, nach Belieben entkernt, grob gehackt
6 **Knoblauchzehen**, grob gehackt
½ TL **Salz**
280 g **schnittfester Tofu**
**geschmacksneutrales Öl**, zum Einfetten und Beträufeln

**ZUM SERVIEREN:**
**gedämpfter Reis** (60 g ungekochter Reis pro Person)
2 Köpfe **Pak Choi** oder ein anderes asiatisches Gemüse, in Streifen geschnitten und gedämpft
**Tamari**

**VORBEREITUNGSZEIT: 20 MINUTEN • ZEIT ZUM MARINIEREN: 2 STUNDEN • GARZEIT: 45 MINUTEN**

**Dieser Tofu eignet sich hervorragend als Steak oder zu Pfannengemüse, wir verwenden ihn auch für unsere Sommerrollen auf Seite 186. Auch in Sushi macht er eine gute Figur, wenn er abgekühlt in dünne Streifen geschnitten wird (siehe Seite 180/181).**

1. Zitronengras, Chili, Knoblauch und Salz im Mörser zu einer Paste zerstoßen (oder mit dem Stabmixer pürieren).
2. Den Tofu in 4 Scheiben schneiden. In einem sauberen Geschirrtuch oder in Küchenpapier die Flüssigkeit aus dem Tofu drücken, dann so gut wie möglich trocken tupfen. Die Marinade in jedes Stück reiben. 2 Stunden oder über Nacht in den Kühlschrank stellen.
3. Den Ofen auf 200 °C vorheizen. Die Tofusteaks in eine eingefettete ofenfeste Form legen und mit etwas Öl beträufeln. 45 Minuten garen, gegen Hälfte der Zeit wenden, bis der Tofu goldbraun und knusprig ist.
4. Mit gedämpftem Reis und Gemüse und beträufelt mit Tamari servieren.

# WÜRZIGE MEERES-AUBERGINEN

FÜR 4

GF WF NF

3 EL **raffiniertes Kokosöl** oder **geschmacksneutrales Öl**
2 **Auberginen**, in große Würfel geschnitten
6 **Knoblauchzehen**, in dünne Scheiben geschnitten
1 Stück **frischer Ingwer** (ca. 3 cm), geschält und in dünne Stifte geschnitten
1 **rote Chilischote**, entkernt und in dünne Ringe geschnitten
1 **große Zwiebel**, halbiert und in dicke Scheiben geschnitten
6 **Frühlingszwiebeln**, der weiße Teil in 3 cm große Stücke geschnitten, der grüne Teil in feine Ringe geschnitten
1 **rote Paprikaschote**, in große Würfel geschnitten
60 ml **Tamari**
60 ml **Reiswein** (ohne Gluten für GF und WF)
200 ml **Wasser**, plus 1 EL extra
1 EL **vegane gekörnte Gemüsebrühe**
1 TL **Kokosblütenzucker** (oder **brauner Zucker**)
1 TL **weiße Misopaste**
1 TL **Speisestärke**
1 TL **geröstetes Sesamöl**
1 EL **frischer Koriander**, fein gehackt
**gedämpfter Reis** (60 g ungekochter Reis pro Person), zum Servieren

**VORBEREITUNGSZEIT: 15 MINUTEN • GARZEIT: 28 MINUTEN**

**Dieses Szechuan-Gemüsegericht haben wir so betitelt, weil diese Art von Würzung meist bei Fisch zum Einsatz kommt.**

1. Das Öl in einer großen Pfanne stark erhitzen. Sobald es heiß ist und raucht, die Auberginen darin unter gelegentlichem Wenden rundum schön goldbraun anbraten.
2. Knoblauch, Ingwer und Chili dazugeben und 1 Minute unter ständigem Rühren anschwitzen, dann Zwiebeln, weiße Teile der Frühlingszwiebeln und rote Paprika dazugeben und weitere 5 Minuten anbraten. Tamari, Reiswein, 200 ml Wasser, gekörnte Gemüsebrühe, Zucker und Miso hinzufügen und 5 Minuten köcheln lassen.
3. Maisstärke mit dem restlichen Esslöffel Wasser vermischen. In den Topf rühren und 1–2 Minuten eindicken lassen. Von der Herdplatte nehmen, Sesamöl drüberträufeln und mit den fein geschnittenen Frühlingszwiebelringen und dem Koriander bestreuen.
4. Mit gedämpftem Reis servieren.

# KNUSPRIGE BLÄTTERTEIGPASTETE

FÜR 4

NF

320 g **veganer Blätterteig**
3 EL **geschmacksneutrales Öl** oder **Olivenöl**, plus etwas mehr zum Einfetten
1 **Zwiebel**, in dünne Ringe geschnitten
1 **Stange Lauch**, in dünne Ringe geschnitten
150 g **Pilze**, in dünne Scheiben geschnitten
1 **Knoblauchzehe**, zerdrückt
3 EL **Mehl**
350–400 ml **heiße vegane Gemüsebrühe** (siehe Seite 140 für die selbst gemachte Variante)
2 TL **veganer körniger Senf** (optional)
300 g **Seitan auf Hühnchen-Art** (siehe Seite 132), in kleine Stücke geschnitten
1 EL **frische Petersilie** oder **frischer Estragon**, fein gehackt, oder eine Mischung
**Salz** und **frisch gemahlener schwarzer Pfeffer**

**FÜR DIE GLASUR:**
1 EL **ungesüßte Pflanzenmilch** (ohne Nüsse für NF)
1 TL **geschmacksneutrales Öl**
½ TL **Agavendicksaft** oder **Zuckerrübensirup**

**ZUM SERVIEREN:**
**Kartoffelpüree** (siehe Seite 217) oder **Frühkartoffeln**
**saisonales Gemüse**

**VORBEREITUNGSZEIT: 20 MINUTEN • GARZEIT: 1 STUNDE**

**Für diese Pastete benötigen Sie veganen Blätterteig, der inzwischen aber glücklicherweise leicht aufzutreiben ist. Experimentieren Sie mit der Füllung und lassen Sie nach Belieben den Seitan weg – was auch immer Sie stattdessen nehmen, sollte insgesamt etwa 500 g ergeben. Im Winter passt eine Mischung aus Pilzen und Wurzelgemüse, im Sommer ergänzen rohe Erbsen, Spargel oder Brokkoli die Sauce.**

1. Den Ofen auf 200 °C vorheizen. Den Blätterteig aus dem Kühlschrank nehmen und Zimmertemperatur annehmen lassen.
2. In einer großen Pfanne 1 Esslöffel Öl erhitzen, Zwiebeln, Lauch und 1 Prise Salz darin unter regelmäßigem Rühren ca. 10 Minuten anschwitzen, bis das Gemüse anfängt, braun zu werden. 1 weiteren Esslöffel Öl, die Pilze und den Knoblauch hinzufügen. 5–10 Minuten braten, bis die Pilze weich sind.
3. Temperatur reduzieren und restliches Öl und Mehl zugeben. Unter Rühren 2 Minuten braten, dann nach und nach 350 ml der Brühe angießen, dabei gut rühren und erst weitermachen, wenn alles aufgenommen wurde. Die Sauce ist jetzt noch recht dünn. Aufkochen und 5 Minuten köcheln lassen, bis sie eingedickt ist. Senf (optional) zufügen und mit Salz und Pfeffer abschmecken. Ist die Sauce zu dickflüssig, die restliche Brühe zugießen.
4. Die Zutaten für die Glasur vermischen.
5. Den Blätterteig ausrollen und eine umgedrehte Pastetenform daraufstellen. Mit einem scharfen Messer einen Deckel mit 2 cm Überhang ausschneiden. Den Rand der Form einfetten, den Teig einlegen und die Seitan-Mischung darauf verteilen. Den Pastetendeckel behutsam auflegen und den Überhang ordentlich arrangieren. 2 je 3 cm große Luftschlitze in die Mitte der Pastete schneiden, damit der Dampf entweichen kann und der Teig nicht matschig wird. Mit der Glasur bestreichen.
6. Im Ofen 25–30 Minuten backen, bis der Teig schön aufgegangen ist und rundherum goldbraun und knusprig ist. Mit Kartoffeln und Gemüse der Saison servieren.

**TIPP**
Anstelle des Seitans können Sie auch Falsche Ente nehmen (ein chinesisches Protein auf Gluten- und Sojabasis, das großartig zu Pies, Currys und Pfannengemüse passt).

# TORTILLA

FÜR 6

(GF) (WF) (NF)

150 g **Kichererbsenmehl**
500 ml **Wasser**
1 TL **Kala Namak** (schwarzes Salz; siehe Seite 38) oder ½ TL **Salz**
½ TL **frisch gemahlener schwarzer Pfeffer**
1 TL **Senfpulver**
1 EL **Hefeflocken**
1 ½ TL **glutenfreies Backpulver** (für GF und WF)
60 g **veganer Frischkäse**
3 EL **Olivenöl**, plus etwas mehr zum Einfetten
2 **Zwiebeln**, halbiert und in dünne Ringe geschnitten
2 große **Kartoffeln**, ungeschält und in dünne Scheiben geschnitten
2 **Knoblauchzehen**, in dünne Scheiben geschnitten

**ZUM SERVIEREN:**
**Romesco-Sauce** (siehe Seite 204) oder 1 Prise **süßes geräuchertes Paprikapulver** (optional)
**grüner Salat**

**VORBEREITUNGSZEIT: 15 MINUTEN • ZEIT ZUM ABKÜHLEN: 30 MINUTEN • GARZEIT: 1 ½ STUNDEN**

**Kichererbsenmehl ist ein proteinreicher Ersatz für die traditionellen Eier in der Tortilla, besonders wenn es mit Kala Namak, schwarzem Salz, kombiniert wird, das dem Geschmack von Eiern sehr nah kommt. Man verwendet es vor allem in der indischen Küche, wo Papadam und Bhaji damit zubereitet werden. Sie finden es in großen Supermärkten und in Asialäden. Servieren Sie das Omelett zum Mittagessen oder nehmen Sie es, in Spalten geschnitten, in der Lunchbox oder zum Picknick mit.**

---

1. Das Mehl in eine Schüssel sieben, dann Wasser, Salz, Pfeffer, Senf, Hefe, Backpulver und Frischkäse dazugeben. Glatt rühren und zur Seite stellen, während die Kartoffeln zubereitet werden.
2. Das Öl in einer großen Bratpfanne erhitzen. Zwiebeln und Kartoffeln darin unter gelegentlichem Rühren 15 Minuten anschwitzen. Knoblauch dazugeben und weitere 15 Minuten braten. Wird das Gemüse zu schnell braun, die Temperatur reduzieren. Alles soll leicht goldbraun sein und die Kartoffeln beinahe gar.
3. Den Ofen auf 200 °C vorheizen.
4. Den Teig in die Bratpfanne geben und alles gut verrühren, dann in eine eingefettete Springform füllen. Zwiebeln, Kartoffeln und Knoblauch gleichmäßig in der Form verteilen. 40–60 Minuten backen, bis sich das Omelett fest anfühlt. Im Ofen vollständig abkühlen lassen.
5. In Spalten geschnitten anrichten. Mit Romesco-Sauce oder einem Hauch Paprikapulver (optional) und einem grünen Salat servieren.

LEON

# 5

# SALATE

# FREEKEH-SALAT MIT MANDEL-FETA

FÜR 2 *ALS HAUPTGANG*

SoF

**VORBEREITUNGSZEIT: 20 MINUTEN**

**Freekeh ist gerösteter unreif geernteter Weizen, der ein angenehm rauchig-nussiges Aroma hat. Er ist vorgegart oder getrocknet im Supermarkt oder Bioladen erhältlich. Anstelle von Freekeh können Sie auch Bulgur, Farro, Weizenkörner, Wildreis, Quinoa oder Perlcouscous verwenden. Achten Sie bei der Petersilie darauf, dass die Blätter eher zart sind.**

**FÜR DEN SALAT:**

250 g **Freekeh**, vorgegart
1 Dose **Kichererbsen** (à 400 g), abgetropft
12 **pinke, rote** oder **violette Radieschen**, in Scheiben geschnitten
2 **Frühlingszwiebeln**, fein gehackt
½ **Gurke**, entkernt und gewürfelt
1 große Handvoll **frische Petersilie**, grob gehackt
1 Portion **Mandel-Feta** (siehe unten)
1 große Prise **Sumach** oder **Za'atar**

**FÜR DAS DRESSING:**

2 EL **Tahin**
2 TL **natives Olivenöl extra**
1 Prise **Salz**

**FÜR DEN MANDEL-FETA:**

75 g **gemahlene Mandeln**
2 EL **ungesüßter Kokosnussjoghurt**
1 EL **Olivenöl** · 1 TL **Zitronensaft**
1 Prise **Knoblauchpulver**
1 TL **Meersalz**
¼ TL **veganer Apfelessig**
3 EL **Wasser**
2 TL frische Kräuter wie **Schnittlauch**, **Petersilie** oder **Dill** oder eine Mischung (optional), fein gehackt

1. Alle Zutaten für das Dressing verrühren. Teelöffelweise Wasser dazugeben, bis eine cremige Konsistenz erreicht ist.
2. Alle Zutaten für den Salat bis auf Feta und Sumach oder Za'atar in eine große Schüssel geben. Etwas Dressing über den Salat träufeln und vermischen.
3. Den Salat anrichten. Das restliche Dressing drüberträufeln, den Feta zerkrümeln und auf dem Salat verteilen. Mit Sumach oder Za'atar bestreuen.

## MANDEL-FETA

**VORBEREITUNG: 10 MIN.**

GF WF SoF

**Für dieses Rezept nehmen Sie am besten Kokosnussjoghurt mit zugesetzten Probiotika und ein mildes Olivenöl. Mit etwas weniger Salz können Sie den Feta auch anstelle von Frischkäse in anderen Gerichten verwenden.**

1. Alle Zutaten bis auf die Kräuter in eine Schüssel geben. Gut vermischen und zu einer krümeligen Masse zerdrücken. Die Kräuter (optional) hinzufügen und in den „Käse" einarbeiten.
2. Falls der „Käse" zu feucht sein sollte, durch ein Passiertuch (oder ein sauberes Geschirrtuch) pressen, um die überschüssige Flüssigkeit zu entfernen. Eventuell nachsalzen – die Masse sollte schön salzig schmecken.
3. Sofort verwenden oder im Kühlschrank bis zu 3 Tage aufbewahren. Vor dem Servieren auf Zimmertemperatur bringen.

**TIPP**

Für ein schnelles Mittagessen haben wir immer ein paar Beutel vorgegarten Freekeh im Vorratsschrank. Falls Sie den Freekeh für dieses Rezept gerne selbst zubereiten möchten, nehmen Sie 100 g geschroteten Freekeh und kochen diesen im Verhältnis 1:3 etwa 15 Minuten in Salzwasser oder Brühe bzw. entsprechend der Packungsanleitung (Vollkorn-Freekeh hat eine längere Garzeit). Für einen Salat ohne Nüsse lassen Sie Mandel-Feta und Sumach oder Za'atar weg und servieren den Salat stattdessen mit Salsa verde (siehe Seite 231).

# TOMATEN-GRANATAPFEL-SALAT

FÜR 4

GF WF NF SoF

2 **rote Zwiebeln**, halbiert und in dünne Scheiben geschnitten
Saft von 1 **Zitrone**
2 TL **Agavendicksaft** (oder Zucker- oder Ahornsirup)
6 **Rispentomaten**, in Spalten geschnitten
1 Bund **frische Petersilie**, die Blätter grob gehackt
Kerne von 1 **Granatapfel**
2 EL **natives Olivenöl extra**
1 EL **Granatapfelsirup**
**Salz** und **frisch gemahlener schwarzer Pfeffer**

**VORBEREITUNGSZEIT: 15 MINUTEN**

**Servieren Sie diesen würzig-herben Salat als Mezze oder zu orientalischen Gerichten. Die Tomaten sollten Zimmertemperatur haben.**

1. Zwiebeln mit Zitronensaft, Agavendicksaft und 1 Prise Salz in einer großen Schüssel vermischen.
2. Tomaten, Petersilie und Granatapfelkerne dazugeben und verrühren.
3. Olivenöl, Granatapfelsirup und nach Belieben noch etwas Salz sowie Pfeffer hinzufügen. Alle Zutaten vorsichtig vermengen und servieren.

# THAILÄNDISCHER LARB

FÜR **2** ALS HAUPTGANG ODER 4 ALS VORSPEISE

**VORBEREITUNGSZEIT: 30 MINUTEN · GARZEIT: 35 MINUTEN**

(GF) (WF) (SoF)

**Dieser Salat aus dem Norden Thailands hat es richtig in sich – dank Chilis, Limette und rohen Schalotten, abgerundet durch die knackige Frische von Gurke, Salat und grünen Bohnen. Wir haben uns für dieses traditionell mit Hackfleisch zubereitete Gericht eine Variante mit „Hackfleisch" aus Kichererbsen und Pilzen ausgedacht (Sie können aber auch jede Art von Hackfleischersatz oder Tofu bzw. nur Pilze verwenden). Anstelle von Fischsauce nehmen wir Algenpulver und Misopaste. Manchmal wird Larb auch mit Nam Prik, einer Chilipaste, zubereitet. Da diese aber für gewöhnlich Fischessencen enthält, träufeln Sie für noch mehr Schärfe lieber etwas Sriracha-Sauce über den Salat.**

100 g **Thai-Klebreis**, plus 1 EL mehr zum Servieren
8 Blätter **Little-Gem-Salat**
100 g **Gurke**, in dünne Streifen geschnitten
100 g **grüne Bohnen**, die Spitzen gekappt, schräg in dünne Streifen geschnitten
2 **Frühlingszwiebeln**, fein gehackt

**FÜR DAS „HACKFLEISCH":**
2 EL **geschmacksneutrales Öl**
1 **Zwiebel**, sehr fein gehackt
125 g **Pilze**, sehr fein gehackt
1 Dose **Kichererbsen** (à 400 g), abgetropft
2 **Knoblauchzehen**, zerdrückt
4 EL **Walnüsse**, im Mörser fein zerstoßen
1 TL **getrocknete rote Chiliflocken** oder 2 TL **frische rote Chilischoten**, fein gehackt, plus etwas mehr nach Belieben
1 Bund **frischer Koriander**, die Blätter fein gehackt
1 kleine Handvoll **frisches Thai-** oder **normales Basilikum**, die Blätter grob gehackt, und 2 Stiele zum Garnieren
10 **frische Minzblätter**, grob gehackt

**FÜR DAS DRESSING:**
1 EL **brauner Zucker**
2 TL **Tamari** (für GF und WF) oder 1 TL **Maggi-Flüssigwürze** (für SoF)
1 ½ TL **Algenpulver**
1 EL **geröstetes Sesamöl**
Saft von 2 **Limetten**, plus etwas mehr nach Belieben
1 EL **weiße** oder **gelbe Misopaste** (ohne Soja für SoF)
1 Prise **Salz**
2 EL **geschmacksneutrales Öl**
1 kleine **Schalotte**, sehr fein gehackt

1. Den Klebreis 15 Minuten einweichen, abgießen, abspülen und entsprechend der Packungsanleitung garen. Warm halten.
2. In der Zwischenzeit 1 Esslöffel Reis in einer Pfanne ca. 10 Minuten rösten, bis jedes Korn leicht goldbraun ist. In einem Mörser zu feinem Pulver zermahlen.
3. Für das „Hackfleisch" 1 Teelöffel Öl in einer großen Pfanne erhitzen, Zwiebeln und Pilze hinzufügen und unter Rühren etwa 8 Minuten anschwitzen, bis sie leicht braun werden.
4. In der Zwischenzeit die Kichererbsen in einer Küchenmaschine zerkleinern, aber nicht pürieren.
5. Das restliche Öl und die Kichererbsen in die Pfanne geben. Langsam unter Rühren 8–10 Minuten anschwitzen, bis die Zutaten leicht braun werden. Knoblauch und Walnüsse hinzufügen. Für weitere 5 Minuten braten und zwischendurch abschmecken – das „Hackfleisch" sollte keine breiige Konsistenz bekommen oder zu trocken werden. Vom Herd nehmen und Chilis und Kräuter hinzufügen.
6. Während das „Hackfleisch" gart, alle Zutaten für das Dressing bis auf die Schalotten vermischen. Die Misopaste dabei gut zerdrücken. Zum Schluss die Schalotte dazugeben.
7. Das Dressing über das Hackfleisch gießen und locker unterrühren. Die Masse sollte würzig und sauer-scharf sein. Nach Belieben mit Chilis, Limettensaft oder Salz abschmecken.
8. Salatblätter mit Gurke und Bohnen in kleinen Schüsseln anrichten. Das „Hackfleisch" darauf verteilen und mit Frühlingszwiebeln, gemahlenen Reiskörnern und Basilikum garnieren. Mit Klebreis servieren.

# VEGANE POKE BOWL

FÜR 2

GF WF NF

200 g **Sushi-Reis**
425 ml **kaltes Wasser**
1 EL **veganer Reisessig** mit je 1 TL **Salz** und **Zucker** oder 1 ½ TL **vegane Sushi-Gewürzmischung**
250 g **vorgegarte Rote Bete** (nicht in Essig eingelegt), gewürfelt
2 EL **getrocknete Hijiki-** oder **Wakame-Algen**, oder eine Mischung
1 Prise **Meersalz**
1 kleine **Avocado**, gewürfelt
1 Stück **Gurke** (ca. 3 cm), in dünne Scheiben geschnitten
2 **Radieschen**, in dünne Scheiben geschnitten

**FÜR DIE RÖSTZWIEBELN:**

1 **Zwiebel**
**geschmacksneutrales Öl**, zum Braten

**FÜR MAYO & DRESSING:**

1 EL **vegane Mayonnaise** (siehe Seite 224 für die selbst gemachte Variante)
2 TL **Sriracha-Sauce**
2 EL **geröstetes Sesamöl**
2 EL **Tamari**
1 TL **Ahornsirup** oder **veganes Mirin** (optional)

**ZUM SERVIEREN:**

2 **Frühlingszwiebeln**, schräg in Streifen geschnitten
1 **Schalotte**, sehr fein gehackt (optional)
1 EL **eingelegter Ingwer**
1 TL **schwarze** oder **weiße Sesamsamen**, oder eine Mischung, geröstet

**VORBEREITUNGSZEIT: 45 MINUTEN · ZEIT ZUM KÜHLEN & RUHEN: 30 MINUTEN · GARZEIT: 10 MINUTEN**

**Poke (ausgesprochen Pok-ay) ist ein Gericht aus Hawaii und besteht aus den gleichen Komponenten wie Sushi. Als Basis dienen Sushi-Reis und – häufig – roher Thunfisch, der mit Avocado, Algen, Sesam und Zwiebeln angerichtet wird. Unsere Version enthält statt Fisch in Algen marinierte Rote Bete mit Sesamöl und Sojasauce. Sie können getrocknete Hijiki- oder Wakame-Algen verwenden, die beide in chinesischen oder asiatischen Lebensmittelgeschäften erhältlich sind – Wakame bekommt man aber häufig auch in großen Supermärkten. Es gibt unzählige Arten, Poke zuzubereiten. Wie wäre es z. B. mit knusprig gebratenem Tofu, frischer Ananas oder Mango, gerösteten Kokosflocken, Edamame-Bohnen, getrockneten Chiliflocken oder Kimchi? Anstelle von Sushi-Reis können Sie auch gekochten, abgekühlten braunen Reis, Quinoa und sogar Blumenkohlreis verwenden.**

---

1. Für die Röstzwiebeln die Zwiebel sehr fein schneiden. Etwa 3 cm Öl in einer tiefen Pfanne sehr stark erhitzen (auf etwa 150 °C). Einige Zwiebeln in die Pfanne geben. Falls diese in weniger als 1 Minute braun werden, ist das Öl zu heiß. Wenn die Zwiebeln nach ca. 2 Minuten goldbraun und knusprig werden, ist die Temperatur richtig. Die Zwiebeln in drei Portionen goldbraun frittieren, mit einem Schaumlöffel sofort aus der Pfanne heben und auf Küchenpapier abtropfen lassen. Zur Seite stellen.
2. Den Reis unter kaltem Wasser abspülen und in einem Topf mit 275 ml Wasser zum Kochen bringen. Die Hitze reduzieren und zugedeckt etwa 12 Minuten köcheln. Topf vom Herd nehmen und zugedeckt 30 Minuten ruhen lassen. Anschließend Reisessig, Salz und Zucker oder Sushi-Gewürzmischung einrühren und den Reis mit einer Gabel auflockern. Vor dem Servieren im Kühlschrank abkühlen lassen.
3. In der Zwischenzeit die Rote Bete mit Algen, Meersalz und restlichem Wasser in eine Schüssel geben und 30 Minuten ziehen lassen.
4. Die Sriracha-Sauce gut mit der Mayonnaise vermischen.
5. Sesamöl, Tamari und Ahornsirup in einer separaten Schüssel verrühren. Rote Bete und Algen abgießen und mit der Hälfte des Dressings vermischen. In einer zweiten Schüssel Avocado, Gurke und Radieschen mit dem restlichen Dressing vorsichtig vermengen.
6. Den Reis mit der Rote-Bete-Mischung und dem marinierten Gemüse in Schüsseln anrichten. Frühlingszwiebeln und Schalotten (optional) drüberstreuen. Mit dem eingelegten Ingwer und einem Klecks Sriracha-Mayo garnieren. Vor dem Servieren mit Röstzwiebeln und Sesam bestreuen.

# MEXIKANISCHER KRAUTSALAT

FÜR 4

VORBEREITUNGSZEIT: 15 MINUTEN · GARZEIT: 2–3 MINUTEN

GF WF NF SoF

**Dieses Gericht ist die vegane Version eines Rezepts, das Rebecca sich bei der Köchin Thomasina Miers abgeschaut hat und das wunderbar zu vielen mexikanischen oder südamerikanischen Hauptgerichten passt. Der Krautsalat kann als Füllung oder Beilage für Tacos und Burritos oder als frische, knackige Beilage zu Nachos oder Burger serviert werden.**

**FÜR DEN KRAUTSALAT:**

50 g **Kürbiskerne**
1 kleine **Karotte**, in feine Streifen geschnitten oder grob geraspelt
125 g **Rotkohl**, ohne Strunk, fein gehobelt
2 **Frühlingszwiebeln**, der Länge nach halbiert und fein geschnitten
50 g **Romana-Salat** oder 1 kleiner **Little-Gem-Salat**, klein geschnitten
3 EL **frischer Koriander**, grob gehackt
50 g **Radieschen**, in dünne Scheiben geschnitten
2 TL **fein gehackte rote Chilischoten** (oder ½ TL **getrocknete rote Chiliflocken**) (optional)

**FÜR DAS DRESSING:**

2 EL **vegane Mayonnaise** (siehe Seite 224 für die selbst gemachte Variante, ohne Soja für SoF)
Saft von ½ **Limette**
1 großzügige Prise **Salz**
1 TL **veganer Dijon-Senf**
½ TL **veganer Rotweinessig**
½ TL **gemahlener Kreuzkümmel**
**frisch gemahlener schwarzer Pfeffer**

1. Die Kürbiskerne in einer kleinen heißen Pfanne ohne Fettzugabe rösten, bis sie aufplatzen. Sofort aus der Pfanne nehmen, damit sie nicht anbrennen oder bitter werden.
2. Die restlichen Zutaten für den Krautsalat in eine große Schüssel geben und die abgekühlten Kürbiskerne untermischen.
3. Alle Zutaten für das Dressing in eine Schüssel geben und glatt rühren. Über den Krautsalat gießen und durchmischen, bis alles gut bedeckt ist. Zum Schluss abschmecken – der Salat sollte knackig und würzig-scharf sein.

# COLESLAW

FÜR 4

VORBEREITUNGSZEIT: 10 MINUTEN

★ GF WF NF SoF

**Dieser cremige Krautsalat passt hervorragend zu den Jackfrucht-Burgern von Seite 92.**

150 g **Rot- oder Weißkohl**, ohne Strunk, sehr fein gehobelt
1 **Karotte**, in feine Streifen geschnitten oder grob geraspelt
2 **Frühlingszwiebeln**, fein gehackt

2 EL **vegane Mayonnaise** (siehe Seite 224 für die selbst gemachte Variante, ohne Soja für SoF)
1 TL **veganer Dijon-Senf**
**frisch gemahlener schwarzer Pfeffer**

1. Alle Zutaten vermischen und servieren.

# MISO-SESAM-KRAUTSALAT

FÜR 4

(GF) (WF) (NF) (SoF)

**VORBEREITUNGSZEIT: 20 MINUTEN**

**Dieser Krautsalat schmeckt besonders gut, wenn Sie kurz vor dem Servieren geröstete, gehackte Erdnüsse drüberstreuen (selbstverständlich nur, wenn Sie Nüsse vertragen).**

**FÜR DEN KRAUTSALAT:**

65 g **Bohnensprossen**

50 g **grüne Bohnen**, die Spitzen gekappt, schräg in 1 cm dicke Streifen geschnitten

125 g **Weißkohl**, ohne Strunk, fein gehobelt

1 kleine **Karotte**, in sehr dünne Streifen geschnitten oder grob geraspelt

75 g **Rettich**, z. B. **Radieschen** oder **Daikon**, in dünne Scheiben geschnitten

75 g **Gurke**, entkernt und in dünne Streifen geschnitten

2 TL **weiße** oder **schwarze Sesamsamen**, oder eine Mischung, geröstet

**FÜR DAS DRESSING:**

1 TL **Tamari** (für GF und WF) oder **Maggi-Flüssigwürze** (für SoF)

2 TL **geröstetes Sesamöl**

1 TL **veganer Reisessig** oder **veganer Apfelessig**

1 TL **weiße** oder **gelbe Misopaste** (ohne Soja für SoF)

1 TL **frisch geriebener Ingwer**

abgeriebene Schale und Saft von ½ **Limette**

1 TL **Ahornsirup**

1 Prise **Salz**

1. Alle Zutaten für den Krautsalat in eine große Schüssel geben. Die Zutaten für das Dressing vermischen. Die Misopaste dabei gut zerdrücken, bis eine glatte Masse entsteht.
2. Das Dressing über den Krautsalat gießen und vermengen. Sofort servieren oder im Kühlschrank bis zu 24 Stunden aufbewahren.

**TIPP**

2 Teelöffel fein gehackte rote Chilis oder ½ Teelöffel getrocknete rote Chiliflocken verleihen diesem asiatisch inspirierten Krautsalat ein Extra an Schärfe. Alternativ können Sie auch 1–2 Teelöffel asiatische Chilisauce oder Chilipaste unterrühren. Wer den Krautsalat gerne etwas würziger mag, kann 2 Teelöffel fein gehacktes Kimchi dazugeben.

# SALAT MIT PASTINAKEN, GRÜNKOHL & ROTE BETE

FÜR 4

GF WF SoF

**VORBEREITUNGSZEIT: 20 MINUTEN · GARZEIT: 40 MINUTEN**

**Warm oder auf Zimmertemperatur servieren.**

1 EL **Olivenöl**
2 **Pastinaken**, in 2 cm dicke Spalten geschnitten
2 **Äpfel**, entkernt und geachtelt
4 kleine **rote Zwiebeln**, geschält und geviertelt
1 große Handvoll **frische Salbeiblätter**
4 **vorgegarte Rote Bete** (nicht in Essig eingelegt), geviertelt
200 g **Grünkohl**, ohne Stängel, grob gehackt

**FÜR DAS DRESSING:**
100 g **Walnüsse**
1 **Schalotte**, sehr fein gewürfelt
2 **Knoblauchzehen**, fein gehackt
1 EL **frische Petersilie**, fein gehackt
1 EL **frischer Thymian**, fein gehackt
60 ml **veganer Apfelessig**
100 ml **natives Olivenöl extra**
1 großzügige Prise **frisch gemahlener schwarzer Pfeffer**
1 TL **Salz**

1. Den Ofen auf 190 °C vorheizen. Olivenöl, Pastinaken, Äpfel und Zwiebeln auf einem Backblech gut durchmischen, bis alle mit Öl bedeckt sind. 20 Minuten im Ofen backen.
2. Aus dem Ofen nehmen, noch einmal gut durchmischen, Salbei dazugeben und weitere 20 Minuten backen, bis Gemüse und Äpfel weich und goldbraun sind. Falls Sie den Salat warm servieren möchten, die Rote Bete zum Erwärmen 5 Minuten vor Ende der Garzeit hinzufügen.
3. In der Zwischenzeit das Dressing zubereiten. Die Walnüsse in einer großen Pfanne ohne Fettzugabe 3–4 Minuten rösten, bis die Nüsse goldbraun sind und zu duften beginnen. Dabei ein- bis zweimal durchrühren. Abkühlen lassen und anschließend grob hacken. Mit den restlichen Zutaten in ein Glas füllen, verschließen und kräftig schütteln.
4. Kurz bevor das Gemüse gar ist, den Grünkohl ein paar Minuten dämpfen.
5. Zum Servieren den Grünkohl mit dem gebackenen Gemüse (kalt oder warm) und der Roten Bete auf einer Servierplatte anrichten. Mit dem Walnuss-Dressing beträufeln.

**TIPP**
Sie können diesen Salat auch als Rohkostsalat zubereiten. Verwenden Sie dazu einfach rohe Rote Bete. Das restliche Gemüse und die Äpfel nicht im Ofen garen, sondern reiben, den Grünkohl zerkleinern und zum Schluss alle Zutaten mit dem Dressing vermischen.

# LINSEN-SALAT MIT KÜRBIS & GRÜNKOHL

FÜR 4

GF WF SoF

1 **Butternusskürbis**, geschält, entkernt und in 2 cm dicke Spalten geschnitten
2 EL **Olivenöl**
60 g **geröstete Pinienkerne**
**Salz** und **frisch gemahlener schwarzer Pfeffer**

**FÜR DIE LINSEN:**
1 EL **Olivenöl**
1 **Zwiebel**, sehr fein gewürfelt
1 **Karotte**, sehr fein gewürfelt
1 **Stange Staudensellerie**, sehr fein gewürfelt
2 **Knoblauchzehen**, fein gehackt
1 TL **veganer Dijon-Senf**
1 **Lorbeerblatt**
750 ml **Wasser**
200 g **getrocknete Puy-Linsen**
½–1 EL **vegane gekörnte Gemüsebrühe**
Saft von ½ **Zitrone**
200 g **Grünkohl**, ohne dicke Stängel, fein geschnitten
**Salz** und **frisch gemahlener schwarzer Pfeffer**

**FÜR DIE SALBEI-MAYONNAISE:**
60 ml **Aquafaba** (Flüssigkeit aus einer Dose Kichererbsen, siehe Seite 12)
Saft von ½ **Zitrone**
½ EL **veganer Apfelessig**
1 TL **veganer Dijon-Senf**
1 großzügige Prise **Salz**
200 ml **geschmacksneutrales Öl** (kein Kokosöl)
1 **Knoblauchzehe**, zu einer glatten Paste zerdrückt
2 EL **getrockneter Salbei** oder 1 EL **frischer Salbei**, sehr fein gehackt

**VORBEREITUNGSZEIT: 25 MINUTEN · GARZEIT: 1 STUNDE**

**Als Chantal dieses Gericht zu Hause für John zubereitete, schmeckte es ihm so gut, dass er sie kurzerhand bat, ein Rezept für LEON zu entwickeln.**

1. Den Ofen auf 200 °C vorheizen.
2. Für die Linsen das Olivenöl in einer mittelschweren Pfanne erhitzen. Zwiebeln, Karotten, Sellerie und Knoblauch dazugeben und 10–15 Minuten anschwitzen, bis das Gemüse weich ist. Den Senf einrühren. Lorbeerblatt, Wasser und Linsen hinzufügen. Zum Kochen bringen, die Hitze reduzieren und 30–45 Minuten unter gelegentlichem Umrühren leicht köcheln lassen, bis die Linsen weich sind und der Großteil des Wassers verdampft ist. (Falls die Flüssigkeit zu schnell verdampft, Wasser hinzufügen.)
3. Während die Linsen kochen, die Kürbisspalten nebeneinander auf ein Backblech legen und mit Olivenöl beträufeln. Mit Salz und Pfeffer würzen und 30–40 Minuten im Ofen backen, bis der Kürbis goldbraun und weich ist. Nach der Hälfte der Backzeit einmal wenden.
4. Für die Salbei-Mayonnaise das Aquafaba in einen hohen schmalen Behälter füllen, der für einen Stabmixer geeignet ist (oder Sie verwenden einen geeigneten Mixbehälter), und gut durchmixen, bis die Masse weiß und luftig aufgeschlagen ist. Zitronensaft, Apfelessig, Senf und Salz dazu geben und erneut mixen. Anschließend das Öl sehr langsam angießen und dabei auf höchster Stufe weitermixen. Nach ein paar Minuten sollte eine üppige, cremige Mayonnaise entstehen. Zum Schluss Knoblauch und Salbei unterrühren.
5. ½ Teelöffel der gekörnten Gemüsebrühe und den Zitronensaft zu den Linsen geben. Den Grünkohl hinzufügen, durchrühren und abschmecken. Bei Bedarf die restliche Gemüsebrühe dazugeben. Die Linsen auf Teller verteilen, mit den gebackenen Kürbisspalten belegen und mit der Salbei-Mayonnaise beträufeln. Mit Pinienkernen bestreut servieren.

# SELLERIE-GRÜNKOHL-SALAT MIT HASELNÜSSEN

FÜR 4

GF WF SoF

1 **Knollensellerie**
½ EL **Olivenöl**
200 g **Grünkohl**, ohne Stängel, die Blätter gehackt
**Salz**

**FÜR DAS DRESSING:**
1 **Schalotte**, sehr fein gewürfelt
1 **Knoblauchzehe**, sehr fein gehackt
4 EL **Haselnüsse**, geröstet und grob gehackt
1 EL **Ahornsirup**
3 EL **veganer Sherry-Essig**
½ TL **Salz**
½ TL **frisch gemahlener schwarzer Pfeffer**
60 ml **natives Olivenöl extra**
1 EL **frische Petersilie**, fein gehackt

**VORBEREITUNGSZEIT: 20 MINUTEN · GARZEIT: 30 MINUTEN**

**Dieser Herbstsalat mit erdigem Aroma ist sehr sättigend und steckt voller Nährstoffe. Er kann warm oder kalt serviert werden.**

---

1. Den Ofen auf 200 °C vorheizen.
2. Den Knollensellerie gründlich waschen (falls er sehr erdig ist, am besten schälen). Quer in 1,5 cm dicke „Steaks" schneiden – es sollten 5 oder 6 Scheiben sein. Den Sellerie mit Öl einreiben, auf ein Backblech legen und mit 1 Prise Salz bestreuen. Etwa 30 Minuten im Ofen backen, bis er weich ist (nach der Hälfte der Garzeit wenden). Der Sellerie ist gar, wenn ein scharfes Messer ohne Widerstand hineingleitet.
3. In der Zwischenzeit die Zutaten für das Dressing verquirlen und mit Salz abschmecken.
4. Den gehackten Grünkohl in eine große Schüssel geben. Ein Großteil des Dressings darübergießen und gut in die Blätter einarbeiten. Zur Seite stellen, damit sich die Aromen entfalten können.
5. Den Sellerie aus dem Ofen nehmen und etwas abkühlen lassen. Zum Servieren den marinierten Grünkohl auf Teller verteilen und mit einem Sellerie-Steak belegen. Das restliche Dressing drüberträufeln.

# PUY-LINSEN-SALAT MIT RÖSTPAPRIKA

FÜR **2** ALS HAUPTGANG ODER 4 ALS VORSPEISE

**VORBEREITUNGSZEIT: 15 MINUTEN · GARZEIT: 35 MINUTEN**

GF WF SoF

**Diesen Salat hat Chantal für eines der LEON-Team-Events, die zweimal im Jahr stattfinden, kreiert (perfekte Kombination: gutes Essen und Spa-Behandlungen!). Das Team hat ihn regelrecht verschlungen.**

2 große **rote Paprikaschoten**, der Länge nach in 1 cm breite Streifen geschnitten
2 große **rote Zwiebeln**, geachtelt
325 g **Kirschtomaten** oder **kleine alte Tomatensorten** (wenn möglich, in verschiedenen Farben)
½ TL **Meersalz**
1 TL **frisch gemahlener schwarzer Pfeffer**
75–90 ml **Olivenöl**
1 **Knoblauchzehe**, fein gehackt
1 EL **frischer Thymian**, fein gehackt
250 g **Puy-Linsen**, vorgegart
50 g **frische glatte Petersilie**, grob gehackt
80 g **Rucola**
4 EL **geröstete Pinienkerne**

**FÜR DAS DRESSING:**
1 **Schalotte**, fein gehackt
50 g **frisches Basilikum**, die Blätter sehr fein gehackt
25 g **frischer Oregano**, fein gehackt
20 ml **veganer Rotweinessig**
75 ml **Olivenöl**
2 TL **Agavendicksaft**
1 **Knoblauchzehe**, fein gehackt
1 großzügige Prise **frisch gemahlener schwarzer Pfeffer**
**Salz**

1. Den Ofen auf 200 °C vorheizen.
2. Paprikaschoten, Zwiebeln, Tomaten, Salz, Pfeffer und Olivenöl in eine große Bratenform geben und gut miteinander vermischen. Für 20 Minuten im Ofen rösten, nach der Hälfte der Garzeit einmal durchrühren. Knoblauch und Thymian hinzufügen, durchmischen und weitere 15 Minuten garen, bis das Gemüse saftig und leicht gebräunt ist.
3. In der Zwischenzeit alle Zutaten für das Dressing verrühren und mit Salz abschmecken.
4. Linsen und Dressing zu dem noch heißen Gemüse in die Bratenform geben und gut durchmischen, inklusive dem Saft, der beim Braten entstanden ist. Zum Schluss die Petersilie unterheben.
5. Rucola in eine Servierschüssel geben oder auf mehreren Teller anrichten. Ofengemüse und Pinienkerne darauf verteilen und den restlichen Saft aus der Bratenform drüberträufeln.

# SELLERIEREMOULADE

FÜR 4

GF WF NF SoF

1 kleiner **Knollensellerie**, ca. 1 kg
2 **Frühlingszwiebeln**, fein gehackt
4 EL **frische Petersilie**, fein gehackt
1 kleines Bund **frischer Estragon**, die Blätter fein gehackt
abgeriebene Schale und Saft von ½ **Zitrone**
5 EL **vegane Mayonnaise** (siehe Seite 224 für die selbst gemachte Variante)
1–2 TL **veganer Dijon-Senf**
1 **Knoblauchzehe**, fein gehackt
**Salz** und **frisch gemahlener schwarzer Pfeffer**

**VORBEREITUNGSZEIT: 15 MINUTEN**

**Mit diesem Rezept zaubern Sie aus knubbeligem Knollensellerie einen Klassiker der französischen Küche.**

1. Knollensellerie schälen und mit einem Julienne-Schneider oder einer Mandoline (Handschutz verwenden!) in 2 mm dünne Streifen schneiden.
2. Die Streifen mit Frühlingszwiebeln, Petersilie und Estragon in eine große Schüssel geben. Zitronensaft darübergießen und gut vermischen, damit der Sellerie nicht braun wird.
3. Zitronenschale, Mayonnaise, 1 TL Senf und Knoblauch verrühren und mit Salz, Pfeffer und Senf abschmecken. Über den Sellerie geben und gut mischen.
4. Falls Sie den Salat nicht sofort servieren möchten, können Sie ihn bis zu 2 Tage im Kühlschrank aufbewahren.

# CAESAR SALAD

FÜR 4

NF SoF

## VORBEREITUNGSZEIT: 15 MINUTEN

**Oldschool Caesar Salad mit Romana-Salat – bei uns natürlich vegan. Für eine etwas peppigere Variante können Sie auch Baby-Grünkohl nehmen.**

1 großer **Romana-Salat** oder 250 g sehr zarter **(Baby-)Grünkohl**, in Streifen geschnitten
1 Portion **Croûtons** (siehe Seite 242)

### FÜR DAS DRESSING:

60 ml **Aquafaba** (Flüssigkeit aus einer Dose Kichererbsen, siehe Seite 12)
½ EL **veganer Apfelessig**
1 TL **veganer Dijon-Senf**
200 ml **geschmacksneutrales Öl**
1 TL **Coconut Aminos**, **Maggi-Flüssigwürze** oder **vegane Worcestershire-Sauce**
½ TL **Algenpulver**
½ TL **weiße** oder **gelbe Misopaste** (ohne Soja für SoF)
½ TL **frisch gemahlener schwarzer Pfeffer**
1 EL **Hefeflocken**
2 **Knoblauchzehen**, zu einer Paste zerdrückt
Saft von ½ **Zitrone**
1 großzügige Prise **Salz**

### OPTIONALE EXTRAS:

**Pilz-„Anchovis“** (siehe Seite 236) oder **Kokosnuss-Speck** (siehe Seite 41)
**knusprig geröstete Kichererbsen** (siehe Seite 242) oder **abgetropfte Kichererbsen aus der Dose**
**geröstete Kerne** (siehe Seite 243)
**veganer Parmesan**, gehobelt

1. Für das Dressing das Aquafaba in einen hohen schmalen Behälter füllen, der für einen Stabmixer geeignet ist (oder Sie verwenden einen geeigneten Mixbehälter), und gut durchmixen, bis die Masse weiß und luftig aufgeschlagen ist. Apfelessig und Senf hinzufügen und noch einmal mixen. Anschließend das Öl sehr langsam angießen und dabei auf höchster Stufe weitermixen. Nach ein paar Minuten sollte eine üppige, cremige Mayonnaise entstehen.
2. Die restlichen Zutaten für das Dressing hinzufügen und nochmals mixen, bis die Masse glatt gerührt ist und alle Zutaten gut vermengt sind. Bei Bedarf nachsalzen. Sollte das Dressing zu dickflüssig sein, Wasser zugeben, bis die gewünschte Konsistenz erreicht ist.
3. Romana-Salat oder Grünkohl mit Croûtons und gewünschten Extras in eine Salatschüssel geben. Vor dem Servieren das Dressing über den Salat gießen.

**TIPP**
Das Dressing ist zugedeckt im Kühlschrank bis zu 4 Tage haltbar.

# RINKUS ALOO KABLI

FÜR 4 ALS VORSPEISE ODER BEILAGE

GF WF NF SoF

4 **festkochende Kartoffeln**, geschält
2 Dosen **Kichererbsen** (à 400 g), abgetropft
1 **rote Zwiebel**, grob gehackt
2 **grüne Chilischoten**, nach Belieben entkernt, fein gehackt
2 EL **Gurke**, gewürfelt
3 EL **Zitronensaft**
1 TL **rosa Salz**, oder nach Belieben
8 EL **fertiges Tamarinden-Chutney**
1 Handvoll **frischer Koriander**, fein gehackt
**Salz**

**FÜR DAS BHAJA MASALA:**
4 EL **Kreukümelsamen**
1 **Lorbeerblatt**
1 **getrocknete rote Chili**

**VORBEREITUNGSZEIT: 15 MINUTEN · GARZEIT: 35 MINUTEN**

**Rinku Dutt, eine Freundin von Rebecca, serviert in ihrem Pop-up-Restaurant Raastawala indisches Street Food. Sie stattet Rebecca regelmäßig Besuche ab und bringt jedes Mal unglaublich köstliche Currys mit. Wundersamerweise taucht sie immer gerade dann auf, wenn gutes Essen am dringendsten gebraucht wird. „Aloo Kabli ist eines der beliebtesten Street-Food-Gerichte in Kalkutta und sehr einfach in der Zubereitung. Ein leichtes, gesundes, würziges Gericht mit frischem Geschmack, das als Snack, Vorspeise oder Beilage zu einem Hauptgang serviert werden kann.“**

1. Für das Bhaja Masala alle Zutaten in einer heißen Pfanne ohne Fettzugabe rösten, bis sie zu duften beginnen. Aus der Pfanne nehmen und abkühlen lassen. Anschließend in einem Mörser oder in einer elektrischen Gewürzmühle zu einem feinen Pulver zermahlen. Zur Seite stellen.
2. Die Kartoffeln in einem Topf mit Salzwasser weich kochen. Abgießen und abkühlen lassen.
3. Die Kichererbsen gut abspülen und in eine große Schüssel geben. Mit gehackten Zwiebeln, Chilischoten und Gurke mischen.
4. Die Kartoffeln in mittelgroße Würfel schneiden und mit Zitronensaft, rosa Salz, 6 EL des Tamarinden-Chutneys, Bhaja Masala und gehacktem Koriander zu den Kichererbsen in die Schüssel geben. Alles vorsichtig vermengen, damit die Kartoffeln nicht zerfallen und sich die Aromen gut entfalten können.
5. Zum Schluss das restliche Tamarinden-Chutney auf dem Salat verteilen. Mit Salz abschmecken. Sofort servieren.

**TIPP**
Rosa Salz hat ein milderes Aroma als andere Salzsorten. Falls Sie keines zu Hause haben, schmecken Sie den Salat stattdessen mit Meersalz ab.

# SALATE IM GLAS

***VERGESSEN SIE PLASTIKDOSEN UND FÜLLEN SIE IHR MITTAGESSEN STATTDESSEN IN EIN GROSSES SCHRAUBGLAS.***

**Warum? Weil Sie die Zutaten, beginnend mit dem Dressing, schichten können, sodass der Salat schön knackig bleibt. Vor dem Verzehr einfach in eine Schüssel geben und genießen.**

---

**Wie wäre es z. B. mit diesen Salaten:**

---

Freekeh-Salat
(siehe Seite 154)

Salat mit Pastinaken, Grünkohl & Rote Bete
(siehe Seite 164)

Caesar Salad
(siehe Seite 173)

Puy-Linsen-Salat mit Röstpaprika
(siehe Seite 170)

Poke Bowl
(siehe Seite 160)

Rinkus Aloo Kabli
(siehe gegenüber)

# 6

# FINGERFOOD

# LAUCH-PILZ-KROKETTEN

FÜR 4 *ALS VORSPEISE*

NF SoF

**VORBEREITUNGSZEIT: 20 MINUTEN · ZEIT ZUM KÜHLEN: 4 STUNDEN · GARZEIT: 45 MINUTEN**

**Dank der knusprigen Hülle und der seidigen Béchamel-Fülle ist es so gut wie unmöglich, diese Kroketten nicht alle auf einmal aufzuessen. Sobald die Béchamel schön fest ist, können Sie die Kroketten schon bis zu einer Stunde vor dem Frittieren in Paniermehl wälzen.**

1 EL **Olivenöl**, plus etwas mehr zum Frittieren der Kroketten (siehe Tipp)
100 g **Champignons**, sehr fein gewürfelt
½ Stange **Lauch**, sehr fein gewürfelt
½ TL **süßes geräuchertes Paprikapulver** (optional, aber sehr zu empfehlen!)
**Salz**
4 EL **vegane Mayonnaise** (siehe Seite 224 für die selbst gemachte Variante, ohne Soja für SoF) gemischt mit 1 TL **süßem geräucherten Paprikapulver** oder **Knoblauch-Aioli** (siehe Seite 222), zum Servieren

**FÜR DIE BÉCHAMELSAUCE:**

475 ml **ungesüßte Pflanzenmilch** (ohne Nüsse für NF, ohne Soja für SoF)
½ **Zwiebel**
10 **schwarze Pfefferkörner**
60 ml **Olivenöl**
60 g **Mehl**
1 Prise **frisch geriebene Muskatnuss**
1 großzügige Prise **Salz**

**FÜR DIE PANADE:**

3 EL **ungesüßte Pflanzenmilch**
3 EL **Mehl,** plus etwas mehr zum Bestäuben
50–75 g **Pankomehl**

---

1. In einem Topf die Milch für die Béchamelsauce mit der Zwiebel und den Pfefferkörnern auf niedriger Stufe sanft erhitzen, jedoch nicht aufkochen lassen. Von der Herdplatte nehmen und einige Minuten ziehen lassen.
2. Für die Béchamelsauce das Öl in einem Topf erhitzen. Mehl zugeben und unter Rühren 2 Minuten anschwitzen. Dann nach und nach die aromatisierte Milch unter ständigem Rühren angießen. Dabei nicht zu schnell vorgehen, da die Sauce sonst klumpig werden kann (wenn dies geschieht, einfach weiterrühren, bis sich die Klümpchen auflösen). Die Sauce sollte schließlich seidig-glatt und sehr dickflüssig, fast schon gummiartig sein.
3. Muskatnuss und Salz zugeben und weitere 8 Minuten köcheln, dabei ständig rühren, damit nichts anbrennt. Nicht zu rasch vorgehen, die Sauce muss wirklich dick sein, damit sie sich formen und frittieren lässt.
4. In der Zwischenzeit 1 Esslöffel Öl in einer Pfanne erhitzen, das Gemüse zugeben und ca. 8 Minuten anschwitzen, bis die Pilze leicht braun sind und der Lauch weich ist.
5. Sobald die Béchamelsauce fertig ist, das Gemüse und das Paprikapulver (optional) einrühren. Abschmecken und bei Bedarf nachsalzen. In einer abgedeckten Schüssel abkühlen lassen und dann im Kühlschrank idealerweise über Nacht, aber mindestens 4 Stunden, fest werden lassen.
6. Sobald alles fertig vorbereit ist, ca. 4 cm Olivenöl in einem tiefen Topf auf 180 °C erhitzen (so heiß, dass ein Würfel altbackenes Brot darin in 30 Sekunden braun wird). Die Béchamelsauce aus dem Kühlschrank nehmen. Mehl und Pankomehl jeweils auf einen Teller geben, die Milch in eine Schüssel.
7. Hände bemehlen, dann aus der kalten Béchamelsauce kleine Kroketten von ca. 6 × 2 cm formen. In Form klopfen und vorsichtig im Mehl wälzen. Kurz in die Milch tauchen, dann im Pankomehl wenden, dabei sichergehen, dass die Krokette rundum paniert ist.
8. Eine Krokette frittieren, um festzustellen, ob das Öl die richtige Temperatur hat. Mit einem Schaumlöffel behutsam in das heiße Öl gleiten lassen. 3 Minuten frittieren, bis die Panade schön goldbraun ist – wenn nötig, wenden, damit sie gleichmäßig bräunt (verbrennt die Panade, war das Öl zu

heiß). Mit einer Zange herausheben, Öl abtropfen lassen und auf Küchenpapier legen. Warm stellen, während der Rest der Kroketten frittiert wird. Nie mehr als 3 Stück auf einmal frittieren.

9. Vor dem Servieren einige Minuten abkühlen lassen, da das Innere extrem heiß ist. Mit der veganen Mayonnaise servieren.

**TIPP**

Den Topf beim Frittieren nicht überfüllen, da sonst die Temperatur des Öls sinkt und die Kroketten matschig werden und sich mit Öl vollsaugen. Das Öl zwischendurch immer mal wieder auf 180 °C erhitzen. Die Kroketten können auch in einer Mischung aus Olivenöl und geschmacksneutralem Speiseöl (kein Kokosöl) frittiert werden. Auch lecker: 100 g sehr fein gewürfelter, knusprig gebratener Räuchertofu (wenn es nicht SoF sein muss) oder rauchiger Seitan in der Béchamelsauce.

# TOMATEN-„THUNFISCH"-FUTOMAKI

ERGIBT 24 *MAKI*

GF WF NF SoF

1 noch nicht ganz reife **Tomate**
1 EL **getrocknete Wakame-Algen**
2 TL **Tamari** (für GF und WF) oder **Coconut Aminos** (für GF, WF und SoF) oder 1 TL **Maggi-Flüssigwürze** (für SoF), plus etwas mehr zum Servieren
560 ml **Wasser**, plus etwas mehr bei Bedarf
400 g **Sushi-Reis**
60 ml **veganer Reisessig** mit 1 ¼ TL **Salz** und 1 EL **Feinstzucker** oder 75 ml **fertige vegane Sushi-Würze**
½ reife **Avocado**
1 Stück **Gurke** (ca. 10 cm), entkernt und in dünne Streifen geschnitten
3 Blätter **Nori**
3–4 TL **Sesamsamen**

**ZUM SERVIEREN:**
**eingelegter Ingwer** für Sushi
**Wasabipaste**

**VORBEREITUNGSZEIT: 45 MINUTEN · ZEIT ZUM KÜHLEN: 2 STUNDEN · GARZEIT: 45 MINUTEN**

**Futomaki sind die etwas größeren Sushi-Rollen. Anstelle von Thunfisch füllen wir sie mit Tomaten, die in Algen mariniert wurden. (Dazu hat uns das amerikanische Unternehmen Ocean Hugger Foods inspiriert, das eine Reihe von fischartigen Produkten auf Tomatenbasis entwickelt hat.) Nori ist eine getrocknete Algenart, die zum Umwickeln von Sushi verwendet wird.**

---

1. Zunächst die Tomaten zubereiten. Eine hitzebeständige Schüssel mit kochendem Wasser füllen. Die Tomaten an der Oberseite kreuzförmig anritzen, dann ins heiße Wasser legen. Nach 30–60 Sekunden sollte sich die Haut lösen. Mit einem Schaumlöffel aus dem Wasser heben und die Haut entfernen. Tomaten halbieren und entkernen. Das restliche Fleisch in 5 mm dicke Streifen schneiden, harte Stellen dabei entfernen.
2. Die Tomatenstreifen mit Wakame-Algen, Tamari, Aminos oder Maggi sowie 60 ml Wasser in eine Schüssel geben. Gut vermischen und abgedeckt 2 Stunden in den Kühlschrank stellen.
3. Ca. 1 Stunde bevor Sie das Sushi zubereiten, den Sushi-Reis waschen und mit dem restlichen Wasser in einen kleinen Topf geben. Zum Kochen bringen, dann die Temperatur reduzieren und zugedeckt 12 Minuten köcheln. Von der Herdplatte nehmen und zugedeckt 30 Minuten dämpfen, bei Bedarf Wasser nachgießen. Sobald der Reis gar ist, mit einer Gabel auflockern. Essig, Salz und Zucker oder Sushi-Würze mischen und unter den Reis rühren. Im Kühlschrank bis zum Servieren abkühlen lassen.
4. Alle Füllungen bereitstellen: die marinierten Tomaten abgießen, Algen entfernen; Avocado in dünne Streifen schneiden; Gurkenstreifen anrichten. Eine kleine Schüssel mit Wasser vorbereiten.
5. Auf einem Brett eine große Lage Frischhaltefolie ausbreiten (oder, wenn vorhanden, eine Sushi-Matte). Ein Nori-Blatt mit der glänzenden Seite nach unten auflegen. Hände leicht befeuchten und den Reis in 3 Portionen teilen. Mit den Händen eine ca. 5 mm dicke, feste Reisschicht auf dem Nori-Blatt aufbringen, oben einen Rand von 2 cm frei lassen. Ein Drittel der Füllung horizontal in der Mitte des Reises arrangieren.
6. Zum Aufrollen den freien Nori-Rand befeuchten. Mithilfe der Frischhaltefolie die untere Hälfte des reisbedeckten Blattes über die Füllung rollen, diese dabei mit den Fingern fixieren und mit den Daumen rollen. Die Rolle sollte recht eng und fest sein. Weiterrollen, ohne die Folie miteinzurollen.

7. Den nassen Rand auf das trockene Blatt kleben. Die Rolle mit der Naht nach unten zur Seite legen und die übrigen beiden Futomaki zubereiten. Mithilfe der Folie erneut schön rund formen.

8. Die Klinge eines sehr scharfen Messers befeuchten und jede Rolle vorsichtig in 8 (oder 6) Stücke schneiden. Mit eingelegtem Ingwer, Sojasauce und Wasabi servieren.

**TIPP**

Für Sushi auf Lachs-Art die marinierten Tomaten durch „Graved Lachs“ (siehe Seite 192) ersetzen.

# SAMOSAS MIT ERBSEN & KARTOFFELN

ERGIBT **16** *SAMOSAS*

NF SoF

**VORBEREITUNGSZEIT: 45 MINUTEN · GARZEIT: 1 STUNDE**

**Knusprige heiße Samosas, gefüllt mit einer traditionellen Erbsen-Kartoffel-Füllung.**

### FÜR DEN TEIG:

175 g **Mehl**, plus etwas mehr zum Bestäuben
1 großzügige Prise **Salz**
1 ½ EL **Öl**
60–100 ml **Wasser**

### FÜR DIE FÜLLUNG:

450 g **Kartoffeln**, geschält und gewürfelt
1 große **Karotte**, geschält und gewürfelt
1 EL **geschmacksneutrales Öl**, plus etwas mehr zum Braten
1 **Zwiebel**, fein gewürfelt
2 **Knoblauchzehen**, gerieben
1 Stück **frischer Ingwer** (ca. 4 cm), geschält und gerieben
½ TL **gemahlene Kurkuma**
½ TL **getrocknete rote Chiliflocken** (optional)
1 TL **Garam Masala**
1 TL **Senfkörner**
75 g **tiefgefrorene Erbsen**
2 EL **frischer Koriander**, fein gehackt
1 TL **Zitronensaft**
**Salz** und **frisch gemahlener schwarzer Pfeffer**

### ZUM SERVIEREN:

**Tamarinden-Joghurt** (siehe Seite 235)
**Kokos-Chutney** (siehe Seite 231)
**Indische Pickles**

1. Zunächst den Teig zubereiten. Mehl und Salz in einer Schüssel mischen, dann mit den Händen das Öl einarbeiten. Ist der Teig zu krümelig, etwas Wasser zugeben. Es sollte ein Teig entstehen, der nicht klebrig ist. Bis zu 5 Minuten kneten, bis er glatt und geschmeidig ist. In einer sauberen Schüssel, mit einem Geschirrtuch abgedeckt, ruhen lassen, während die Füllung zubereitet wird.
2. Kartoffeln und Karotten in einem großen Topf mit Salzwasser in ca. 15 Minuten weich kochen.
3. In einer Pfanne das Öl erhitzen, Zwiebeln und eine Prise Salz hineingeben und 8 Minuten anschwitzen, bis sie glasig sind und anfangen, braun zu werden. Knoblauch und Ingwer dazugeben und unter Rühren 1 Minute anbraten. Kurkuma, Chiliflocken (optional), Garam Masala und Senfkörner sowie bei Bedarf einen Schuss Öl hinzufügen. 1 Minute anrösten, dann von der Herdplatte nehmen. Erbsen und Koriander einrühren. Zur Seite stellen.
4. Kartoffeln und Karotten abgießen und grob zerstampfen. Zwiebeln und Zitronensaft dazugeben und mit Pfeffer würzen. Mit Salz abschmecken. Zur Seite stellen.
5. In einem tiefen Topf ca. 4 cm Öl auf 180 °C erhitzen (so heiß, dass ein Würfel altbackenes Brot darin in 30 Sekunden braun wird).
6. Den Teig in 8 gleich große Portionen teilen, dann zu ordentlichen Kugeln formen. Mit einem bemehlten Nudelholz auf einer sauberen, ebenfalls bemehlten Arbeitsfläche jeweils zu einem sehr dünnen Kreis von ca. 20 cm Durchmesser ausrollen. Die Teigkreise mit einem scharfen Messer halbieren, dann jeden Halbkreis zu einem Kegel formen, indem man die beiden äußeren Drittel nach innen faltet. Jeweils 1 gehäuften Esslöffel Füllung auf eine Seite geben, die andere Seiten darüberfalten und die Ränder festdrücken. Fortfahren, bis Teig und Füllung aufgebraucht sind.
7. Vorsichtig 2 oder 3 Samosas auf einmal in das Öl gleiten lassen (Topf nicht überfüllen). Von jeder Seite 2–3 Minuten frittieren, bis sie goldbraun sind und Blasen werfen. Mit einem Schaumlöffel aus dem Öl heben und auf Küchenpapier abtropfen lassen. Warm halten, während die restlichen Samosas frittiert werden.
8. Noch heiß mit Tamarinden-Joghurt und Kokos-Chutney sowie indischen Pickles servieren.

# ROTE-BETE-CARPACCIO

FÜR 4 *ALS VORSPEISE*

GF WF SoF

2 EL **Walnüsse**
1 TL **Kümmelsamen**
4 **Rote Beten** (am besten bunte oder geringelte, z. B. Tondo di Chioggia)
2 EL **frischer Thymian**, fein gehackt
ca. 1 TL **frischer Meerrettich**, gerieben

**FÜR DAS DRESSING:**
abgeriebene Schale und Saft von 1½ **Orange**
60 ml **natives Olivenöl extra**
4 **Knoblauchzehen**
Saft von 1 **Zitrone**

**VORBEREITUNGSZEIT: 15 MINUTEN**
**GARZEIT (OPTIONAL): 1 STUNDE**

**Dieses Carpaccio schmeckt gekocht ebenso gut wie roh. Wer die gegarte Version bevorzugt, heizt den Ofen auf 180 °C vor, beträufelt die Rote Bete mit einem Teelöffel Wasser und röstet sie eingewickelt in Alufolie 50–60 Minuten im Backofen. Komplett abkühlen lassen, die Schale abreiben und dünn aufschneiden.**

---

1. Die Walnüsse in einer heißen Pfanne ohne Fettzugabe rösten. Auf einem Teller abkühlen lassen, dann grob hacken. Den Kümmel in derselben Pfanne 20 Sekunden bis 1 Minute rösten.
2. Alle Zutaten für das Dressing in einem Standmixer glatt pürieren.
3. Die Roten Beten schälen und in dünne Scheiben schneiden, am besten mit einer Mandoline, und kreisförmig auf einem Teller auffächern.
4. Mit dem Dressing beträufeln, mit Thymian, geröstetem Kümmel, Walnüssen und Meerrettich bestreuen und servieren.

# SOMMERROLLEN

ERGIBT **8** ROLLEN

GF WF NF

**VORBEREITUNGSZEIT: 30 MINUTEN · GARZEIT: 10 MINUTEN**

**Hübsche, leicht durchscheinende Reispapierrollen, gefüllt mit rohem Gemüse und Tofu mit dem Aroma von Zitronengras. (Wenn Ihnen die Zeit fehlt, den Zitronengras-Chili-Tofu von Seite 145 zu machen, nehmen Sie einfach 280 g fertigen Tofu aus dem Supermarkt.)**

85 g **dünne Reisnudeln**
8 **Thai-Reispapierblätter für Frühlingsrollen**
200 g **Bohnensprossen**
5 **Frühlingszwiebeln**, in dünne Ringe geschnitten
1 **Karotte**, grob gerieben
1 große Handvoll **frische Korianderblätter**
1 große Handvoll **frische Thai-Basilikumblätter**
1 Portion **Zitronengras-Chili-Tofu** (siehe Seite 145), in 2 cm große Würfel geschnitten

1. Die Reisnudeln entsprechend der Packungsanleitung zubereiten. Abgießen und unter kaltem Wasser abschrecken. Die Reispapierblätter ebenfalls wie auf der Packung angegeben vorbereiten.
2. Die Nudeln in 8 Portionen teilen. Ein Reisblatt auf der Arbeitsfläche auslegen. Eine Portion Nudeln vertikal in der Mitte des Papiers verteilen, dabei oben und unten je 3 cm Rand lassen. Je ein Achtel der Bohnensprossen, der Frühlingszwiebeln, der Karotten, des Korianders und des Basilikums darauf platzieren. Auch ein Achtel des Tofus auf einer Seite der Nudeln arrangieren.
3. Die Seiten über die Füllung schlagen. Das Reispapier aufrollen. Mit der Naht nach unten auf einen Teller legen. (Wenn die Rolle ein wenig unordentlich aussieht, einfach ein- oder zweimal vor- und zurückrollen, damit sie gleichmäßiger wird.) Mit dem Rest von Reispapier und Füllung ebenso verfahren.

**TIPP**
Mit nussiger Satay-Sauce (siehe Seite 80), süßer Chilisauce oder dem fischsaucenartigen Dressing der vietnamesischen Pfannkuchen von Seite 82 servieren.

# ZIGARREN-BÖREK

ERGIBT 14

SoF

175 g **Spinat**, die Stiele entfernt
3 EL **Walnüsse** oder **ungesalzene Pistazien**
150 ml **Olivenöl**, plus 2 EL und etwas mehr zum Einfetten
1 kleine Stange **Lauch** oder 3 **Frühlingszwiebeln**, fein gehackt
1 **Zwiebel**, fein gehackt
2 **Knoblauchzehen**, zerdrückt
4 EL **Pinienkerne**
100 g **marinierte** oder **gegrillte Artischocken** oder **Artischockenherzen aus dem Glas**, fein gehackt
1 EL **frische Petersilie**, fein gehackt
1 EL **Zitronensaft**, plus etwas mehr nach Belieben
ca. 14 Blätter **Filo-** oder **Yufkateig**, ca. 26 × 30 cm
**Salz** und **frisch gemahlener schwarzer Pfeffer**

**VORBEREITUNGSZEIT: 35 MINUTEN · GARZEIT: 40 MINUTEN**

**Börek sind gefüllte Filoröllchen, die in ganz Südosteuropa und im Nahen Osten zubereitet werden. Servieren Sie sie mit Tsatsiki (siehe Seite 230) als Vorspeise oder als Mezze mit Baba Ghanoush (siehe Seite 232), dem Tomatensalat von Seite 156 und Falafeln (siehe Seite 60). Werden die Börek schon im Voraus angefertigt, sollten sie vor dem Backen eingefroren werden.**

---

1. Spinat mit wenig Wasser in einem großen Topf dämpfen, bis er zusammengefallen ist. Alternativ in der Mikrowelle 2 Minuten in einem hitzebeständigen Gefäß garen. Abkühlen lassen, dann gut ausdrücken und fein hacken (zu viel Flüssigkeit weicht den Teig zu sehr auf). Zur Seite stellen.
2. Walnüsse oder Pistazien in der Küchenmaschine oder im Mörser fein zerstoßen.
3. 2 Esslöffel Öl in einem großen Topf erhitzen, Lauch oder Frühlingszwiebeln und Zwiebeln mit einer großzügigen Prise Salz ca. 10 Minuten glasig anschwitzen. Knoblauch und Pinienkerne zugeben und weitere 2 Minuten garen, dann Artischocken und Walnüsse hinzufügen und unter Rühren 2 Minuten mitbraten. Von der Herdplatte nehmen und Petersilie, Spinat und Zitronensaft zugeben und mit Pfeffer würzen. Abschmecken und bei Bedarf mit Salz und Zitronensaft nachwürzen.
4. Den Ofen auf 180 °C vorheizen. Das restliche Öl zum Bestreichen in eine Schüssel geben.
5. Ein Filoblatt ausbreiten und in 2 oder mehr lange Rechtecke von je 12 × 26 cm schneiden. Den Rest der Teigblätter mit einem sauberen, feuchten Geschirrtuch bedecken, damit sie nicht austrocknen und spröde werden. Die Rechtecke mit Öl bestreichen, dann zu einer Doppelschicht übereinanderlegen.
6. 1 ½ Esslöffel der Füllung auf den unteren Teil des Teigblatts geben und leicht verstreichen, dabei rundum je 1 cm Rand freilassen. Dann die kurze Seite 2 cm über die Füllung schlagen. Den Teig aufrollen, die lange Seiten beim Rollen nach innen falten. Leicht mit Öl bestreichen. Mit der Nahtseite nach unten auf ein großes eingefettetes Backblech (oder 2 kleine) legen. Mit dem Rest von Teig und Füllung ebenso verfahren.
7. 20–25 Minuten backen, bis der Teig goldbraun und knusprig ist. Börek schmecken am besten warm oder auf Zimmertemperatur, jedoch nicht direkt aus dem Ofen, da die Füllung extrem heiß ist.

**TIPP**
Kaufen Sie hochwertige Teigblätter. Die billigen reißen leicht beim Aufrollen.

# GEFÜLLTE FEIGEN

ERGIBT 16 *FEIGEN*

**VORBEREITUNGSZEIT: 20 MINUTEN · GARZEIT: 2 MINUTEN**

GF WF

**Es gibt einige exzellente vegane Blauschimmelkäse; wenn Sie einen gefunden haben, den Sie mögen, ersetzen Sie ein Viertel des Frischkäses durch Blauschimmelkäse. (Halten Sie nach Käse Ausschau, der Penicillium roqueforti enthält, da es das blauschimmligste Aroma verleiht.)**

100 g **Walnüsse**, grob gehackt
170 g **veganer Frischkäse**
2 EL **frischer Thymian**, fein gehackt
1 kleine **Knoblauchzehe**, zu einer Paste zerdrückt
½ TL **Salz**
½ TL **frisch gemahlener schwarzer Pfeffer**
16 **frische Feigen**
60 ml **Ahornsirup**

1. Die gehackten Walnüsse in einer heißen Pfanne ohne Fettzugabe einige Minuten gleichmäßig goldbraun rösten. Aus der Pfanne nehmen und abkühlen lassen.
2. Den Frischkäse in eine Schüssel geben. Die Hälfte der abgekühlten Walnüsse, die Hälfte des Thymians, Knoblauch, Salz und Pfeffer zugeben und verrühren.
3. Mit einem scharfen Messer das spitze Ende der Feigen kappen, dann die Frucht kreuzförmig zu drei Viertel einschneiden, damit Platz zum Füllen entsteht. Mit je 1 Teelöffel der Käsemischung füllen. Mit den restlichen Feigen ebenso verfahren.
4. Zum Servieren die Feigen auf einer Platte anrichten und mit Ahornsirup beträufeln. Mit den übrigen Walnüssen und dem Thymian bestreuen.

**TIPP**

Die Feigen lassen sich kalt oder aber warm servieren: Dazu auf einem Backblech verteilen und unter dem heißen Grill 1–2 Minuten erhitzen.

# KAROTTEN-„GRAVED LACHS" AUF ROGGENBROT

FÜR 2

GF WF NF SoF

**VORBEREITUNGSZEIT: 35 MINUTEN · GARZEIT: 50 MINUTEN**
**ZEIT ZUM MARINIEREN: 1 STUNDE**

**Ob es nun der Geschmack ist oder Optik und Konsistenz – wir waren ehrlich verblüfft, als wir entdeckten, wie nahe die schlichte Karotte dem traditionellen gebeizten Lachs kommt.**

### FÜR DEN „GRAVED LACHS":

2 große **Karotten**, gewaschen
2 EL **Salz**, plus etwas mehr nach Belieben
1 EL **geschmacksneutrales Öl**
2 EL **frischer Dill**, fein gehackt
3 **Wacholderbeeren**, zerdrückt
2 TL **veganer Dry Gin** (optional; ohne Gluten für GF und WF)
abgeriebene Schale von 1/8 **Zitrone**
2 TL **Zitronensaft**
1 TL **Zucker**
1 Prise **Algenpulver**

### FÜR DEN SALAT:

1 TL **Zitronensaft**, plus etwas mehr nach Belieben
1 TL **Meerrettich**, frisch gerieben, oder **veganer Meerrettichsenf**, plus etwas mehr nach Belieben
1 EL **frischer Schnittlauch**, fein gehackt, plus etwas mehr zum Servieren
4 EL **vegane Mayonnaise** (siehe Seite 224 für die selbst gemachte Variante)
¼ **Gurke**, entkernt und in dünne Scheiben geschnitten
½ **Fenchelknolle**, in dünne Scheiben geschnitten
**Salz** und **frisch gemahlener schwarzer Pfeffer**

### ZUM SERVIEREN:

**vegane Butter** (siehe Seite 229 für die selbst gemachte Variante) oder **vegane Margarine** (optional)
4 dünne Scheiben **Roggenbrot**, in mundgerechte Stücke geschnitten

1. Den Ofen auf 200 °C vorheizen.
2. Die Karotten auf Alufolie ausbreiten und mit dem Salz bestreuen. Die Folie fest um die Karotten wickeln, dann 50 Minuten im Ofen backen. Sobald sie kühl genug sind, das Salz abspülen und trocken tupfen. Die Schale entfernen bzw. abreiben. Die restlichen Karotten in lange Streifen schneiden, die so dünn wie möglich und nicht dicker als 1 mm sind.
3. Die Streifen in eine Schüssel füllen und die übrigen Zutaten für den „Graved Lachs" dazugeben. Vorsichtig gründlich vermischen, dann bei Zimmertemperatur ca. 1 Stunde ziehen lassen, damit sich die Aromen entfalten können.
4. Kurz vor dem Servieren den Salat zubereiten. Dafür Zitronensaft, Meerrettich oder Senf, Schnittlauch und vegane Mayonnaise vermischen. Mit Pfeffer, Salz, Zitronensaft und Meerrettich abschmecken. (Erscheint das Dressing zu dickflüssig, etwas Wasser tropfenweise zugeben.) Gurke und Fenchel in eine Schüssel geben und mit dem Dressing übergießen.
5. Die Karotten mit Salz abschmecken. Ist der „Graved Lachs" zu feucht, trocken tupfen. Die Wacholderbeeren vor dem Servieren entfernen.
6. Die Brotscheiben nach Belieben mit Butter bestreichen. Jedes Stück mit Salat und „Graved Lachs" belegen und mit Schnittlauch bestreuen.

**TIPP**
Wenn Sie keine selbst gemachte Mayonnaise haben, dann können Sie notfalls auch veganen Naturjoghurt verwenden. Für ein einfacheres Gericht den Salat weglassen und mit veganem Frischkäse oder veganer Saurer Sahne auf getoasteten Bagels servieren.

# SELLERIERÖSTI MIT WALDPILZEN

ERGIBT 12

GF WF SoF

**FÜR DIE RÖSTI:**

1 EL **Chiasamen**
60 ml **Wasser**
1 kleiner **Knollensellerie**, geschält und gerieben
2 kleine **Zwiebeln**, in dünne Ringe geschnitten oder grob gerieben
3 **Knoblauchzehen**, zerdrückt
20 g **frischer Schnittlauch**, fein gehackt
1 TL **Salz**
3 EL **gemahlene Mandeln**
4 EL **Kartoffelstärke** oder **Pfeilwurzelmehl**
1 EL **frischer Thymian**, fein gehackt
**geschmacksneutrales Öl**, zum Braten

**FÜR DIE WALDPILZE:**

½ EL **Olivenöl**
250 g **gemischte Waldpilze**, klein geschnitten
1 Stange **Lauch**, halbiert und in dünne Ringe geschnitten
4 **Knoblauchzehen**, fein gehackt
30 ml **veganer Manzanilla** oder ein anderer **trockener Sherry** (oder **veganer Weißwein**)
1 EL **veganer Sherry-Essig**
200 ml **ungesüßte Mandelmilch**
½ TL **vegane Butter** oder **Margarine** (ohne Soja für SoF)
½ TL **normales** oder **glutenfreies** (für GF und WF) **Mehl**

**VORBEREITUNGSZEIT: 20 MINUTEN · GARZEIT: 25 MINUTEN**

**Diese Häppchen zählen zu Johns Lieblings-Fingerfood – er isst sie sogar zum Frühstück. Sie können aus der Mischung auch 6 große Rösti machen und diese als Hauptmahlzeit servieren.**

1. Für die Waldpilze das Öl in einer Pfanne erhitzen, Pilze, Lauch und Knoblauch zugeben und ca. 15 Minuten anschwitzen. Mit Sherry und Sherry-Essig ablöschen und einige Minuten köcheln lassen.
2. Die Mandelmilch zugießen und kräftig aufkochen lassen, bis die Flüssigkeit um die Hälfte reduziert ist. Butter oder Margarine sowie Mehl glatt rühren, dann in die Pilzmischung geben. (Keine Sorge, wenn die Mandelmilch zu gerinnen scheint – die Mehlmischung sollte sie wieder glatt machen.) Warm stellen, während die Rösti zubereitet werden.
3. Chiasamen und Wasser in einer kleinen Schüssel vermischen und 5 Minuten einweichen lassen.
4. Die dünn geschnittenen oder geriebenen Zwiebeln in einem sauberen Geschirrtuch ausdrücken. Mit den restlichen Zutaten für die Rösti bis auf das Öl vermischen, dann die eingeweichten Chiasamen hinzufügen und die Masse zu 12 kleinen Bratlingen formen.
5. In einer Pfanne das Öl erhitzen und die Rösti darin portionsweise ca. 2 Minuten von jeder Seite anbraten, bis sie goldbraun und knusprig sind. Die warmen, cremigen Waldpilze darauf arrangieren.

**TIPP**

Wenn die Rösti nicht sofort serviert werden, lassen sie sich auch sehr gut aufwärmen. Einfach 8–10 Minuten in den auf 180 °C vorgeheizten Ofen schieben.

# PETERSILIEN-MANDEL-TAPENADE

FÜR 4 *(GENUG FÜR 20 CROSTINI)*

GF WF SoF

2–3 **Knoblauchzehen**, nach Belieben
60 g **blanchierte Mandeln**
60 g **frische Petersilie** (Blätter und Stiele)
abgeriebene Schale und Saft von 1 **Zitrone**
160 g **grüne Oliven**, entsteint
65 ml **Olivenöl**

**TIPP**
Für Crostini ein Baguette in 1 cm dicke Scheiben schneiden, mit Olivenöl einpinseln und im vorgeheizten Ofen ca. 10 Minuten bei 180 °C knusprig backen.

**VORBEREITUNGSZEIT: 5 MINUTEN**

**Verwenden Sie diese Tapenade als Aufstrich für Crostini oder als Pesto für Pasta oder garnieren Sie Avocados auf Toast damit. Mit Olivenöl aufgelockert passt sie auch super zu gegrillten Zucchini.**

1. Für ein milderes Aroma den Knoblauch in einem Topf mit kochendem Wasser 3 Minuten blanchieren, dann abgießen.
2. In der Zwischenzeit die Mandeln in einer heißen Pfanne ohne Fettzugabe 2–3 Minuten unter gelegentlichem Rütteln rösten, bis sie goldbraun sind und duften.
3. Den blanchierten Knoblauch im Mörser zerdrücken, dann zusammen mit den gerösteten Mandeln und den restlichen Zutaten zur Konsistenz von Pesto pürieren.
4. Bedeckt mit einer dünnen Schicht Öl hält sich die Tapenade in einem Schraubglas bis zu 1 Woche im Kühlschrank.

# PASTINAKENRÖSTI MIT GRÜNKOHL & MARONEN

ERGIBT 12

GF WF SoF

**VORBEREITUNGSZEIT: 25 MINUTEN • GARZEIT: 15 MINUTEN**
**ZEIT ZUM EINWEICHEN: 5 MINUTEN**

**Anstatt diese Rösti als Vorspeise oder Snack zu servieren, können Sie auch 4 große Bratlinge zubereiten und diese als Hauptspeise präsentieren.**

**FÜR DIE RÖSTI:**

1 EL **Chiasamen**
60 ml **Wasser**
½–1 TL **Salz**
2 **Pastinaken**, gerieben
1 **Zwiebel**, in dünne Ringe geschnitten
2 **Knoblauchzehen**, zerdrückt
2 TL **veganer Dijon-Senf**
3 EL **Kichererbsenmehl**
1 EL **frischer Thymian**, fein gehackt
1 TL **frisch gemahlener schwarzer Pfeffer**
1 EL **Olivenöl**

**FÜR DEN GRÜNKOHL:**

2 EL **Olivenöl**
1 **Zwiebel**, fein gehackt
4 **Knoblauchzehen**, fein gehackt
1 EL **frischer Salbei**, fein gehackt
200 g **Grünkohl**, Strunk entfernt, Blätter fein gehackt

**FÜR DIE MARONEN:**

100 g **normale** oder **glutenfreie Semmelbrösel**
75 g **vorgegarte Maronen**, fein gehackt
4 **Knoblauchzehen**, fein gehackt
1 EL **frischer Thymian**, fein gehackt
3 EL **Olivenöl**
**Salz** und **frisch gemahlener schwarzer Pfeffer**

1. Chiasamen und Wasser mischen und 5 Minuten quellen lassen. Für die Rösti ½ TL Salz mit den eingeweichten Chiasamen und den restlichen Zutaten bis auf das Öl in einer Schüssel verrühren. Abschmecken und bei Bedarf das restliche Salz hinzufügen (den Bohnengeschmack des Kichererbsenmehls ignorieren, er verfliegt beim Kochen).
2. Die Mischung zu 12 gleich großen Bratlingen formen. In einer großen Pfanne das Öl erhitzen und die Rösti darin portionsweise ca. 2 Minuten von jeder Seite anbraten, bis sie goldbraun und fest sind. Warm stellen, während die restlichen Rösti gebraten werden.
3. In der Zwischenzeit den Grünkohl zubereiten. Dafür in einer separaten Pfanne das Öl erhitzen und Zwiebeln, Knoblauch und Salbei 5 Minuten anschwitzen. Grünkohl zugeben und unter ständigem Rühren 4–5 Minuten sautieren, bis der Grünkohl zusammengefallen und weich ist.
4. Während die Rösti braten, die Zutaten für die Maronen vermischen, dann in einer weiteren Pfanne bei mittlerer Hitze goldbraun anschwitzen. Alternativ auf einem Backblech verteilen und im heißen Ofen (220 °C) ca. 10 Minuten rösten.
5. Die Rösti mit dem warmen Grünkohl und garniert mit den Maronenbröseln servieren.

# FRITTIERTE MAISBÄLLCHEN

FÜR 6

GF WF NF SoF

**VORBEREITUNGSZEIT: 20 MINUTEN · ZEIT ZUM RUHEN: 30 MINUTEN · GARZEIT: 25 MINUTEN**

**Diese süßen und würzigen kleinen Bällchen aus der malaysischen Küche sind ein hervorragender Party-Snack.**

1 EL **geschrotete Leinsamen**
2 EL **Wasser**
300 g **tiefgefrorener Mais**, aufgetaut
3 **Knoblauchzehen**, fein gehackt
1 Stück **frischer Ingwer** (ca. 2 cm), geschält und fein gehackt
2 **Maiskolben**
2 kleine **rote Vogelaugenchilis**, nach Belieben entkernt und fein gehackt
5 **Frühlingszwiebeln**, in dünne Ringe geschnitten
½ TL **gemahlene Kurkuma**
1 TL **Salz**
1 TL **frisch gemahlener schwarzer Pfeffer**
4 EL **normales** oder **glutenfreies Mehl**
1 ½ TL **normales** oder **glutenfreies Backpulver**
**raffiniertes** oder **natives Kokosöl extra** oder **Pflanzenöl**, zum Frittieren

**ZUM SERVIEREN:**
**frische Korianderblätter**
**süße Chilisauce** zum Dippen
**Limettenspalten**

1. In einer kleinen Schüssel die geschroteten Leinsamen und das Wasser vermischen und mindestens 5 Minuten quellen lassen.
2. Den aufgetauten Mais, Knoblauch, Ingwer und die eingeweichten Leinsamen in der Küchenmaschine oder dem Standmixer pürieren. Die Mischung dabei einige Male vom Rand in die Schüssel schaben. Sobald die Masse sehr glatt ist, in eine große Schüssel geben.
3. Mit einem scharfen Messer die Körner vom Maiskolben schneiden und zusammen mit den restlichen Zutaten bis auf das Öl zur Maisbreimischung geben. Gut vermengen und mindestens 30 Minuten stehen lassen.
4. Dann ca. 6 cm Öl in einem tiefen Topf auf 170 °C erhitzen (so heiß, dass ein Würfel altbackenes Brot darin in 30 Sekunden braun wird).
5. Mit einem Teelöffel kleine Bällchen aus dem Teig formen und mithilfe eines zweiten Löffels vorsichtig in das Öl gleiten lassen. 4 oder 5 Stück auf einmal frittieren. (Die Pfanne nicht überfüllen, da sonst die Temperatur des Öls sinkt und die Bällchen matschig werden. Das Öl zwischendurch wieder auf 170 °C erhitzen.) Sobald sie goldbraun sind und an die Oberfläche steigen, wenden und von der anderen Seite goldbraun frittieren. Das dauert pro Portion etwa 2–3 Minuten. Mit einem Schaumlöffel aus dem Öl heben, das überschüssige Öl zurück in den Topf tropfen lassen. Auf Küchenpapier abtropfen lassen und warm stellen, während der Rest der Mischung frittiert wird.
6. Die frittierten Bällchen mit Koriander bestreuen. Mit der süßen Chilisauce zum Dippen und Limettenspalten zum Beträufeln servieren.

**TIPP**

Die Bällchen lassen sich im Vorhinein frittieren und dann im vorgeheizten Ofen in ca. 10 Minuten bei 180 °C wieder aufwärmen.

# ZUCCHINIBRATLINGE MIT ZITRONEN-CASHEW-CREME

ERGIBT 14

GF WF SoF

**VORBEREITUNGSZEIT: 15 MINUTEN · ZEIT ZUM EINWEICHEN: 4 ½ STUNDEN · GARZEIT: 15 MINUTEN**

**Johns allerliebste Kühlschrank-Snacks.**

**FÜR DIE BRATLINGE:**

1 EL **Chiasamen**
60 ml **Wasser**
2 **Zucchini**, grob gerieben
1 TL **Salz**
6 **Frühlingszwiebeln**, fein gehackt
4 EL **Kichererbsenmehl**
1 EL **Hefeflocken**
5 **Knoblauchzehen**, fein gehackt
½ TL **frisch gemahlener schwarzer Pfeffer**
1 EL **veganes Pesto** (siehe Seite 56 für die selbst gemachte Variante)
50 g **normales** oder **glutenfreies Mehl**
1 TL **normales** oder **glutenfreies Backpulver**
**geschmacksneutrales Öl**, zum Braten

**FÜR DIE ZITRONEN-CASHEW-CREME:**

125 g **ungeröstete Cashewkerne**
Saft von ½ **Zitrone**
1 großzügige Prise **frisch gemahlener schwarzer Pfeffer**
1 **Knoblauchzehe**, zerdrückt
abgeriebene Schale von 1 **Zitrone**
125 ml **Wasser**
1 TL **veganer Dijon-Senf**
1 EL **Hefeflocken**
1 großzügige Prise **Salz**

1. Zunächst die Cashewkerne für die Zitronencreme mindestens 30 Minuten in kochendem Wasser einweichen oder mit kaltem Wasser bedecken und im Kühlschrank mindestens 4 Stunden oder über Nacht einweichen. Die Chiasamen mit dem Wasser vermischen und ebenfalls mindestens 4 Stunden im Kühlschrank einweichen lassen.
2. Die Zucchini mit dem Salz vermischen und in einem Sieb über einer Schüssel oder der Spüle mindestens 30 Minuten abtropfen lassen.
3. In einem sauberen Geschirrtuch überschüssige Flüssigkeit aus den Zucchini drücken, dann mit dem Rest der Zutaten für die Bratlinge bis auf das Öl vermischen.
4. Einen Spritzer Öl in einer Pfanne erhitzen. Mit einem Esslöffel kleine Portionen des Teiges abstechen und portionsweise ca. 1–2 Minuten von jeder Seite anbraten, bis die Bratlinge goldbraun, ein wenig aufgegangen und schön fest sind.
5. Während die Bratlinge in der Pfanne sind, die Cashewkerne abgießen und abspülen, dann in einem hochtourigen Standmixer mit den restlichen Zutaten für die Cashewcreme glatt pürieren.
6. Die Bratlinge mit der Creme zum Dippen anrichten.

# GEFÜLLTE AUBERGINENRÖLLCHEN

ERGIBT 24

GF WF

**VORBEREITUNGSZEIT: 20 MINUTEN · GARZEIT: 20 MINUTEN**

**Gegrillte Auberginenstreifen umarmen würzigen Kräuterfrischkäse. Himmlisch! Die Ofen-Tomaten können Sie auch durch sonnengetrocknete ersetzen.**

3 **Auberginen**
2 EL **Olivenöl**
340 g **veganer Frischkäse**
6 EL **Pinienkerne**, geröstet
2 große Handvoll **frisches Basilikum**, fein gehackt
1 EL **frischer Thymian**, fein gehackt
1 Bund **frischer Schnittlauch**, fein gehackt
125 g **ofengetrocknete Tomaten**, grob gehackt
fein abgeriebene Schale von 1 **Zitrone**
1 großzügige Prise **getrockneter Oregano**
2 **Knoblauchzehen**, zerdrückt
1 großzügige Prise **Salz**
½ TL **frisch gemahlener schwarzer Pfeffer**

1. Die Auberginen längs in ca. 5 mm dicke Streifen schneiden. Mit dem Öl beträufeln.
2. In einer Grillpfanne bei großer Hitze portionsweise ca. 3 Minuten von jeder Seite grillen, bis die Auberginenstreifen angekohlt, weich und gar sind. Mit den restlichen Streifen ebenso verfahren. Abkühlen lassen.
3. In der Zwischenzeit die restlichen Zutaten vermischen, die Hälfte des Basilikums zurückbehalten. Mit Salz abschmecken.
4. Ca. 1 Esslöffel der Füllung auf die kurze Seite eines Auberginenstreifens setzen und aufrollen. Mit den restlichen Streifen ebenso verfahren.
5. Vor dem Servieren mit dem übrigen Basilikum bestreuen.

**TIPP**
Übrig gebliebene Füllung schmeckt herrlich in Sandwiches oder auf Toast oder unter warme Pasta gerührt.

# SPANISCHE KICHERERBSENBRATLINGE MIT ROMESCO-SAUCE

ERGIBT 30

GF WF SoF

**VORBEREITUNGSZEIT: 25 MINUTEN · ZEIT ZUM RUHEN: 30 MINUTEN · GARZEIT: 25 MINUTEN**

**Wir lieben diese Bratlinge mit ihrem intensiven Orangenaroma. Wir fühlen uns dann gleich an einen sonnigen Swimmingpool versetzt, in der Hand ein Glas eisgekühlte Sangria.**

**FÜR DIE BRATLINGE:**

1 EL **Fenchelsamen**
1 TL **Kreuzkümmelsamen**
1 Dose **Kichererbsen** (à 400 g), abgetropft
1 EL **frischer Thymian**, fein gehackt, oder 1 TL **getrockneter Thymian**
1 EL **Knoblauchpulver**
1 EL **süßes geräuchertes Paprikapulver**
abgeriebene Schale von 1 und Saft von 2 **Orangen**
1 **rote Paprikaschote**, geröstet und gewürfelt (siehe Tipp)
3 **Frühlingszwiebeln**, fein gehackt
1 Bund **frische glatte Petersilie**, die Blätter fein gehackt
100 g **Kichererbsenmehl**
2 TL **normales** oder **glutenfreies Backpulver**
½ TL **Salz**
**geschmacksneutrales Öl**, zum Braten

**FÜR DIE ROMESCO-SAUCE:**

20 g **blanchierte Mandeln**
5 **Knoblauchzehen**
120 ml **natives Olivenöl extra**
abgeriebene Schale und Saft von 1 **Orange**
1 EL **veganer Sherry-Essig**
1 TL **süßes geräuchertes Paprikapulver**
1 große **rote Paprikaschote**, geröstet (siehe Tipp)
1 EL **frische Thymianblätter**
½ TL **Salz**, plus etwas mehr nach Belieben

1. Zuerst den Teig für die Bratlinge zubereiten. Dafür Fenchel- und Kreuzkümmelsamen in einer heißen Pfanne ohne Fettzugabe bei mittlerer Temperatur maximal 1 Minute rösten, bis sie duften, dann auf einem Teller abkühlen lassen. Die Kichererbsen grob mit einem Kartoffelstampfer zerdrücken, dabei einige Kichererbsen ganz lassen. Die restlichen Zutaten und die gerösteten Samen hinzufügen und gut vermischen. Mindestens 30 Minuten ziehen lassen.
2. In der Zwischenzeit die Romesco-Sauce zubereiten. Dafür die Mandeln in einer heißen Pfanne ohne Fettzugabe 2 Minuten goldbraun rösten. In der Küchenmaschine oder im Standmixer mit den übrigen Zutaten völlig glatt pürieren. Mit Salz abschmecken.
3. Den Ofen auf 200 °C vorheizen.
4. Eine große Pfanne auf mittlerer Stufe erhitzen. So viel Öl hineingeben, dass der Boden großzügig bedeckt ist. Ein wenig von der Teigmasse kurz anbraten, um die Würze zu überprüfen. Bei Bedarf nachsalzen. Gehäufte Teelöffel der Mischung in die Pfanne geben und vorsichtig flach drücken. Portionsweise von jeder Seite schön braun anbraten.
5. Die Bratlinge auf einem großen Backblech verteilen und 5–10 Minuten im Ofen backen. Noch warm mit der Romesco-Sauce zum Dippen servieren.

**TIPP**

Für die geröstete Paprika die Stängel und Kerne entfernen, vierteln und auf einem Backblech auslegen. Im vorgeheizten Ofen bei 225 °C ca. 30–40 Minuten rösten, bis die Haut schwarz ist. Regelmäßig wenden. Anschließend 15 Minuten mit einem feuchten Küchentuch bedecken, danach lässt sich die Haut leicht abziehen. Alternativ geröstete rote Paprikaschoten aus dem Glas nehmen.

# AUBERGINE MIT MANDELN & PETERSILIE

FÜR 4

GF WF SoF

**VORBEREITUNGSZEIT: 20 MINUTEN · GARZEIT: 30 MINUTEN**

**Dieses Rezept gehört zu den Lieblingsgerichten von Chantals Tochter Tai. Sie würde es wohl jeden Tag essen, wenn man sie nur ließe. Das Harissa-Dressing ergibt mehr als Sie benötigen – bewahren Sie die Reste in einem sauberen, sterilisierten Schraubglas im Kühlschrank auf, bedeckt mit einer dünnen Schicht Olivenöl.**

4 **Auberginen**, jeweils in 6 Spalten geschnitten
1 ½ EL **Olivenöl**
2 EL **Granatapfelsirup**
4 EL **Granatapfelkerne**
**Salz** und **frisch gemahlener schwarzer Pfeffer**

**FÜR DIE BRÖSEL:**
50 g **Mandeln**, grob gehackt
1 **Knoblauchzehe**, fein gehackt
2 EL **frische Petersilie**, fein gehackt
½ TL **feines Salz**
½ TL **frisch gemahlener schwarzer Pfeffer**

**FÜR DAS HARISSA-DRESSING:**
1–2 TL **Salz**
1 EL **Kreuzkümmelsamen**
1 EL **Koriandersamen**
1 TL **Kümmelsamen**
1 EL **getrocknete, essbare Rosenblütenblätter**
1 **rote Chilischote**
3 **rote Spitzpaprika** (oder 4 geröstete Paprikaschoten)
3 **Knoblauchzehen**
2 EL **Olivenöl**
Saft von 1 **Zitrone**

**FÜR DAS TAHIN-DRESSING:**
2 EL **Tahin**
2 EL **Wasser**
Saft von ½ **Zitrone**
1 kleine **Knoblauchzehe**
½ TL **gemahlener Kreuzkümmel**
½ TL **Salz**

1. Den Ofen auf 200 °C vorheizen. Die Auberginenspalten auf einem Backblech auslegen, mit Olivenöl beträufeln und mit Salz und Pfeffer würzen. 30 Minuten rösten. Abkühlen lassen. Die Auberginen können warm oder auf Zimmertemperatur serviert werden.
2. Während die Auberginen im Ofen sind, das Dressing zubereiten. 1 Teelöffel Salz mit den restlichen Zutaten für das Harissa-Dressing in der Küchenmaschine oder im Standmixer pürieren. Mit Salz abschmecken. Zur Seite stellen. In einer anderen Schüssel alle Zutaten für das Tahin-Dressing vermischen.
3. Die Mandeln in einer kleinen Pfanne ohne Fettzugabe bei niedriger Temperatur rösten, dabei gelegentlich die Pfanne rütteln. Die Mandeln und alle Zutaten für die Brösel im Mörser zerstoßen und zu einer krümeligen Konsistenz verarbeiten.
4. Die fertigen Auberginenspalten auf einer Servierplatte anrichten und mit dem Granatapfelsirup, 6 Esslöffel Harissa-Dressing und 4 Esslöffel Tahin-Dressing beträufeln. (Übrig gebliebenes Tahin-Dressing hält sich im Kühlschrank etwa 4 Tage.) Mit den Nussbröseln bestreuen und den Granatapfelkernen garnieren.

7

# WAS NOCH SO DAZU PASST

# RAHMSPINAT

FÜR 4

GF WF NF SoF

**VORBEREITUNGSZEIT: 10 MINUTEN · GARZEIT: 30 MINUTEN**

**Eine dekadente Zubereitungsmethode für das grüne Gemüse.**

350 g **Babyspinat**, harte Stiele entfernt
1 EL **Olivenöl**
½ kleine **Zwiebel**, sehr fein gewürfelt
1 **Knoblauchzehe**, zu einer glatten Paste zerdrückt
2 EL **normales** oder **glutenfreies Mehl**
300 ml **ungesüßte Pflanzenmilch** (ohne Nüsse für NF, ohne Soja für SoF)
1 Prise **frisch geriebene Muskatnuss**, plus etwas mehr nach Belieben
2 TL **Zitronensaft**, plus etwas mehr nach Belieben
**Salz** und **frisch gemahlener schwarzer Pfeffer**

1. Eine große Schüssel mit kaltem Wasser bereitstellen. Einen großen Topf mit Wasser zum Kochen bringen und den Spinat darin 1 Minute blanchieren. Mit einem Schaumlöffel sofort aus dem Wasser in die Schüssel mit dem kalten Wasser heben. Völlig abkühlen lassen, dann abgießen und gut ausdrücken. Zur Seite stellen.
2. In einer großen Pfanne das Öl erhitzen und die Zwiebeln sowie eine Prise Salz bei niedriger Hitze 10 Minuten sanft anschwitzen, bis sie glasig und weich, aber nicht angebräunt sind. Den Knoblauch zufügen und 1 Minute weiterbraten.
3. Das Mehl in die Pfanne geben und gut verrühren. 2 Minuten unter Rühren mitrösten. Nach und nach die Milch angießen und gut verrühren, damit keine Klümpchen entstehen. Mit Muskatnuss und reichlich Pfeffer würzen.
4. Die Temperatur reduzieren und ca. 5 Minuten unter Rühren köcheln, bis die Sauce eindickt. Den Spinat unterheben, dann unter Rühren erhitzen, bis er nicht mehr zusammenklumpt. Von der Herdplatte nehmen und den Zitronensaft dazugeben. Nach Belieben mit Salz, Pfeffer, Muskatnuss und Zitronensaft nachwürzen und servieren.

# CREMIGE POLENTA

FÜR 4

GF WF NF SoF

500 ml **kochendes Wasser**
100 g **feine** oder **grob gemahlene Polenta** (Maisgries; keine Instant-Polenta) oder **Maismehl**
½ TL **Salz**
1 EL **raffiniertes Kokosöl** oder **vegane Butter** oder **Margarine** (ohne Nüsse für NF, ohne Soja für SoF; weniger Salz nehmen, wenn Sie Butter oder Margarine verwenden)

**ZUM SERVIEREN: (OPTIONAL)**

3 EL **ungesüßte Pflanzenmilch** (ohne Nüsse für NF, ohne Soja für SoF)
1 EL **Hefeflocken**
1 großzügige Prise **Knoblauchpulver**

**VORBEREITUNGSZEIT: 5 MINUTEN · GARZEIT: 35 MINUTEN**

**Zu diesem Rezept gesellen sich gerne Pilze und klein geschnittenes grünes Gemüse, beides in Knoblauch, schwarzem Pfeffer und Olivenöl sautiert. Nehmen Sie grob gemahlene Polenta für mehr Biss oder feinere für ein weicheres, glatteres Ergebnis.**

1. In einem großen Topf das Wasser zum Kochen bringen. Die Polenta unter ständigem Rühren einrieseln lassen, sodass keine Klumpen entstehen. Sobald sie glatt gerührt ist, zum Köcheln bringen. Achtgeben, da die Polenta beim Kochen stark blubbert und es zu heißen Spritzern kommen kann.
2. Die Temperatur reduzieren und ca. 30 Minuten sanft köcheln lassen. Dabei häufig umrühren, damit die Polenta nicht am Topfboden ansetzen kann. Ist die Mischung zu dick, einen Schuss Wasser hinzufügen. Die Konsistenz ist perfekt, wenn die Polenta von einem Löffel langsam zurück in den Topf gleitet. Die fertige Polenta sollte cremig und keinesfalls körnig sein (wie lange das dauert, ist von Marke zu Marke unterschiedlich).
3. Das Salz sowie Öl oder Butter zugeben. Für eine wirklich cremige Polenta, die Milch einrühren. Für wirklich cremige *und* käsige Polenta Milch, Hefeflocken und Knoblauchpulver zugeben.
4. Abschmecken und servieren.

# BÄCKERKARTOFFELN

FÜR 4

GF WF NF SoF

650 g **mehligkochende Kartoffeln** (z. B. Maris Piper), geschält oder ungeschält
1 **Zwiebel**
60 ml **Olivenöl**, plus etwas mehr zum Einfetten
1 Zweig **frischer Rosmarin**, die Nadeln abgezupft, oder 3 Stiele **frischer Thymian**, die Blättchen abgezupft, oder eine Mischung
1 **Lorbeerblatt**, zerzupft
300 ml **heiße vegane Gemüsebrühe** (siehe Seite 140 für die selbst gemachte Variante)
**Salz** und **frisch gemahlener schwarzer Pfeffer**

**VORBEREITUNGSZEIT: 10 MINUTEN**
**GARZEIT: 1 STUNDE 10 MINUTEN**

**Dieses traditionelle Gericht heißt so, weil man früher die Restwärme des hiesigen Bäckerofens nach dem Brotbacken für weitere Zubereitungen nutzte. Während die Kartoffeln garen, nehmen sie all die köstlichen Aromen aus Brühe, Zwiebeln und Kräutern auf.**

---

1. Den Ofen auf 180 °C vorheizen. Die Kartoffeln und die Zwiebel so dünn wie möglich schneiden, idealerweise mit einer Mandoline.
2. Eine Auflaufform leicht einfetten und den Boden mit einem Drittel der Kartoffeln auslegen, darauf die Hälfte der Zwiebeln arrangieren und mit der Hälfte der Kräuter bestreuen. Gut mit Salz und Pfeffer würzen und mit einem weiteren Drittel der Kartoffeln sowie den übrigen Zwiebeln und Kräutern belegen. Erneut würzen. Mit einer Schicht Kartoffeln abschließen. Mit den Händen andrücken.
3. Die heiße Brühe mit 2 Esslöffel Olivenöl verquirlen und über die Kartoffeln gießen. Wahrscheinlich ist nicht alles bedeckt, das macht aber nichts. Mit dem übrigen Öl beträufeln.
4. Ca. 10 Minuten backen, dann aus dem Ofen nehmen und vorsichtig mit einem Löffel noch mal andrücken. Die Kartoffeln sind nun etwas weicher und die Brühe wird mehr davon bedecken.
5. Zurück in den Ofen stellen und weitere 50–60 Minuten backen, bis die Oberfläche ein tiefes Goldbraun aufweist und ein scharfes Messer mühelos hindurchgleiten kann. Vor dem Servieren 5 Minuten ziehen lassen.

**TIPP**
Dieses Rezept funktioniert auch mit anderem Wurzelgemüse – z. B. Karotten, Pastinaken, Sellerie oder sogar Rote Bete. Für ein süßes Knoblaucharoma fein geschnittene Lauchringe und Knoblauch hinzufügen; eine üppigere Mahlzeit erhalten Sie mit einem Schuss veganer Sahne in der Brühe (sofern Sie eine Sorte gefunden haben, die nicht gerinnt, wenn sie erhitzt wird).

# KÄSIGE POLENTA-FRITTEN

FÜR 4

GF WF NF SoF

100 g **feine** oder **grob gemahlene Polenta** (Maisgries; keine Instant-Polenta) oder **Maismehl**
500 ml **kochendes Wasser**
½ TL **Salz**
1 EL **raffiniertes Kokosöl** oder **vegane Butter** oder **Margarine** (ohne Nüsse für NF, ohne Soja für SoF; weniger Salz verwenden, wenn Sie Butter oder Margarine nehmen)
3 EL **ungesüßte Pflanzenmilch** (ohne Nüsse für NF, ohne Soja für SoF)
1 EL **Hefeflocken**
1 großzügige Prise **Knoblauchpulver**
**geschmacksneutrales Öl**, zum Braten

**VORBEREITUNGSZEIT: 10 MINUTEN · ZEIT ZUM KÜHLEN: 4 STUNDEN · GARZEIT: 55 MINUTEN**

**Rebeccas Kinder lieben diese „käsigen" Fritten mit dem knusprigen Äußeren und dem weichen, cremigen Inneren. Sie dippen sie in Ketchup. Erwachsene mögen vielleicht eher vegane Salsa verde (siehe Seite 231) oder Knoblauch-Aioli (siehe Seite 222) dazu. Polenta (Maisgries) und Maismehl sind im Grunde das Gleiche, Sie unterscheiden sich in ihrem Mahlgrad. Beide eignen sich für dieses Rezept, wobei das fein gemahlene Maismehl ein weicheres, glatteres Ergebnis liefert und grober Maisgries zu einer knusprigeren Hülle, aber einem Inneren mit mehr Biss führt.**

---

1. Die Polenta in kochendem Wasser, wie auf Seite 211 beschrieben, zubereiten.
2. Die restlichen Zutaten bis auf das Öl zum Frittieren hinzufügen und gut verrühren, dann abschmecken.
3. Die Polenta in eine mit Backpapier ausgelegte Ofenform mit den Maßen ca. 30 x 25 cm gießen. Mit einem Teigschaber glätten und zu einer Stärke von 1–1,5 cm ebnen. Abkühlen lassen, dann zum Aushärten mindestens 4 Stunden, idealerweise aber über Nacht, in den Kühlschrank stellen.
4. Sobald die Polenta fest ist, den ganzen Block auf ein Schneidebrett heben und in Stäbchen à 1,5 × 8 cm schneiden.
5. In einer großen Pfanne ca. 5 mm Speiseöl erhitzen. Mit einem Pfannenwender die Fritten portionsweise vorsichtig in das heiße Öl heben und 3–4 Minuten braten, bis sie auf der Unterseite knusprig sind und einen hellen Goldton aufweisen. Behutsam wenden und von der anderen Seite braten. Aus der Pfanne heben und überschüssiges Öl zurücklaufen lassen. Auf Küchenpapier abtropfen und warm stellen, während die restlichen Fritten gebraten werden.

**TIPP**
Sie können feste Polenta auch in der Grillpfanne oder auf dem Grill braten. Sobald sie kühl und ausreichend fest ist, in Spalten oder Dreiecke schneiden (kleinere Formen rutschen womöglich durch den Rost). Gut mit Öl bestreichen und in der Grillpfanne oder auf dem heißen Grill 2–3 Minuten von jeder Seite grillen.

# WÜRZIGE KOCHBANANEN

FÜR 4

GF WF NF SoF

2 **grüne Kochbananen**, ungeschält
½ TL **Salz**
1 großzügige Prise **frisch gemahlener schwarzer Pfeffer**
½ TL **Knoblauchpulver**
½ TL **Chilipulver**
abgeriebene Schale von 1 **Limette**
ca. 200 ml **Pflanzenöl**

**VORBEREITUNGSZEIT: 15 MINUTEN · GARZEIT: 1 STUNDE**

**Zum Dippen, als Beilage wie Pommes frites, als Crostini oder einfach als Snack. Wer es lieber milder mag, lässt Knoblauchpulver, Chili und Limette weg und serviert die Bananen nur leicht mit Salz und Pfeffer gewürzt.**

1. Die Bananen von oben bis unten einschneiden, dann in 2 cm dicke Scheiben schneiden und die Schale von jeder Scheibe entfernen.
2. Die Bananenscheiben in einem tiefen Topf mit kochendem Salzwasser 35–40 Minuten köcheln lassen, bis sie anfangen, weich zu werden. Die Konsistenz ähnelt halbgaren Kartoffeln. (Die gekochten Scheiben müssen so weich sein, dass man sie flach drücken kann, dürfen aber auch nicht zu weich sein, sonst fallen sie auseinander.) Abgießen und leicht abkühlen lassen.
3. Die restlichen Zutaten bis auf das Öl in einer großen Schüssel vermischen und zur Seite stellen.
4. In der Zwischenzeit ca. 1 cm Öl in einer großen, tiefen Pfanne erhitzen. Die Bananenscheiben zwischen zwei Lagen Backpapier legen und mit einer schweren Backform oder Pfanne leicht andrücken, bis jede Scheibe ca. 5 mm dick ist.
5. Die Scheiben portionsweise ca. 2 Minuten von jeder Seite im heißen Öl goldbraun braten. Mit einem Schaumlöffel herausheben und das überschüssige Öl zurück in die Pfanne laufen lassen. Auf Küchenpapier abtropfen lassen.
6. Sobald die Stücke abgekühlt sind, in der Gewürzmischung wälzen und sofort servieren.

**TIPP**
Servieren Sie dazu Dips wie Guacamole (siehe Seite 234), Hummus (siehe Seite 60) oder Chutney.

# RAUCHIGE POTATO-WEDGES

FÜR 4

GF WF NF SoF

3 EL **geschmacksneutrales Öl**
½ TL **süßes geräuchertes Paprikapulver**
1 große Prise **Salz**
400 g **Süßkartoffeln**, ungeschält
400 g **Kartoffeln**, ungeschält

**VORBEREITUNGSZEIT: 10 MINUTEN · GARZEIT: 35 MINUTEN**

**Hierfür eignet sich jede Kartoffel- oder Süßkartoffelsorte. Wir bevorzugen eine Mischung aus beiden – das schmeckt nicht nur toll, auch die Nährstoffe ergänzen sich prima: Süßkartoffeln haben nämlich einen besonders hohen Gehalt an Vitamin A, C und B6.**

1. Den Ofen auf 200 °C vorheizen. Öl, Paprikapulver und Salz vermischen.
2. Die Süßkartoffeln und Kartoffeln ordentlich abschrubben, um Schmutz zu entfernen, dann trocken tupfen. In Spalten von ca. 8 cm Länge und 1 cm Dicke (an der breitesten Stelle) schneiden. In der Ölmischung wälzen und in einer einzigen Lage auf einem Backblech verteilen.
3. 15 Minuten backen, dann vorsichtig wenden. Etwa weitere 20 Minuten in den Ofen stellen, bis alle Stücke rundherum goldbraun und im Inneren schön weich sind.

# KARTOFFELPÜREE MIT OLIVENÖL

FÜR 4

GF WF NF SoF

**VORBEREITUNGSZEIT: 10 MINUTEN · GARZEIT: 20 MINUTEN**

**Ein reichhaltiges und seidiges Kartoffelpüree, das sich einer alten italienischen Zubereitungsweise bedient.**

1 kg **mehligkochende Kartoffeln** (z. B. Maris Piper), geschält und in Stücke geschnitten
3 **Knoblauchzehen**, ungeschält
25–50 ml **mildes Olivenöl**
50 ml **ungesüßte Pflanzenmilch** (ohne Nüsse für NF, ohne Soja für SoF)
**Salz**

1. Einen großen tiefen Topf mit Wasser zum Kochen bringen und eine Prise Salz sowie die Kartoffeln hinzufügen. 15–20 Minuten kochen lassen, bis die Kartoffeln sehr weich sind, aber noch nicht auseinanderfallen. Abgießen, dann zurück in den Topf geben.
2. In der Zwischenzeit die Knoblauchzehen samt Schale in einer heißen Pfanne ohne Fettzugabe 10 Minuten unter Wenden rösten, bis sie weich und süß sind. Leicht abkühlen lassen.
3. 25 ml Öl mit der Milch vermischen.
4. Die Knoblauchzehen aus der Schale drücken und zu einer glatten Paste verrühren, dann zu den Kartoffeln geben und die Milchmischung angießen. Die Kartoffeln zu einem glatten Püree stampfen oder durch eine Kartoffelpresse drücken. (Auf gar keinen Fall im Standmixer pürieren, dadurch werden die Kartoffeln klebrig.)

**TIPP**
Wer mag, rührt noch ein paar Esslöffel Cashewsahne (siehe Seite 228) oder eine andere gute vegane Sahne vor dem Servieren unter das Püree.

# MAISKOLBEN MIT LIMETTE & KORIANDER

FÜR 4

GF WF NF SoF

**VORBEREITUNGSZEIT: 15 MINUTEN · GARZEIT: 10 MINUTEN**

**Für Chantal gibt es nichts Schöneres, als diese Maiskolben im Sommer mit ihren Kindern auf dem Grill zuzubereiten.**

abgeriebene Schale und Saft von 1 **Limette**
2 Bund **frischer Koriander**, die Blätter fein gehackt
2 TL **Olivenöl**, plus etwas mehr zum Braten (optional)
5 **Frühlingszwiebeln**, in feine Ringe geschnitten
2 **Knoblauchzehen**, fein gehackt
½ TL **feines Salz**
4 **Maiskolben**
**frisch gemahlener schwarzer Pfeffer**

1. Limettenschale, Koriander, Öl, Frühlingszwiebeln, Knoblauch, Salz und etwas Pfeffer in einem großen flachen Gefäß vermischen. Den Mais hineinlegen und die Mischung gut in jeden Kolben reiben. Aus der Marinade nehmen, diese jedoch aufbewahren.
2. Den Mais auf dem Grill über glühend-weißen Kohlen unter regelmäßigem Wenden 5–10 Minuten grillen, bis er auf allen Seiten durch ist. Alternativ einen Spritzer Olivenöl in einer großen Pfanne stark erhitzen und die Maiskolben darin 8–10 Minuten unter Wenden anbraten, bis sie durch sind.
3. Den Limettensaft zu der übrigen Marinade geben, den gegrillten Mais zufügen und die Marinade darüberlöffeln. Sofort servieren.

# KOKOSREIS & BOHNEN

FÜR 4

GF WF NF SoF

1 EL **raffiniertes** oder **natives Kokosöl extra**
1 **Zwiebel**, fein gewürfelt
5 **Knoblauchzehen**, fein gehackt
1 EL **frischer Thymian**, fein gehackt
1 **Lorbeerblatt**
250 g **Basmati-Reis**
250 ml **Wasser**
250 ml **Kokosmilch**
1 Dose **Kidney-Bohnen** (à 400 g), abgetropft
**Salz** und **frisch gemahlener schwarzer Pfeffer**

**VORBEREITUNGSZEIT: 5 · GARZEIT: 45 MINUTEN**

**Servieren Sie dieses Rezept mit dem karibischen Curry von Seite 133 oder mit Jackfrucht (siehe Seite 50), Seitan oder festem Tofu, die in Jerk-Marinade aus dem Glas gewendet und in der Pfanne angebraten oder im heißen Ofen geröstet wurden.**

1. In einem großen Topf das Öl erhitzen. Zwiebeln und Knoblauch 4 Minuten anschwitzen, dann den Thymian und das Lorbeerblatt zugeben und weitere 4–6 Minuten anbraten, bis das Gemüse leicht angebräunt ist.
2. Den Reis einrühren und 1–2 Minuten in der Zwiebelmischung leicht anrösten. Wasser, Kokosmilch und Kidney-Bohnen untermengen und mit Salz und Pfeffer würzen.
3. Die Temperatur erhöhen und das Ganze zum Köcheln bringen. Zugedeckt 10 Minuten simmern, dann den Herd ausschalten und den Reis zugedeckt weitere 20 Minuten dämpfen lassen. Abschmecken und servieren.

# KAROTTEN-ROSINEN-REIS

FÜR 4

GF WF NF SoF

2 EL **Olivenöl**
1 **Zwiebel**, fein gewürfelt
1 **Knoblauchzehe**, fein gehackt
½ TL **gemahlene Kurkuma**
1 TL **Kreuzkümmelsamen**
2 **Kardamomkapseln**, angedrückt
1 **Zimtstange**
2 **Karotten**, grob gerieben
75 g **Rosinen**
185 g **Basmati-Reis**
480 ml **Wasser**
½ TL **Salz**
**frisch gemahlener schwarzer Pfeffer**

**VORBEREITUNGSZEIT: 10 MINUTEN · GARZEIT: 45 MINUTEN**

**Ein mild gewürzter goldfarbener Reis.**

1. In einem großen Topf das Öl erhitzen und die Zwiebeln darin 10 Minuten sanft anschwitzen, bis sie anfangen, braun zu werden. Knoblauch, Gewürze und Zimtstange dazugeben und 1 weitere Minute unter Rühren mitrösten, bis alles duftet.
2. Die Karotten und die Rosinen unterrühren und weitere 5 Minuten braten. Den Reis hinzufügen und 2 Minuten in der Karottenmischung rösten.
3. Wasser, Salz und Pfeffer dazugeben und zum Kochen bringen, dann die Temperatur reduzieren und 10 Minuten ohne Deckel köcheln. Den Herd ausschalten und zugedeckt 10–15 Minuten dämpfen lassen, bis der Reis weich und locker ist.

# SAUCEN, MAYONNAISEN & DRESSINGS

FÜR 4

## KNOBLAUCH-AIOLI

GF WF NF SoF

4 gehäufte EL **vegane Mayonnaise** (siehe Seite 224 für die selbst gemachte Variante) in einer Schüssel mit 1 **Knoblauchzehe**, zu einer Paste zerdrückt, ½ TL **veganem Dijon-Senf** und 1 TL **nativem Olivenöl extra** gut verquirlen. Für ein intensiveres Aroma mehr Senf oder Olivenöl zugeben.

## WÜRZIGE CHIPOTLE-SAUCE

GF WF NF SoF

1 TL **vegane Chipotle-Paste** mit 4 gehäuften EL **vegane Mayonnaise** (siehe Seite 224 für die selbst gemachte Variante) glatt rühren, dann abschmecken und bei Bedarf mehr Chipotle zugeben. Die Sauce sollte rauchig und würzig sein. Falls die Mayonnaise durch die Paste zu dünn wird, in den Kühlschrank stellen. (Alternativ koreanische **Gochujang-Chilipaste** oder scharfe **Sriracha-Sauce** 1:1 mit Mayonnaise mischen.)

## SAUCE TARTARE

GF WF NF SoF

**Zu „Fish" & Chips (siehe Seite 98) oder in heißen Wraps (siehe Seite 103) servieren.**

---

4 gehäufte EL **vegane Mayonnaise** (siehe Seite 224 für die selbst gemachte Variante) mit 1 EL abgespülten und grob gehackten **Kapern**, 1 EL fein gehackten **Gewürzgurken**, 1 EL fein gehackten **Schalotten** (optional) und 1 EL fein gehackter **frischer Petersilie** vermischen. Nach Belieben mit **Salz** und **frisch gemahlenem schwarzen Pfeffer** würzen. Sofort servieren oder abgedeckt im Kühlschrank bis zu 4 Tage aufbewahren.

## RAUCHIGES SPANISCHES DRESSING

GF WF NF SoF

**Für Blattsalate, gekochte Kartoffeln oder Röstpaprika.**

---

Die folgenden Zutaten in ein Schraubglas füllen: 1 gehackte **Knoblauchzehe**, 2 TL **süßes geräuchertes Paprikapulver**, 2 EL **veganer Sherry-Essig**, abgeriebene Schale und Saft von 2 ½ **Orangen**, 1 EL fein gehackter **frischer Thymian**, 100 ml **Olivenöl**, eine großzügige Prise **frisch gemahlener schwarzer Pfeffer** und ½ TL **Salz**. Gut schütteln. Bei Bedarf nachsalzen.

# TAHIN-JOGHURT-DRESSING

(GF) (WF) (NF) (SoF)

**Ein reichhaltiges, nussiges Dressing, das zu orientalisch gewürzten Linsen, Couscous und Freekeh oder Salaten auf Basis von Röstgemüse sowie zu grünen Salaten und Krautsalaten passt.**

2 EL **Tahin** und 3 EL **veganen Naturjoghurt** (ohne Nüsse für NF, ohne Soja für SoF) glatt rühren. Eine Prise **Salz** und 1 TL **Zitronensaft**, oder mehr nach Belieben, dazugeben, dann so viel Wasser hinzufügen, dass das Dressing noch sehr sämig ist, sich aber gießen lässt. Im Kühlschrank hält es sich abgedeckt bis zu 4 Tage. (Schmeckt auch toll mit zerdrücktem **Knoblauch** oder sehr fein gehackten **frischen Kräutern** wie Dill, Petersilie oder Minze.)

# SCHNELLE BARBECUE-SAUCE

(GF) (WF) (NF) (SoF)

**Für Pulled Jackfruit, für Burger, Mac-&-no-Cheese (siehe Seite 114), zu Nachos oder Pommes, Süßkartoffel-Wedges oder Blumenkohl.**

Die folgenden Zutaten im Standmixer glatt pürieren: 2 **Knoblauchzehen** und 2 **Schalotten**, beide grob gehackt, 2 TL **Tomatenmark**, 1 EL **Tamarindenpaste**, 1 TL **Senfpulver**, 2 TL **Rübensirup**, 1 EL **veganer Apfelessig**, 2 TL **Paprikapulver**, 2 EL **brauner Zucker**, 2 EL **Olivenöl** (mit mildem Geschmack), 2 TL **Liquid Smoke** (oder dieselbe Menge **süßes geräuchertes Paprikapulver**), ½ TL **Speisestärke**, 125 ml **Wasser**, ½ TL **Salz** und etwas **frisch gemahlener schwarzer Pfeffer**. In einem kleinen Topf aufkochen lassen, dann die Temperatur sofort reduzieren. Unter regelmäßigem Rühren 15 Minuten sanft köcheln lassen, bis sich die einzelnen Aromen zu einer herbsüßen, rauchigen Sauce vereint haben. Bei Bedarf mehr Liquid Smoke, Zucker oder Salz hinzufügen. Vor dem Servieren abkühlen lassen oder zum Aufbewahren die noch heiße Sauce in ein sauberes, sterilisiertes Schraubglas füllen. Verschließen und im Kühlschrank bis zu 1 Monat aufbewahren. Einmal geöffnet, innerhalb von 5 Tagen verbrauchen.

# RANCH DRESSING

(GF) (WF) (NF) (SoF)

4 gehäufte EL **vegane Mayonnaise** (siehe Seite 224 für die selbst gemachte Variante) oder für ein sehr würziges Dressing 5 EL **veganen Naturjoghurt** (ohne Nüsse für NF, ohne Soja für SoF) in einer Schüssel mit 2 TL sehr fein gehacktem **frischen Dill**, 1 ½ EL sehr fein gehackter **frischer Petersilie**, 1 ½ EL sehr fein gehacktem **frischen Schnittlauch**, einer großzügigen Prise **Knoblauchpulver**, 1 TL **veganem Apfelessig** und 1 TL **Zitronensaft** vermischen. 2 EL **ungesüßte Pflanzenmilch** dazugeben (ohne Nüsse für NF, ohne Soja für SoF) und gut verrühren. Bei Bedarf etwas mehr Milch zugießen, bis das Dressing dick wie Sirup ist. Mit Essig, Zitrone, Salz und **frisch gemahlenem schwarzen Pfeffer** abschmecken. Sofort verwenden oder abgedeckt im Kühlschrank einige Tage aufbewahren.

# VEGANE MAYONNAISE

ERGIBT **1** *GLAS à 250 ml*

GF WF NF SoF

2 TL **veganer Apfelessig**
1 TL **Zitronensaft**
¾ TL **Senfpulver**
1 großzügige Prise **Salz**
3 EL **reduziertes Aquafaba** (siehe Tipp)
5 **Kichererbsen** aus der Dose
150 ml **geschmacksneutrales Öl** (kein Kokosöl)

**VORBEREITUNGSZEIT: 10 MINUTEN**

**Vielleicht sollten wir das nicht sagen, aber unsere selbst gemachte Mayonnaise schmeckt uns besser als fertige aus dem Supermarkt. Sie ist cremig, würzig, üppig und kaum von einer traditionellen Mayonnaise zu unterscheiden. Eine winzig kleine Prise Kala Namak (schwarzes Salz; siehe Seite 38) verleiht ihr ein noch authentischeres Ei-Aroma. Verwenden Sie für dieses Rezept einen Stabmixer.**

**Die Idee, Kichererbsen hinzuzufügen, haben wir von dem Foodblog *Serious Eats Vegan Experience* – jedes Jahr ruft Food-Autor J. Kenji López-Alt einen veganen Monat aus, in dem er die Geheimnisse der veganen Küche erforscht. Er rät zu Kichererbsen, um die Emulsion der Mayonnaise zu stabilisieren – und er hat absolut recht.**

---

1. Essig, Zitronensaft, Senfpulver, Salz, Aquafaba und Kichererbsen in ein hohes, schmales Gefäß geben, das groß genug für einen Stabmixer ist, und pürieren, bis die Masse glatt, hell und komplett miteinander verbunden ist.
2. Langsam das Öl einlaufen lassen, dabei ständig auf höchster Stufe mixen. Es kann bis zu 5 Minuten dauern, aber dann sollte die Mischung anfangen, einzudicken und weiß zu werden.
3. Die Mayonnaise hält sich im Kühlschrank, abgedeckt in einem Glas oder in einem Schraubglas, bis zu 5 Tage.

**TIPP**

Für dieses Rezept benötigen Sie Aquafaba (Flüssigkeit aus einer Dose Kichererbsen, siehe Seite 12), das ziemlich dickflüssig ist. Das Aquafaba kann von Marke zu Marke unterschiedlich ausfallen – ist es wässrig statt klebrig, lassen Sie es auf dem Herd um etwa die Hälfte einkochen und vor dem Verwenden abkühlen. Wenn sich die Mayonnaise verbindet, aber nicht eindickt, dann verzweifeln Sie nicht, Sie müssen wahrscheinlich eine andere Marke Kichererbsen probieren. Bewahren Sie die milchige Mischung auf und verwenden Sie sie als Basis für ein Ranch oder Caesar-Salad-Dressing (siehe Seite 223 und 173).

# „KÄSE“-SAUCE

FÜR 8 *ALS HAUPTGANG*

GF WF SoF

75 g **ungeröstete Cashewkerne**
500 ml **kaltes Wasser**
4 EL **Tapiokamehl**
1 **Knoblauchzehe**, zu einer glatten Paste zerdrückt
Saft von ½ **Zitrone**
1 TL **Hefeflocken**
eine Prise **Kala Namak** (schwarzes Salz; siehe Seite 38)
½ TL **Salz**, plus etwas mehr zum Abschmecken

**VORBEREITUNGSZEIT: 10 MINUTEN · ZEIT ZUM EINWEICHEN: 30 MINUTEN · GARZEIT: 15 MINUTEN**

**Diese Sauce macht sich toll als Pizzabelag, in heißen Sandwiches, als Käse auf Toast, auf überbackener Pasta oder in Lasagne und Moussaka.**

---

1. Die Cashewkerne mindestens 30 Minuten in kochendem Wasser einweichen. Alternativ mit kaltem Wasser bedecken und im Kühlschrank mindestens 4 Stunden oder über Nacht einweichen.
2. Cashewkerne abspülen und abtropfen lassen, dann mit den restlichen Zutaten in einem hochtourigen Standmixer auf höchster Stufe glatt pürieren. Mit Salz abschmecken.
3. Die Cashewmischung in einem Topf bei mittlerer Hitze aufkochen und 15 Minuten unter ständigem Rühren sanft köcheln lassen, bis sie dick wird und Fäden zieht wie geschmolzener Mozzarella.
4. Vor dem Verwenden abkühlen lassen. Gut abdecken und im Kühlschrank bis zu 4 Tage aufbewahren.

### VARIATION: „KÄSE“-SAUCE MIT WÜRZIGEM RAUCHAROMA

Wenn Sie die eingeweichten Cashewkerne mit den anderen Zutaten mixen, fügen Sie 1 Esslöffel vegane Chipotle-Paste, die abgeriebene Schale von ½ Limette, ½ Teelöffel gemahlenen Kreuzkümmel, 1 Teelöffel Knoblauchpulver und 1 Teelöffel süßes geräuchertes Paprikapulver hinzu. Sobald die Mischung eindickt, eine Handvoll fein gehackten frischen Koriander und 2 Esslöffel fein gehackte eingelegte Jalapeños untermischen. Gut verrühren und wie oben beschrieben weiterkochen, bis die Sauce dick ist und Fäden zieht.

# CASHEWSAHNE

ERGIBT **1** *GLAS à 350 ml*

GF WF SoF

150 g **ungeröstete Cashewkerne**
100 ml **kaltes Wasser**, plus etwas mehr bei Bedarf

**FÜR SAURE SAHNE:**
¼ TL **Zitronensaft**, plus etwas mehr nach Belieben
¼ TL **veganer Apfelessig**, plus etwas mehr nach Belieben
1 Prise **Hefeflocken** (optional)
1 Prise **Salz**

**FÜR SÜSSE CREME:**
½ TL **Vanilleextrakt**
1 TL **Ahornsirup**, oder nach Belieben
1 Prise **Salz**

**VORBEREITUNGSZEIT: 5 MINUTEN**
**ZEIT ZUM EINWEICHEN: 30 MINUTEN**

**Ob Sie nun vegan leben oder einfach nur eine stärker pflanzenbasierte Ernährungsweise verfolgen, Cashewkerne sind Ihr neuer bester Freund. Sie sind relativ mild im Geschmack, aber sehr reichhaltig, eignen sich also hervorragend für Sahne und Joghurt.**

---

1. Die Cashewkerne mindestens 30 Minuten in kochendem Wasser einweichen. Alternativ mit kaltem Wasser bedecken und im Kühlschrank mindestens 4 Stunden oder über Nacht einweichen.
2. Sobald Sie die Sahne zubereiten wollen, die Cashewkerne abtropfen lassen und abspülen. Zusammen mit dem kalten Wasser in einem hochtourigen Mixer auf höchster Stufe völlig glatt pürieren und so viel Wasser zugeben, bis die gewünschte Konsistenz erreicht ist.
3. So lassen, wie sie ist, oder die Zutaten für Saure Sahne oder süße Creme zugeben. Abgedeckt im Kühlschrank bis zu 5 Tage haltbar.

**TIPP**
Wenn Sie mehr Wasser zugeben, erhalten Sie so etwas wie flüssige Sahne, also gießen Sie das Wasser wirklich langsam zu, wenn Sie eine dickere Konsistenz möchten oder das Rezept als Grundlage für Joghurt, als Sour Cream oder als geschlagenes Topping für ein Dessert verwenden wollen.

ERGIBT 1 *GLAS à 125 ml*

# VEGANE BUTTER

**VORBEREITUNGSZEIT: 5 MINUTEN**

Es ist schwierig, eine vegane Margarine oder Butter auf dem Markt zu finden, die a) kein Palmöl enthält und b) sich wie normale Butter verhält, wenn es z. B. darum geht, auf heißem Toast zu schmelzen. Also haben wir uns daran gemacht, selber welche herzustellen. Wir haben zwei Methoden – eine, die Miso, und eine, die Salzlake enthält –, und Sie sollten mit beiden experimentieren, um zu sehen, welche Ihnen mehr zusagt. Beide schmecken eher buttrig als nach eingelegtem Gemüse oder Miso.

Der typische Geschmack traditioneller Butter kommt von bestimmten Bakterienkulturen in der Molke. Sowohl Miso als auch die Flüssigkeit von sauer eingelegtem Gemüse enthalten Milchsäurebakterien, die sich auch in Butter finden. (Aus dem gleichen Grund nehmen wir bei den Mac-&-no-Cheese Sauerkraut mit dazu.) Sie fallen jedoch hinsichtlich Geschmack und Salzigkeit sehr unterschiedlich aus. Gegebenenfalls müssen Sie etwas mehr Salz dazugeben.

Nehmen Sie die Flüssigkeit von eingelegtem Gemüse, das nicht eine Menge anderer Kräuter oder Aromen und auch keinen Essig enthält. Eingelegtes Sauerkraut oder Rotkraut eignen sich sehr gut.

Sonnenblumenlecithin ist ein Nahrungsergänzungsmittel und außerdem ein erstklassiger natürlicher Emulgator. Sie können es in Form von Pulver oder Flüssigkeit kaufen (halbieren Sie die unten angegebenen Mengen, wenn Sie die Flüssigvariante nehmen). Ohne würde die gekühlte Butter eine körnige Konsistenz aufweisen, da Fette und Flüssigkeiten sich trennen.

Wenn Sie Ihr individuelles optimales Mischungsverhältnis gefunden haben, können Sie die Butter auf Vorrat zubereiten und einfrieren. Sie hält sich im Kühlschrank bis zu 4 Tage, wir stellen also öfter kleine Mengen her.

Beide Butterarten werden ganz hell cremefarben. Wer gelbe Butter mag, fügt eine Prise Kurkuma hinzu. Aber sparsam sein: Wir haben mal irrtümlich neonfarbene Butter gemacht, die im Dunkeln leuchtete – keiner wollte sie essen. Die Zubereitungsschritte sind für beide Butterarten dieselben.

---

## MISO-BUTTER

(GF) (WF) (NF) (SoF)

40 ml **ungesüßte Pflanzenmilch** (ohne Nüsse für NF, ohne Soja für SoF)
2 TL **Sonnenblumenlecithinpulver**
1 EL **geschmacksneutrales Öl** (Sonnenblumenöl ist gut)
½ TL **weiße** oder **gelbe Misopaste** (ohne Soja für SoF)
¼ TL **veganer Apfelessig**
80 g **raffiniertes Kokosöl**, geschmolzen
**Meersalz** von guter Qualität

## LAKE-BUTTER

(GF) (WF) (NF) (SoF)

40 ml **ungesüßte Pflanzenmilch** (ohne Nüsse für NF, ohne Soja für SoF)
2 TL **Sonnenblumenlecithinpulver**
2 TL **Einlegeflüssigkeit**
1 EL **geschmacksneutrales Öl** (Sonnenblumenöl ist gut)
80 g **raffiniertes Kokosöl**, geschmolzen
**Meersalz** von guter Qualität

1. Alle Zutaten bis auf das geschmolzene Kokosöl und das Salz in ein hohes, schmales Gefäß geben, das groß genug für einen Stabmixer ist und glatt mixen. Das geschmolzene Kokosöl hinzufügen und noch einmal mixen. Abschmecken und bei Bedarf salzen, dann noch einmal durchrühren.
2. In ein sauberes Schraubglas oder einen Becher mit Deckel geben. Kalt stellen. Sobald sie abgekühlt ist, kann sie als Aufstrich verwendet werden. Im Kühlschrank hält sie sich bis zu 4 Tage.

# DIPS & RELISHES

FÜR 4

## PAPRIKA-WALNUSS-DIP

(GF) (WF) (SoF)

**Dieser Dip ist auch toll als Relish zu gegrilltem Gemüse, z. B. zu Auberginen, Zucchini, Frühlingszwiebeln oder Wurzelgemüse.**

---

100 g **Walnüsse** in einer kleinen, heißen Pfanne ohne Fettzugabe unter regelmäßigem Rühren einige Minuten rösten. 1 EL **Kreuzkümmelsamen** zugeben und 30 Sekunden rösten, bis sie duften. In der Küchenmaschine zusammen mit 2 **roten Röstpaprikas** (siehe Tipp Seite 204), 3 EL **nativem Olivenöl extra**, ½ TL **Salz**, 6 **Knoblauchzehen** und 1 EL **Granatapfelsirup** zu einer glatten Paste pürieren.

## CASHEWKÄSECREME MIT KRÄUTERN

(GF) (WF) (SoF)

200 g **ungeröstete Cashewkerne** 30 Minuten in kochendem Wasser einweichen oder mit kaltem Wasser bedecken und im Kühlschrank 4 Stunden oder über Nacht einweichen. Abgießen und abspülen. In einem hochtourigen Standmixer mit 215 ml **kaltem Wasser**, 1 EL **veganem Apfelessig**, 2 EL **Hefeflocken**, 3 **Knoblauchzehen**, 2 EL **veganem Joghurt** (wir nehmen **Kokosjoghurt** oder **Cashewjoghurt**), ½ TL **Salz** und ½ TL **schwarzem Pfeffer** pürieren. Je 3 EL fein gehackten **frischen Schnittlauch** und fein gehackte **frische Petersilie** hinzufügen, mixen, abschmecken, bei Bedarf nachwürzen.

## TSATSIKI

(GF) (WF) (NF) (SoF)

**Eine kühlende Minz-Knoblauch-Sauce, die zu orientalischen Gerichten oder Currys, in Sandwiches oder als Dip passt.**

---

1 **Gurke** reiben und mit 1 EL **Salz** bestreuen. 20 Minuten in einem Sieb abtropfen lassen. In einem sauberen Geschirrtuch die Flüssigkeit aus der Gurke ausdrücken. In einer Schüssel die Gurke mit 200 ml **veganem Joghurt** (ohne Nüsse für NF, ohne Soja für SoF), dem Saft von ½ **Zitrone**, 1 fein gehackten **Knoblauchzehe**, 1 kleinen Bund klein gehackter **frischer Minze** und 1 großzügigen Prise **frisch gemahlenem schwarzen Pfeffer** vermischen. Abschmecken und bei Bedarf mit Salz, Pfeffer oder Zitronensaft nachwürzen.

## RAUCHIGE CASHEW-QUESO-SAUCE

(GF) (WF)

**Auf Nachos, über Chili-Käse-Dogs (siehe Seite 118) oder als Dip.**

---

6 EL **Cashewsahne** (siehe Seite 228), 3 EL **Hefeflocken**, ½ TL **süßes geräuchertes Paprikapulver**, 1 EL **Limettensaft**, 1 TL **Tomatenmark**, 1 TL **weiße** oder **gelbe Misopaste** (optional), 1 EL **geschmacksneutrales Öl** (kein Kokosöl; Öl ist optional, sorgt jedoch für eine glattere, cremigere Konsistenz) und 1 große Prise **Salz** in der Küchenmaschine oder dem Standmixer glatt pürieren. Mit Salz abschmecken. Das Endergebnis sollte salzig, rauchig und cremig-käsig schmecken.

# DATTEL-SALZZITRONEN-CHUTNEY

(GF) (WF) (NF) (SoF)

**Dieses Chutney schmeckt fabelhaft zu dem würzigen marokkanischen Tofu auf Seite 76, zu gedämpften Couscous oder Quinoa, vermischt mit Hülsenfrüchten und Ofengemüse.**

---

½ TL **Kreuzkümmelsamen** in einer kleinen, heißen Pfanne ohne Fettzugabe unter Rühren 30 Sekunden bis 1 Minute sanft rösten. 2 **Salzzitronen** halbieren, das Innere entfernen und wegwerfen. Die Schale sowie 100 g entsteinte **Datteln** fein würfeln. 1 **Knoblauchzehe** mit ½ TL **Salz** im Mörser zu einer Paste zerstoßen. Mit Kreuzkümmel, Datteln und Zitronen, 50 g fein gehacktem **frischen Koriander**, 1 Bund fein gehackter **frischer Petersilie**, einem geschälten und geriebenen Stück **frischem Ingwer** (ca. 3 cm), dem Saft von ¼ **Zitrone** und 3 EL **nativem Olivenöl extra** vermischen. Sofort verwenden oder in einem Schraubglas, bedeckt mit einer Schicht Öl, im Kühlschrank bis zu 1 Woche aufbewahren.

# SALSA VERDE

(GF) (WF) (NF) (SoF)

**Diese säuerliche grüne Sauce lässt sich verdünnt mit Öl als Dressing für Salate auf Linsen- oder Getreidebasis verwenden, schmeckt köstlich über warmen Frühkartoffeln, Ofengemüse (z. B. Karotten) oder Kürbis und sogar Maiskolben. Auch auf einem Risotto macht sich ein Klecks davon gut.**

---

Die Blätter von 8 Stielen **frischer Petersilie**, 5 Stielen **frischem Basilikum** und 1 Stiel **frischer Minze** streifen und in eine Schüssel geben. 1 EL abgespülte, eingelegte **Kapern**, 2 TL **veganen Rotweinessig**, 1 zerdrückte **Knoblauchzehe**, 2 TL **veganen Dijon-Senf**, 1 Prise **Algenpulver** (optional) und 8 EL **natives Olivenöl extra** dazugeben. Mit einem Stabmixer zu einem groben, pesto-ähnlichen Püree mixen (oder im Mörser zerstoßen). Mit Salz und **frisch gemahlenem schwarzen Pfeffer** abschmecken. Je nachdem, wozu Sie die Sauce servieren, können Sie auch **Estragon** und fein gewürfelte **Schalotten** hinzufügen.

# PICO DE GALLO

(GF) (WF) (NF) (SoF)

**Passt zu Tacos oder zu jedem anderen mexikanisch inspirierten Gericht.**

---

2 fein gewürfelte **Schalotten** mit 450 g entkernten und fein gehackten **Tomaten** mischen. Den Saft von ½ **Limette**, 1–2 TL fein gehackte **rote Chilis**, 2 EL fein gehackten **frischen Koriander** und 1 Prise **Salz** hinzufügen. Mit Salz abschmecken.

# KOKOS-CHUTNEY

(GF) (WF) (NF) (SoF)

In einem kleinen Topf 1 EL **Pflanzenöl** erhitzen. Sobald es heiß ist, 2 TL **Senfkörner** und 1 große Prise **Kreuzkümmelsamen** hinzufügen und sanft anrösten. Von der Herdplatte nehmen und 1 TL **frisch geriebenen Ingwer** einrühren.

8 EL **Kokosraspel** in einer Schüssel mit 100 ml **kochendem Wasser** übergießen, die gerösteten Gewürze und 1 Prise **Salz** zugeben. Vermischen und gegebenenfalls mehr Wasser zugeben, bis die Konsistenz stimmt – die Konsistenz sollte Mus ähneln.

# BABA GHANOUSH

FÜR 8 MIT ANDEREN GERICHTEN

GF WF NF SoF

3 große **Auberginen**
2–3 EL **Zitronensaft**
2 **Knoblauchzehen**, zu einer Paste zerdrückt
1 EL **Tahin** (optional)
3 EL **Olivenöl**
1 EL **frische Petersilie**, fein gehackt
**Salz**

**VORBEREITUNGSZEIT: 10 MINUTEN · GARZEIT: 15 MINUTEN**

**Baba Ghanoush ist ein toller Dip zu rohem Gemüse und Brot, schmeckt großartig in Sandwiches oder auf Crostini als Fingerfood. Am besten werden die Auberginen über einer Gasflamme oder auf dem Grill. (Decken Sie das Kochfeld mit Alufolie ab, das erleichtert das Putzen.) Sie können aber auch die Grillfunktion des Backofens verwenden.**

1. Jede Aubergine direkt über die Gasflamme auf dem Herd halten oder alle 3 über glühenden Kohlen auf dem Grill platzieren. Unter Wenden so lange rösten, bis sie schwarz, voller Blasen und angekohlt sind. Das dauert jeweils ca. 15 Minuten. Es ist eine ziemlich rauchige Angelegenheit, also öffnen Sie das Fenster oder schalten Sie die Dunstabzugshaube ein. Alternativ die Grillfunktion des Backofens auf höchster Stufe vorheizen und die Auberginen backen, bis sie rundherum verkohlt und schrumpelig sind.
2. Die fertigen Auberginen in ein Sieb über einer Schüssel oder der Spüle legen und abtropfen und abkühlen lassen. Sobald sie ausreichend abgekühlt sind, auf ein Brett legen und längs aufschneiden. Das weiche Fleisch mit einem Löffel herausschaben, kernige Stücke entfernen.
3. Das Fruchtfleisch zusammen mit 2 EL Zitronensaft und Knoblauch grob zerdrücken. Tahin (optional) und Olivenöl hinzufügen und zu einem leicht stückigen, cremigen Püree zerdrücken. Die gehackte Petersilie unterrühren. Mit Zitronensaft und Salz abschmecken. Der fertige Dip sollte rauchig, säuerlich-zitronig und nach Knoblauch schmecken.
4. Im Kühlschrank hält sich Baba Ghanoush einige Tage. Am besten schmeckt es zimmerwarm.

**TIPP**
Minze funktioniert wirklich gut in diesem Gericht – wer mag, fügt 1 Esslöffel fein gehackte frische Minze mit der Petersilie dazu.

# GUACAMOLE

FÜR 4 ODER 200 g

GF WF NF SoF

1 **Knoblauchzehe**
2 reife **Avocados**
2 **Frühlingszwiebeln**, fein gehackt
2 EL **frischer Koriander**, fein gehackt
abgeriebene Schale und Saft von ½ **Limette**
1 großzügige Prise **Salz** und **frisch gemahlener schwarzer Pfeffer**

**VORBEREITUNGSZEIT: 5 MINUTEN**
**GARZEIT: 3 MINUTEN (OPTIONAL)**

**Avocados stecken voller gesunder Fette, enthalten aber auch Vitamin K, C, alle B-Vitamine, E und eine Menge Ballaststoffe.**

1. Für einen milderen Geschmack den Knoblauch in einem Topf mit kochendem Wasser 3 Minuten blanchieren, dann abgießen und fein hacken.
2. In einer Schüssel die Avocados mit einer Gabel zerdrücken. Wir mögen Guacamole, wenn sie noch ein wenig stückig ist. Knoblauch und die restlichen Zutaten unterrühren und abschmecken.
3. Guacamole isst man am besten sofort. Wenn Sie sie jedoch aufbewahren möchten, hält sie sich im Kühlschrank bis zu 24 Stunden – dazu mit Frischhaltefolie oder Küchenpapier die Oberfläche bedecken, damit die Creme nicht braun wird.

# AVOCADO-CREMA

FÜR 4 MIT TACOS

GF WF SoF

60 g **Cashewsahne** (siehe Seite 228)
1 **Avocado**
1 EL **Limettensaft**, plus etwas mehr bei Bedarf
1 EL **frischer Koriander**, fein gehackt
1 Prise **gemahlener Kreuzkümmel**
1 große Prise **Salz**

**VORBEREITUNGSZEIT: 5 MINUTEN**

**Diese Alternative zur Guacamole passt besonders gut zu „Fisch"-Style Tacos (siehe Seite 63). Statt Cashewsahne können Sie auch veganen Naturjoghurt nehmen (aber keinen Kokosjoghurt). Wenn Sie eine große Gruppe bewirten, verdoppeln Sie das Rezept.**

1. Alle Zutaten in der Küchenmaschine oder im Standmixer völlig glatt pürieren. Mit Salz und Limettensaft abschmecken.

# MANGO-CHUTNEY

ERGIBT
**1** *GLAS à 500 ml*

GF WF NF SoF

**VORBEREITUNGSZEIT: 20 MINUTEN**
**GARZEIT: 1 STUNDE 5 MINUTEN**

**Servieren Sie dieses würzige Chutney zu Currys. Reste sollten eingefroren werden, da das Chutney recht wenig Zucker enthält.**

1 EL **raffiniertes** oder **natives Kokosöl extra**
1 **Zwiebel**, fein gewürfelt
4 **Knoblauchzehen**, gehackt
1 Stück **frischer Ingwer** (ca. 6 cm), geschält und fein gehackt oder gerieben
1 **rote Chilischote** (weniger, wenn Kinder mitessen), fein gehackt
2 EL **Schwarzkümmelsamen**
1 TL **Koriandersamen**
1 TL **Kreuzkümmelsamen**
1 TL **gelbe** (oder **weiße**) **Senfkörner**
2 **grüne Kardamomkapseln**, angedrückt
3 **frische** oder **tiefgefrorene Mangos**, geschält und gewürfelt
250 ml **Wasser**
1 Spritzer **Limettensaft** (optional)
**Salz**

1. Das Öl in einem Topf erhitzen und die Zwiebeln 10 Minuten sanft anschwitzen, bis sie glasig sind und anfangen, braun zu werden. Knoblauch, Ingwer und Chili hinzufügen und weitere 4 Minuten anbraten.
2. Alle Gewürze zugeben und 1 Minute rösten, dann die Mangostücke und das Wasser einrühren. Aufkochen lassen, die Temperatur reduzieren und zugedeckt ca. 45 Minuten unter gelegentlichem Rühren köcheln lassen, bis die Mango zu zerfallen beginnt. Das Chutney sollte stückig sein und noch ein wenig Struktur erkennen lassen. Das dauert je nach Reifegrad der Mango unterschiedlich lang.
3. Sobald das Chutney fertig ist, nach Belieben mit Salz und Limettensaft würzen. Die Kardamomkapseln herausfischen und das Chutney vor dem Servieren abkühlen lassen.
4. In einem Schraubglas hält sich das Chutney im Kühlschrank einige Tage. Alternativ kann man es einfrieren.

# TAMARINDEN-JOGHURT

ERGIBT
**1** *GLAS à 125 ml*

NF SoF

**VORBEREITUNGSZEIT: 5 MINUTEN**

**Dieser Joghurt schmeckt großartig zu Currys und asiatischen Gerichten. Mit den Samosas von Seite 182 servieren.**

2 TL **Tamarindenpaste**
125 ml **veganer Naturjoghurt** (ohne Nüsse für NF, ohne Soja für SoF)
2 TL **frische Minze**, fein gehackt
1 Prise **gemahlener Kreuzkümmel**
1 Prise **Salz**

1. Alle Zutaten vermischen und mit Salz abschmecken.

# CASHEW-JOGHURT

ERGIBT

1 GLAS à 300 ml

**VORBEREITUNG: 5 MIN. · ZEIT ZUM FERMENTIEREN: 8 STD.**

GF WF SoF

400 ml **Cashewsahne** (siehe Seite 228)
1 ½ TL **Probiotika-Pulver***

* *Das Pulver sollte einige oder alle der folgenden Inhaltsstoffe enthalten: Lactobacillus acidophilus, Bifidobacterium lactis, Streptococcus thermophilus, Bifidobacterium bifidum.*

**Inzwischen gibt es viele gute vegane Joghurtalternativen, aber nichts geht über selbst gemachten Joghurt. Es ist ganz einfach, versprochen!**

1. Die Cashewsahne in ein hohes, schmales Glas geben und dieses in ein Gefäß mit heißem Wasser stellen. Wenn das Wasser nur noch warm und nicht mehr heiß ist, das Probiotika-Pulver zugeben und gut verrühren.
2. Die Sahne in ein Vorratsglas füllen, das sich mit einem Deckel verschließen lässt. Den Deckel nur lose auflegen, nicht festdrücken. Das Glas in ein sauberes Handtuch wickeln oder in eine Kühlbox stellen. 8–24 Stunden an einem warmen Ort bei gleichbleibender Temperatur stehen lassen.
3. Nach 8 Stunden eine Kostprobe nehmen. Wenn der Joghurt für Ihren Geschmack säuerlich genug ist, das Glas aus der warmen Hülle nehmen und in den Kühlschrank stellen, um die Fermentierung zu stoppen. Im Kühlschrank hält sich der Joghurt abgedeckt bis zu 5 Tage.

# PILZ-„ANCHOVIS“

ERGIBT

200 g

**VORBEREITUNGSZEIT: 15 MINUTEN · ZEIT ZUM MARINIEREN: ÜBER NACHT · GARZEIT: 8 MINUTEN**

GF WF NF SoF

200 g **festfleischige Pilze**, Stiele und Kappen getrennt und beide in 3 mm dicke Scheiben geschnitten
2 EL **Olivenöl**
½ TL **Algenpulver**
½ TL **Tamarindenpaste**
1 TL **Meersalz**, plus etwas mehr nach Belieben
½ TL **veganer Apfelessig**
2 TL **Salzlake** aus einem Glas **Kapern**

**Hierfür eignen sich alle Pilzsorten. Verwenden Sie diese „Sardellenfilets“ mit dem vollen Umami-Geschmack auf Pizza (siehe Seite 110) oder fein gehackt in Pastasauce.**

1. In einer großen Pfanne 1 Esslöffel Öl erhitzen und die Pilze darin 6–8 Minuten sanft anschwitzen, bis sie anfangen, braun zu werden. Sie sollen nicht austrocknen oder knusprig werden.
2. In der Zwischenzeit in einer Schüssel, die groß genug für alle Pilze ist, das restliche Öl mit den übrigen Zutaten vermischen.
3. Die Pilze in die Marinade geben und gründlich vermischen. Die Pilze sollten sehr salzig schmecken, bei Bedarf also noch eine Prise Salz hinzufügen. Abkühlen und mindestens 1 Stunde stehen lassen, damit die Aromen in die Pilze eindringen können. Idealerweise über Nacht in den Kühlschrank stellen.
4. Vor dem Verwenden die Marinade abgießen. Die Pilze halten sich abgedeckt im Kühlschrank bis zu 4 Tage.

# SCHNELL EINGELEGTE RADIESCHEN, GURKEN & INGWER

ERGIBT **1** *GLAS à 400 ml*

GF WF NF SoF

**VORBEREITUNGSZEIT: 10 MINUTEN · GARZEIT: 5 MINUTEN**

**Wer nur Radieschen oder nur Gurken einlegen möchte, erhöht einfach entsprechend die Menge des bevorzugten Gemüses.**

1 Stück **frischer Ingwer** (ca. 6 cm), geschält
20 kleine **Radieschen** (ca. 100 g)
1 Stück **Gurke** (10 cm), längs halbiert
80 ml **veganer Reisessig** oder **veganer Apfelessig**
80 ml **Wasser**
½–1 TL **feines Salz**
3 TL **Ahornsirup**

1. Ingwer, Radieschen und Gurke mit einer Mandoline in sehr dünne Scheiben schneiden.
2. In einem kleinen Topf Essig, Wasser, ½ Teelöffel Salz und Ahornsirup zum Kochen bringen. Rühren, bis sich das Salz aufgelöst hat, abschmecken und bei Bedarf das restliche Salz hinzufügen.
3. Von der Herdplatte nehmen und sofort das geschnittene Gemüse zugeben. Nochmals umrühren, damit alles mit Flüssigkeit bedeckt ist. Das Gemüse ist verzehrfertig, sobald die Flüssigkeit ausreichend abgekühlt ist.
4. Wenn Sie das eingelegte Gemüse aufbewahren wollen, dann geben Sie die noch sehr heiße Flüssigkeit samt Gemüse in ein sauberes, sterilisiertes Vorratsglas. An einem kühlen, dunklen Ort hält es sich so bis zu 3 Monate.
5. Geöffnet hält es sich im Kühlschrank 1 bis 2 Wochen (obwohl es bei uns zu Hause nie so lange durchgehalten hat …).

**TIPP**

Das eingelegte Gemüse schmeckt säuerlich, süß, knackig und pfeffrig und ist perfekt für Nudelsuppen oder Salate sowie eine tolle Ergänzung zu Sushi (siehe Seite 180/181) oder Poke Bowl (siehe Seite 160).

# WÜRZIGES KICHERERBSEN-FLADENBROT

FÜR 4

GF WF NF SoF

80 g **Kichererbsenmehl**
150 ml **Wasser**
2 **Frühlingszwiebeln**, fein gehackt
1 kleines Bund **frischer Koriander**, fein gehackt
1 **rote Chilischote** (weniger, wenn Kinder mitessen), entkernt und fein gehackt
1 TL **Garam Masala**
½ TL **Salz**
1 großzügige Prise **frisch gemahlener schwarzer Pfeffer**
**geschmacksneutrales Öl**, zum Braten

**VORBEREITUNGSZEIT: 15 MINUTEN · ZEIT ZUM RUHEN: 20 MINUTEN · GARZEIT: 10 MINUTEN**

**Diese Fladenbrote sind eine proteinreiche, kohlenhydratarme Beilage zu Currys oder Dal, funktionieren aber auch als Wrap für Kebabs.**

1. Kichererbsenmehl und Wasser in einer Schüssel vermischen. Die übrigen Zutaten bis auf das Öl dazugeben und noch einmal gut verrühren. Ca. 20 Minuten stehen lassen.
2. In einer Pfanne ein wenig Öl erhitzen. Sobald es heiß ist, einen Schöpflöffel voll Teig hineingeben und die Pfanne schwenken, damit sich die Masse gleichmäßig verteilt. 1–2 Minuten braten, dann wenden und von der anderen Seite goldbraun backen.
3. Aus der Pfanne nehmen und warm stellen, während die restlichen Fladenbrote zubereitet werden.

**TIPP**

Mit einer Handvoll fein gehacktem frischen Bockshornklee (z. B. als TK-Produkt im Supermarkt erhältlich) oder 1 EL getrocknetem Bockshornklee und 1 EL gemahlener Kurkuma werden daraus Fladenbrote nach Thepla-Art – köstlich zu Linsen.

# CAROLES EINFACHE GLUTENFREIE FLADENBROTE

FÜR 4

GF WF SoF

125 g **Pfeilwurzelmehl**
100 g **gemahlene Mandeln**
2 EL **Olivenöl, Kokosöl** oder **Avocadoöl**, plus etwas mehr zum Braten
220 ml **Wasser**
1 Prise **Salz**

**VORBEREITUNGSZEIT: 5 MINUTEN · GARZEIT: 4 MINUTEN**

**Chantals Mutter Carole isst diese Fladenbrote jeden Morgen zum Frühstück – einfach so oder mit Erdnussbutter und Marmelade, Kokosöl, Avocados und Frühlingszwiebeln oder veganem „Räucherlachs“ und Avocado. Sie verwendet sie auch für heiße Wraps (für Ideen zum Befüllen, siehe Seite 103).**

1. In der Küchenmaschine oder im Standmixer alle Zutaten glatt verrühren.
2. Eine schwere Gusseisenpfanne oder eine Pfanne mit Antihaftbeschichtung stark erhitzen und etwas Olivenöl hineingeben. Die Pfanne schwenken, damit der Boden gleichmäßig mit Öl bedeckt ist.
3. Mit einem Schöpflöffel eine Portion Teig in die heiße Pfanne geben. Die Pfanne erneut schwenken, damit sich der Teig verteilt. 1–2 Minuten braten, bis die Oberfläche anfängt, fest zu werden, dann vorsichtig wenden und fertigbraten, bis beide Seiten goldbraun sind. Sofort servieren, da sich diese Fladenbrote nicht besonders gut aufbewahren lassen.

# VEGANE BRIOCHE-BRÖTCHEN

ERGIBT 8

NF SoF

**VORBEREITUNGSZEIT: 30 MINUTEN · ZEIT ZUM GEHEN: 2 STUNDEN · GARZEIT: 25 MINUTEN**

**Diese Brötchen eignen sich perfekt für Burger (siehe Seite 92, 102 und 104) oder aufgeschnitten und getoastet mit Marmelade bestrichen.**

250 ml **ungesüßte Pflanzenmilch** (ohne Nüsse für NF, ohne Soja für SoF), plus 1 EL zum Bestreichen
1 EL **Trockenhefe**
3 EL **Zucker**
150 g **vegane Butter** oder **Margarine** (ohne Nüsse für NF, ohne Soja für SoF), geschmolzen und abgekühlt
600 g **backstarkes weißes Brotmehl**, plus etwas mehr zum Bestäuben
½ TL **feines Salz**
2 TL **Zuckerrübensirup** oder **Agavendicksaft**
1 TL **Pflanzenöl**, plus etwas mehr zum Glasieren

1. Die Milch in einem Topf leicht erwärmen, bis sie gerade lauwarm ist. Hefe und Zucker einrühren. Von der Herdplatte nehmen und 5–10 Minuten stehen lassen, bis die Mischung zu schäumen beginnt und nach Hefe riecht. Sobald sie richtig schön schäumt, die geschmolzene Butter oder Margarine unterrühren.
2. Mehl und Salz in eine große Schüssel sieben. Die Hefemilch mit einem Holzlöffel einrühren, dann mit den Händen zu einem weichen, leicht klebrigen Teig formen. Auf eine saubere, mit Mehl bestäubte Arbeitsfläche legen.
3. Den Teig 5–10 Minuten gründlich kneten und ziehen, dabei zusammenfalten und mit den Knöcheln zusammendrücken, bis er glatt und geschmeidig ist. (Alternativ mit den Knethaken der Küchenmaschine kneten.) Ist der Teig recht klebrig, 1 Handvoll Mehl hinzufügen. In einer sauberen Schüssel mit Frischhaltefolie oder einem sauberen, feuchten Geschirrtuch bedecken, damit er nicht austrocknet, und an einem warmen Ort mindestens 1 Stunde gehen lassen, bis sich seine Größe verdoppelt hat.
4. Den Teig mit den Fingerknöcheln sanft in seine vorherige Form zurückpressen. Mit einem scharfen Messer in 8 gleich große Portionen teilen und zu schönen Kugeln formen. Auf 2 leicht eingefettete Backbleche setzen, mit einem sauberen, feuchten Geschirrtuch abdecken und weitere 30–60 Minuten gehen lassen, bis sich die Größe verdoppelt hat.
5. Den Ofen auf 190 °C vorheizen.
6. Sobald die Brötchen aufgegangen sind, Sirup oder Agavendicksaft, Öl und 1 Esslöffel Milch vermischen und die Brötchen vorsichtig damit bestreichen. 15 Minuten backen, dann noch einmal glasieren und wieder in den Ofen schieben, diesmal aber das Backblech drehen, damit die Brötchen gleichmäßig garen. 8–10 Minuten backen, bis die Glasur goldglänzend ist, das Brötchen gleichmäßig braun ist und sich hohl anhört, wenn man auf die Unterseite klopft.
7. Auf einem Kuchengitter abkühlen lassen (zerbricht man die Brötchen noch heiß, entweicht der Dampf und sie werden trocken).

**TIPP**

Mit 1 EL gemahlenem Kardamom wird daraus ein Kardamom-Brötchen, mit 1 TL Safranfäden, die 10 Minuten in 2 EL kochendem Wasser gezogen sind, eine Safran-Brioche. Zum Teig geben, wenn die trockenen mit den feuchten Zutaten vermischt werden. Ebenfalls toll sind fein gehackte milchfreie Schokolade, Nüsse und Trockenfrüchte (Kirschen sind besonders gut) im Teig.

# KNUSPRIGE TOPPINGS & SNACKS

## GERÖSTETE KICHERERBSEN

GF WF NF SoF

**Eine prima Gelegenheit, um übrig gebliebene Kichererbsen nach dem Benutzen der Flüssigkeit als Aquafaba (siehe Seite 12) aufzubrauchen. Zudem ein gesunder Snack zum Aperitif (eisgekühlter Wein dazu ist natürlich kein Muss, aber sehr zu empfehlen).**

---

Den Ofen auf 200 °C vorheizen. 2 Dosen **Kichererbsen** (à 400 g) abgießen und auf 1 oder 2 Backblechen ausbreiten. Mit Küchenpapier so viel Flüssigkeit wie möglich abtupfen, dann 5 Minuten rösten. 2 EL geschmacksneutrales Öl zugeben und die Kichererbsen darin wälzen. Weitere 20 Minuten rösten, das Blech nach 10 Minuten rütteln. Die Kichererbsen in einer Schüssel mit 1 Prise **Salz**, 1 Prise **Chilipulver**, ½ TL **gemahlenem Kreuzkümmel**, ½ TL **süßem geräucherten Paprikapulver** und 2 TL **geröstetem Sesamöl** vermischen. Gut darin wälzen, dann abschmecken. Sofort servieren (jetzt sind sie am knusprigsten) oder ganz abkühlen lassen und bis zu 24 Stunden in einem Schraubglas aufbewahren.

## GERÖSTETE NÜSSE

GF WF SoF

**Nüsse enthalten gesunde Fette, B-Vitamine, Kalzium, Protein und Ballaststoffe, Paranüsse auch Selen, Mandeln Vitamin E, Macadamia-Nüsse sind reich an Thiamin und Mangan und Walnüsse an Omega 3-Fettsäuren. Mehr Gründe braucht es nicht für ein tolles Topping in süßen und herzhaften Gerichten.**

---

Den Ofen auf 180 °C vorheizen. 100 g **gemischte naturbelassene Nüsse** auf einem Backblech verteilen und 5–7 Minuten goldbraun rösten (oder in einer heißen Pfanne ohne Fettzugabe bei niedriger Hitze unter regelmäßigem Rütteln 2–4 Minuten braun rösten). Wenn Sie die Nüsse würzen möchten, brauchen Sie auch etwas Wasser oder Öl, damit die Gewürze haften bleiben – 2 EL Öl mit dem gewünschten Gewürz mischen (Paprikapulver, Zucker, Salz, Kreuzkümmel, Za'atar, Chili) und die Nüsse vor dem Rösten im Ofen darin wenden.

## CROÛTONS

NF SoF

Den Ofen auf 160 °C vorheizen. 400 g leicht altbackenes **Sauerteigbrot** in Scheiben schneiden und die Kruste entfernen (oder ein **Baguette** schräg in dünne Scheiben schneiden). Beide Seiten mit **Olivenöl** bestreichen, dann (Sauerteigbrot) in 2 cm große Würfel schneiden. Für Knoblauchcroûtons vor dem Backen mit einer halbierten **Knoblauchzehe** einreiben. 10–15 Minuten rösten, bis die Croûtons goldbraun und knusprig sind. Zwischendurch wenden. Abkühlen lassen. Die Croûtons halten sich bis zu 3 Tage in einem luftdicht verschlossenen Gefäß. Sie lassen sich auch einfrieren – vor dem Verwenden dann 5 Minuten im warmen Ofen aufbacken.

# DUKKAH

(GF) (WF) (SoF)

**Diese süchtig machende ägyptische Nuss-Saaten-Gewürzmischung ist ein unglaublich vielseitiges (aber auch nahrhaftes) Würzmittel. Streuen Sie die Mischung über Salate, Suppen, Dips wie Hummus oder Tsatsiki, gegrilltes Gemüse oder Nusskäsecreme auf Crackern oder mischen Sie Dukkah mit etwas Olivenöl und bestreichen Sie heiße milchfreie Fladenbrote damit.**

---

Die folgenden Zutaten bei mittlerer Hitze in eine heiße Pfanne ohne Fettzugabe geben: 50 g **ungesalzene Pistazien**, 75 g **blanchierte Haselnüsse**, 25 g **blanchierte Mandeln**, 1 TL **Fenchelsamen**, 1 TL **Kreuzkümmelsamen**, 2 EL **Sesamsamen**, 10 **ganze Pfefferkörner**, 2 TL **Koriandersamen**, ½ TL **Paprikapulver**, 1 TL **Sumach** und 1 großzügige Prise **Salz**. Sanft rösten, dabei oft rütteln, bis die Gewürze duften und die Nüsse goldbraun sind. Im Standmixer, in der Gewürzmühle oder der Küchenmaschine zu einer sandigen Masse zerkleinern. Die Mischung hält sich in einem Schraubglas einige Wochen (eine schöne Ergänzung sind **Kürbiskerne, Schwarzkümmelsamen, Kümmel** und **Sonnenblumenkerne** oder 1 Prise **getrockneter Thymian**).

# PANGRATTATO

(NF) (SoF)

**Dieses Topping kennen Sie vielleicht schon aus unserem Buch *100 Suppen*. Hier darf es natürlich trotzdem nicht fehlen, da es Salaten, Gratins und Überbackenem zusätzliches Aroma und Textur verleiht. Auch toll: 1 Handvoll Pangrattato mit etwas Olivenöl mischen und über frisch gekochte Pasta als knusprige, aromatische Sauce geben.**

---

Den Ofen auf 180 °C vorheizen. 150 g frische **Semmelbrösel** aus leicht altbackenem Brot, 1 zerdrückte **Knoblauchzehe**, abgeriebene Schale von ½ **Zitrone** und etwas **frisch gemahlenen schwarzen Pfeffer** vermischen, dabei sichergehen, dass der Knoblauch sich gut verteilt. 2 EL **Olivenöl** hinzufügen und noch einmal vermischen. In einer Lage auf einem Backblech verteilen und 5–8 Minuten backen, bis die Brösel goldbraun sind und duften. Nach der Hälfte der Zeit einmal wenden. Leicht abkühlen lassen und bei Bedarf salzen, dann 2 EL sehr fein gehackte **frische Petersilie** unterrühren. Sofort verwenden. Alternativ 1–2 Tage in einem Schraubglas aufbewahren oder einfrieren. Wenn Sie das Pangrattato im Voraus zubereiten, die Petersilie erst kurz vor dem Servieren zugeben. Eingefrorenes Pangrattato kurz im Ofen aufbacken.

# GERÖSTETE KERNE & SAMEN

(GF) (WF) (NF) (SoF)

40 g **Kürbiskerne** und 1–2 EL **gemischte Sesamsamen** und **Leinsamen** in einer heißen Pfanne ohne Fettzugabe bei mittlerer Hitze 1–2 Minuten rösten, bis die Kürbiskerne anfangen aufzuplatzen. Leicht anbräunen für ein nussiges Aroma, sie sollen jedoch nicht anbrennen. Sofort aus der Pfanne nehmen und die Gewürze zugeben (**Kreuzkümmel, geräuchertes Chili-** oder **Paprikapulver** oder **gemahlener Koriander** und 1 Prise **Meersalz**). Die Röstmischung hält sich bis zu 1 Woche in einem Schraubglas.

# 8

# DESSERTS, KEKSE, KUCHEN & CO.

# KARAMELL-SCHOKO-TARTE

FÜR 8

SoF

**VORBEREITUNGSZEIT: 20 MINUTEN · ZEIT ZUM KÜHLEN: 2 STUNDEN 15 MINUTEN · BACKZEIT: 40 MINUTEN**

**Wenn Ihnen auf der Verpackung von Fertigteigen das Wort „Butter" nicht sofort ins Augen springt, kann es gut sein, dass der Teig vegan ist, was die Zubereitung süßer Backwaren wie dieser Tarte um einiges erleichtert (werfen Sie aber sicherheitshalber immer einen Blick auf die Zutatenliste). Für dieses Rezept werden Sie vermutlich keine ganze Packung benötigen, Reste können aber gut eingefroren werden. Dunkle Schokolade ist üblicherweise milchfrei, überprüfen Sie aber auch hier die Zutatenliste.**

375 g **veganer Fertigmürbeteig**
125 ml **ungesüßte Pflanzenmilch**, plus 1 EL mehr (ohne Soja für SoF), plus etwas mehr bei Bedarf
½ TL **geschmacksneutrales Öl**, z. B. Sonnenblumenöl
½ TL **Zuckerrübensirup** oder **Agavendicksaft**
400 g **milchfreie dunkle Schokolade** (72 % Kakaoanteil), in Stücke gebrochen
2 TL **Vanilleextrakt**
2 EL **Zucker**
150 ml **vegane Karamellsauce, Dattelkaramellsauce** oder **Salzkaramellsauce** (siehe Seite 248 für die selbst gemachte Variante, abgekühlt, sollte eher fest sein)
1 TL **Kakaopulver ohne Zuckerzusatz**
50 g **geröstete Mandelblättchen**

1. Den Ofen auf 200 °C vorheizen.
2. Den Teig 2 mm dick ausrollen und in eine Tarteform mit 25 cm Durchmesser und herausnehmbarem Boden legen. Überschüssige Teigränder zurechtschneiden, sodass ein schöner Rand entsteht (die Teigreste für ein anderes Rezept aufbewahren). 15 Minuten im Kühlschrank kalt stellen.
3. Einen großen Bogen Backpapier auf die Größe der Tarteform zuschneiden. Die Form damit auskleiden und in den Ecken leicht andrücken. Das Papier soll dabei bis über den Rand gefaltet werden. Backbohnen aus Keramik in die Form füllen und den Teig 15 Minuten backen.
4. In der Zwischenzeit 1 Esslöffel Milch mit Öl und Zuckerrübensirup oder Agavendicksaft verquirlen.
5. Die Tarteform aus dem Ofen nehmen und die Bohnen vorsichtig mit dem Backpapier aus der Form heben. Die Temperatur auf 170 °C reduzieren. Den Tarteboden mit einer Gabel mehrmals einstechen, anschließend die Öl-Milch-Mischung mit einem Backpinsel gleichmäßig auf dem Boden verteilen. Weitere 15–20 Minuten im Ofen backen, bis der Teig schön goldbraun ist. Für ein gleichmäßiges Backergebnis die Form nach der Hälfte der Backzeit drehen. Nach dem Backen zur Seite stellen und die Füllung zubereiten.
6. Schokolade, Milch, Vanilleextrakt und Zucker im heißen Wasserbad schmelzen, bis die Schokolade komplett flüssig ist (wird die Masse zäh oder körnig, unter Zugabe von etwas Milch erneut glatt und geschmeidig rühren). Vom Herd nehmen und etwas abkühlen lassen.
7. Die Karamellsauce auf dem abgekühlten Tarteboden verteilen und glatt streichen. Die warme Schokoladenmasse mit einem Teigschaber gleichmäßig über dem Karamell verteilen. Darauf achten, dass sich die beiden Schichten möglichst wenig miteinander vermischen. 2 Stunden kalt stellen.
8. Zum Servieren aus der Form nehmen, auf einer Servierplatte anrichten und mit Kakao und Mandelblättchen bestreuen.

**TIPP**
Sie können die Tarte auch mit frischen Beeren garnieren und mit geschlagener Cashewsahne (siehe Seite 257), veganer Eiscreme (siehe Seite 284–289), Schokoladensorbet (siehe Seite 290) oder geschlagener Kokossahne (siehe Seite 257) servieren.

# KARAMELLSAUCE

GF WF NF SoF

ERGIBT 200 ml

**VORBEREITUNG: 5 MIN. · GARZEIT: 25 MIN.**

**Mit dieser Karamellsauce können Sie Desserts, Eiscreme, Kaffee oder heiße Schokolade und sogar Cocktails verfeinern. Die Zugabe von Weinstein, auch als Cream of tartar bekannt, ist kein Muss, verhindert jedoch, dass die Sauce kristallisiert.**

---

200 g **Zucker**
75 ml **ungesüßte Pflanzenmilch** (ohne Nüsse für NF, ohne Soja für SoF)
2 gehäufte EL **vegane Butter** oder **Margarine** (ohne Nüsse für NF, ohne Soja für SoF), geschmolzen
1 Prise **Weinstein** (Cream of tartar; optional)
**Meersalz**

1. Den Zucker in einem tiefen Topf bei mittlerer Temperatur schmelzen. Dabei nicht rühren.
2. In der Zwischenzeit die Milch in einem Topf erhitzen. Anschließend mit der zerlassenen Butter oder Margarine in einem Becher verquirlen. Das Weinsteinpulver einrühren, falls sie es verwenden.
3. Wenn etwa ein Drittel des Zuckers geschmolzen ist, den Topf vom Herd nehmen und den noch nicht geschmolzenen Zucker vorsichtig mit einem sauberen, trockenen Holzlöffel einrühren. Für etwa 1 Minute weiterrühren, bis der Zucker vollständig geschmolzen und die Masse schön glatt ist.
4. 1–2 Esslöffel der Milch-Butter-Mischung langsam zum Karamell gießen. Vorsicht, die Karamellsauce kann dabei Blasen schlagen und aus dem Topf herausspritzen. Unter ständigem Rühren gut vermischen. Anschließend die restliche Flüssigkeit zugeben und nach Belieben mit Salz verfeinern (für eine Salzkaramellsauce mehr Salz hinzufügen).
5. Abkühlen lassen und sofort verwenden oder noch heiß in ein sauberes,Gefäß mit Deckel füllen. Die Sauce ist im Kühlschrank bis zu 2 Wochen haltbar.

# DATTELKARAMELLSAUCE

GF WF NF SoF

ERGIBT 300 ml

**VORBEREITUNG: 10 MIN. · ZEIT ZUM EINWEICHEN: 20 MIN. · GARZEIT: 1 MIN.**

**Eine cremige Sauce zu Desserts, Pancakes, Eiscreme, Sundaes, Schokoladensorbet (siehe Seite 290) oder für die Zubereitung von Banoffee-Pie oder Schoko-Himbeer-Tarte (siehe Seite 250 und 258).**

---

250 g **Datteln**, entsteint
5 EL **raffiniertes Kokosöl**
1 EL **Ahornsirup**
1 TL **Vanillepaste**
1 Prise **Salz**

1. Die Datteln mit kochendem Wasser übergießen und mindestens 20 Minuten oder über Nacht im Kühlschrank einweichen. Das überschüssige Wasser abseihen und die Datteln mit dem Kokosöl in der Küchenmaschine oder im Standmixer pürieren. Falls die Masse nicht glatt wird (oft bleiben selbst in einem hochtourigen Mixer kleine Stückchen zurück), mit der Rückseite eines Löffels durch ein Sieb streichen.
2. Die Dattelmischung in der Mikrowelle (oder ganz kurz auf dem Herd) erhitzen, damit das Öl schmilzt. Ahornsirup, Vanillepaste und Salz dazugeben und glatt rühren.
3. Die Sauce wird nach dem Abkühlen dickflüssig und cremig und ist bis zu 1 Woche im Kühlschrank haltbar. Für die Zubereitung unseres Banoffee-Pies oder einer Schokoladen-Tarte vollständig abkühlen lassen, damit das Karamell schön dickflüssig ist.

**TIPP**
Für ein flüssigeres Karamell, das noch gießfähig ist, das passierte Dattelkaramell mit einem Schuss Pflanzenmilch oder Wasser vermischen, bis die gewünschte Konsistenz erreicht ist. Sie können das abgekühlte Karamell auch zu kleinen Kugeln formen, in Schokolade tunken oder in Rohkakao wälzen und als Pralinen servieren.

# CUSTARD

FÜR 2

GF WF NF SoF

250 ml **ungesüßte Pflanzenmilch** (ohne Nüsse für NF und ohne Soja für SoF)
2 EL **Speisestärke**
2 EL **Zucker**
1 TL **raffiniertes Kokosöl**
1 TL **Vanilleextrakt** oder **Vanillepaste**
1 kleine Prise **gemahlene Kurkuma** (optional)
1 kleine Prise **Salz**
abgeriebene Schale von ½ unbehandelten **Zitrone**

**VORBEREITUNGSZEIT: 5 MINUTEN · GARZEIT: 20 MINUTEN**

**Die Zitronenschale sorgt für ein intensiveres Aroma, macht aber noch keine Zitronencreme aus dem Custard. Kurkuma verleiht der Creme ihre Farbe – verwenden Sie aber möglichst wenig, da man es sonst herausschmeckt. Dieses Dessert passt sehr gut zu pochierten Früchten oder einem fruchtigen Crumble (siehe Seite 44).**

1. 2 Esslöffel Milch in eine kleine Schüssel geben und mit der Speisestärke schön glatt rühren. Dann den Zucker einrühren.
2. Die restliche Milch mit dem Kokosöl in einem kleinen Topf erwärmen, aber nicht zum Kochen bringen. Die Speisestärkemischung unter ständigem Rühren gleichmäßig eingießen. Die Hitze erhöhen und die Creme langsam zum Köcheln bringen. Dabei ununterbrochen rühren, damit die Creme nicht am Boden des Topfes anlegt oder anbrennt.
3. Die Hitze wieder reduzieren und 10–15 Minuten köcheln lassen, damit kein Mehlgeschmack zurückbleibt. Vanille, Kurkuma (optional), Salz und Zitronenschale dazugeben und weitere 2 Minuten köcheln, bis der Mehlgeschmack zur Gänze verkocht ist. Bei Bedarf noch etwas länger kochen.
4. Warm oder heiß servieren. Wenn Sie die Creme für später aufbewahren möchten, die Oberfläche mit Frischhaltefolie oder Backpapier abdecken, damit sich keine Haut bildet.

# BANOFFEE-PIE

FÜR 8

SoF

**FÜR DEN BODEN:**

250 g **vegane Kekse**
½ TL **gemahlener Zimt**
110 g **raffiniertes Kokosöl**, geschmolzen, plus etwas mehr zum Einfetten

**FÜR DAS KARAMELL:**

800 ml **Kokosmilch**
200 g **Zucker**

**FÜR DIE CREME:**

200 g **ungeröstete Cashewkerne**
60–90 ml **ungesüßte Mandelmilch**
Saft von ½ **Zitrone**
2 reife **Bananen**
1 TL **Vanillepaste**

**FÜR DAS TOPPING:**

2 **Bananen**
20 g **milchfreie dunkle Schokolade**

**TIPP**

Der Kuchen lässt sich ganz einfach aus der Form lösen, wenn Sie ein großes, sauberes Geschirrtuch unter heißes Wasser halten, ausdrücken und für etwa 30 Sekunden um die Form wickeln. So klebt die Banoffee-Pie nicht länger in der Form, und die Seiten beginnen sich zu lösen.

**VORBEREITUNG: 30 MIN. · ZEIT ZUM EINWEICHEN: 30 MIN.**
**ZEIT ZUM KÜHLEN: 40 + 20 MIN. · GARZEIT: 45 MIN.**

**Wir finden, dass es viel zu wenige vegane klebrig-süße, sündige Desserts gibt, weshalb wir einfach unser eigenes erfunden haben. Für den Boden verwenden wir glutenfreie oder normale Haferkekse, aber es eignen sich auch alle anderen veganen Kekse, die schön fest und knusprig sind.**

**Die Zubereitung von Kokoskaramell erfordert ein wenig Fingerspitzengefühl und das Ergebnis kann je nach verwendeter Milch variieren – wir haben unsere Fehlversuche zu Karamellbonbons verarbeitet. Sie können stattdessen auch die Dattelkaramellsauce von Seite 248 wählen oder eine vegane Karamellsauce im Glas kaufen. Für dieses Rezept benötigen Sie etwa 350 ml.**

---

1. Für die Creme die Cashewkerne 30 Minuten in kochendem oder mindestens 4 Stunden oder über Nacht in kaltem Wasser im Kühlschrank einweichen.
2. Die Zutaten für den Boden in einer Küchenmaschine oder einem Standmixer zu einer sandigen Masse zerkleinern und in eine eingefettete Springform mit 23 cm Durchmesser füllen. Gleichmäßig auf dem Boden und ca. 4 cm hoch an den Seiten verteilen und zu einem glatten Boden festdrücken. Anschließend kalt stellen und das Karamell zubereiten.
3. Die Kokosmilch und den Zucker in einem Topf bei niedriger Temperatur etwa 5 Minuten erwärmen, dabei regelmäßig umrühren, bis sich der Zucker aufgelöst hat und die Masse zu köcheln beginnt. Die Temperatur etwas erhöhen und unter Rühren 35–40 Minuten leicht köcheln lassen. Die Masse dabei immer wieder von den Seiten des Topfes schaben, damit sie nicht gerinnt.
4. Wenn das Karamell leicht golden und cremig wird, den Topf vom Herd nehmen und die Masse auf dem Keksboden verstreichen. Anschließend für 20 Minuten im Kühlschrank kalt stellen.
5. Die Cashewkerne abgießen, abspülen und mit 60 ml der Mandelmilch und den restlichen Zutaten pürieren. Falls die Masse zu fest sein sollte, die restliche Mandelmilch dazugeben und noch einmal durchmixen. Auf das Karamell auftragen und glatt streichen.
6. Die Bananen schräg in 1 cm dicke Scheiben schneiden und auf der Creme verteilen. Zum Schluss die Schokolade darüberraspeln oder -hobeln.
7. Den Kuchen vor dem Servieren mindestens 30 Minuten kalt stellen.

# MERINGUE MESS

FÜR 6

GF WF SoF

**VORBEREITUNGSZEIT: 40 MINUTEN · ZEIT ZUM KÜHLEN: 1 STUNDE · BACKZEIT: 6 STUNDEN**

**Dieses Rezept wird mit Aquafaba (siehe Seite 12) zubereitet. Mit manchen Marken gelingt ein Baiser ohne jeglichen Bohnengeschmack, bei anderen ist das leider weniger der Fall, weshalb wir dieses Gericht mit Vanilleextrakt und Rosenwasser verfeinern. Da die Zubereitung von Aquafaba-Baiser ein wenig Übung erfordert, haben wir uns hier an einem klassischen Dessert der britischen Küche, dem Eton Mess (dt. „Chaos"), und nicht an einer Pawlowa orientiert – die perfekte Gelegenheit, Ihr Können zu verbessern. Und sollte Ihr Baiser Hohlräume oder Risse bekommen, merkt das kein Mensch! Falls Sie mit der Verwendung von Aquafaba Schwierigkeiten haben, helfen Ihnen unsere Tipps auf Seite 244 weiter.**

Flüssigkeit aus 1 Dose (à 400 g) Kichererbsen (**Aquafaba**), ungesalzen, aufbewahrt und für mindestens 1 Stunde kalt gestellt

**Zucker**

1 großzügige Prise **Weinstein** (Cream of tartar)

½ TL **Rosenwasser**

1 TL **Vanilleextrakt** (darauf achten, dass er Alkohol enthält)

**ZUM ANRICHTEN:**

1 Portion **Kokos-** oder **Cashewsahne** (siehe Seite 257)

400 g **frische Früchte** (geviertelte **Feigen** und 1 Handvoll **Granatapfelkerne**, oder reife **Pfirsiche**, in Scheiben geschnitten, reife **Erdbeeren, Himbeeren, Heidelbeeren** oder jede andere **Beerensorte**, die gerade Saison hat)

2 EL **getrocknete, essbare Rosenblütenblätter** (optional)

2 EL **geröstete Mandelblättchen** oder **ungesalzene, geröstete Pistazien**, fein gehackt, oder eine Mischung (optional)

---

1. Den Ofen auf 100 °C vorheizen. Das gekühlte Aquafaba abwiegen, dann die gleiche Menge Zucker abwiegen (Aquafaba und Zucker werden im Verhältnis 1:1 benötigt). Den Zucker zur Seite stellen.
2. Das Aquafaba in die gründlich gereinigte Schüssel einer Küchenmaschine (oder in eine große Rührschüssel, falls Sie ein elektrisches Handrührgerät verwenden) füllen. Das Weinsteinpulver dazugeben und mindestens 5 Minuten kräftig mit dem Rührbesen aufschlagen, bis die Masse ganz steif ist (wenn Sie die Schüssel auf den Kopf stellen, sollte alles an Ort und Stelle bleiben).
3. Den Zucker esslöffelweise einrühren und jeweils mindestens 2 Minuten unterrühren, bevor Sie den nächsten Löffel hinzufügen (dieser Vorgang dauert etwa 15 Minuten, weshalb die Verwendung einer Küchenmaschine von Vorteil ist).
4. Sobald der Zucker vollständig eingerührt ist, Rosenwasser und Vanilleextrakt zugeben. Die Baiser-Masse fällt dabei etwas zusammen, sieht nasser aus und beginnt zu glänzen. Mindestens 5 Minuten weiterrühren, bis die Masse steif geschlagen ist und glänzende, feste Spitzen bildet.
5. Mit einem Löffel 4–6 große Häufchen auf ein mit Backpapier ausgelegtes Backblech setzen. 2 Stunden backen, bis die Baisers knusprig sind. Den Ofen ausschalten und die Baisers etwa 4 Stunden im Ofen vollständig trocknen lassen.
6. Vor dem Servieren das Backpapier von den abgekühlten Baisers abziehen. Die Baisers in Stücke brechen und auf hübschen Desserttellern anrichten. Mit der geschlagenen Sahne, frischen Früchten, Blüten oder Nüssen garnieren. Mit dem Anrichten aber bis kurz vor dem Servieren warten, da die Baisers sonst aufweichen – 1 Stunde vorher geht in Ordnung, aber nicht früher.

**TIPP**

Der Zucker ist wesentlich für die Konsistenz des Baisers (die Zubereitung mit braunem oder flüssigem Zucker gestaltet sich um einiges schwieriger). Wenn es Ihnen aber dennoch zu süß sein sollte, beträufeln Sie das Baiser vor dem Servieren einfach mit 1 Esslöffel Granatapfelsirup. Die Rührschüssel muss absolut sauber und fettfrei sein, da sich die Masse sonst nicht steif schlagen lässt.

# SCHOKOLADENTORTE MIT SCHOKOGLASUR

ERGIBT **1** ***TORTE MIT 24 CM DURCHMESSER***

NF SoF

125 g **raffiniertes Kokosöl**, geschmolzen, plus etwas mehr zum Einfetten
3 EL **geschrotete Leinsamen**
250 ml **kochendes Wasser**
100 g **Kakaopulver ohne Zuckerzusatz**
125 ml **ungesüßte Pflanzenmilch** (ohne Nüsse für NF, ohne Soja für SoF)
¾ TL **feines Salz**
½ **Banane**, zu Mus zerdrückt
1 EL **veganer Apfelessig**
1 EL **Vanilleextrakt** oder **Vanillepaste**
75 ml **Agavendicksaft** oder **Zuckerrübensirup**
3 EL **frisch gebrühter Filterkaffee** (optional)
275 g **Mehl**
1 EL **Natron**
1 EL **Backpulver**
125 g **Zucker**

**ZUM SERVIEREN:**

2–3 EL **Marmelade** (nach Belieben **Kirsche, Heidelbeere, Brombeere** oder **Himbeere**)
1 Portion **Schokoglasur** (siehe Seite 256) oder **Avocado-Schoko-Glasur** (siehe Tipp auf Seite 256)
**vegane Streusel**
100 g **vegane dunkle Schokolade** (optional)
**veganer essbarer Glitzer** (optional)

**VORBEREITUNGSZEIT: 25 MINUTEN · ZEIT ZUM RUHEN: ÜBER NACHT · BACKZEIT: 35 MINUTEN**

**Diese dunkle Torte mit intensivem Aroma schmeckt am besten mit einer dicken Schicht Schokoladen- oder Avocado-Schoko-Glasur. Falls Sie die Glasur weglassen möchten, geben Sie 50 g mehr Zucker in den Teig. Die Konsistenz der Torte ist am besten am nächsten Tag, da sie mit der Zeit fester wird. Es ist also ratsam, die Tortenböden bereits am Vortag zu backen.**

---

1. Den Ofen auf 180 °C vorheizen. 2 Springformen mit je 24 cm Durchmesser einfetten und mit Backpapier auslegen.
2. Die Leinsamen mit 75 ml kochendem Wasser in eine Schüssel geben und 5 Minuten quellen lassen.
3. In einer großen Schüssel das Kakaopulver mit dem restlichen kochenden Wasser zu einer glatten Paste verrühren. Eingeweichte Leinsamen, Milch, Salz, zerdrückte Banane, Apfelessig, Vanille, Agavendicksaft oder Zuckerrübensirup, geschmolzenes Kokosöl und Kaffee dazugeben und vermischen.
4. Mehl, Natron und Backpulver in eine zweite große Schüssel sieben. Den Zucker hinzufügen und alles gut vermengen.
5. Die flüssigen mit den trockenen Zutaten vermischen und die Masse sofort auf die beiden Springformen aufteilen. Ein paar Mal auf den Rand klopfen, damit größere Luftblasen entweichen können.
6. 30–35 Minuten backen, bis sich der Kuchen vom Rand zu lösen beginnt und bei der Stäbchenprobe kein Teig mehr haften bleibt. 10 Minuten in der Form abkühlen lassen. Anschließend vorsichtig auf ein Kuchengitter setzen und vollständig abkühlen lassen. Über Nacht in einem geschlossenen Behälter aufbewahren.
7. Am nächsten Tag die Oberseite der Tortenböden gegebenenfalls zurechtschneiden, damit eine ebene Fläche entsteht und die beiden Hälften schön aufeinanderpassen. Einen Teigboden mit etwas Marmelade bestreichen und die zweite Hälfte daraufsetzen. Anschließend rundum mit Schokoladen- oder Avocado-Schoko-Glasur überziehen und mit veganen Streuseln garnieren. Die dunkle Schokolade schmelzen, falls Sie welche verwenden, und dünn auf Backpapier ausstreichen. Abkühlen lassen und mit essbarem Glitzer bestreuen. Die Schokolade anschließend in Stücke brechen und nach Belieben auf der Torte anordnen.

# GLÄNZENDE SCHOKOGLASUR

GF WF NF SoF

300 g **raffiniertes** oder **natives Kokosöl extra**
8 EL **Kakaopulver ohne Zuckerzusatz** oder **Rohkakaopulver**, gesiebt
1 TL **Vanilleextrakt** oder **Vanillepaste**
90 ml **Zuckerrübensirup** oder **Agavendicksaft**

**VORBEREITUNGSZEIT: 5 MINUTEN · GARZEIT: 3 MINUTEN**

**Die Menge reicht aus, um die Oberseite von zwei Torten oder die Oberseite und die Seiten einer Torte mit zwei aufeinandergesetzten Böden zu glasieren.**

1. Das Kokosöl schmelzen. Falls es sehr heiß ist, etwas abkühlen lassen. Dann die restlichen Zutaten einrühren, bis die Masse schön glatt ist.
2. Für eine eher flüssige Konsistenz nur ganz kurz abkühlen lassen. Dann die Glasur mit einem Löffel auf der Torte verteilen und an den Seiten hinunterlaufen lassen.
3. Für eine dickflüssigere Glasur die Masse abkühlen lassen, bis sie eine weiche, streichfähige Konsistenz aufweist und nicht mehr ganz so flüssig ist. Mit einem Palettenmesser auf der Torte verteilen.

**TIPP**
Für eine Avocado-Schoko-Glasur 2 zerdrückte Avocados mit 4 Esslöffel gesiebtem Puderzucker, 4 Esslöffel gesiebtem Kakaopulver ohne Zuckerzusatz und 2 Esslöffel Vanilleextrakt oder Vanillepaste vermischen. Mit Zucker oder Kakaopulver abschmecken und zu einer glatten Masse verrühren.

# GESCHLAGENE KOKOSSAHNE

FÜR
**2**

★ GF WF NF SoF

1 Dose **Kokosmilch** (à 400 ml, keine fettreduzierte), über Nacht gekühlt
1 EL **Puderzucker**, plus etwas mehr nach Belieben
1 TL **Vanilleextrakt**
1 TL **veganer Apfelessig** oder **Zitronensaft**
1 Prise **Salz**

**VORBEREITUNG: 5 MIN. • ZEIT ZUM KÜHLEN: ÜBER NACHT**

**Die Kokossahne passt wunderbar zu tropischen Früchten, Baiser, Streuselkuchen und Torten oder zu veganen Scones mit Marmelade.**

1. Die gekühlte Kokosmilchdose ohne Schütteln öffnen. Den fest gewordenen, cremigen Teil der Kokosmilch, der sich oben gesammelt hat, vorsichtig abnehmen. Das darunterliegende Kokoswasser für später aufbewahren, z. B. für die Zubereitung von Smoothies.
2. Die cremige Kokosmilch in eine gekühlte Schüssel geben. Puderzucker in die Schüssel sieben und Vanilleextrakt hinzufügen. Mit einem elektrischen Handrührgerät oder in einer Küchenmaschine mit dem Rührbesen für etwa 30–60 Sekunden aufschlagen, bis sich weiche Spitzen bilden. Dann Apfelessig oder Zitronensaft und Salz dazugeben und nochmals schlagen. Nach Belieben mit Zucker süßen.

# GESCHLAGENE CASHEWSAHNE

FÜR
**4**

★ GF WF SoF

300 ml dicke **Cashewsahne** (siehe Seite 228), gekühlt
1 großzügige Prise **Weinstein** (Cream of tartar)
1 TL **Puderzucker**, plus etwas mehr nach Belieben

**TIPP**
Wenn es in Ihrer Küche sehr warm ist, sollten Sie die Rührschüssel für mindestens 10 Minuten kalt stellen, bevor Sie die Sahne darin schlagen.

**VORBEREITUNGSZEIT: 3 MINUTEN**

**Diese üppige Sahnecreme ist leichter und feiner im Geschmack als die geschlagene Kokossahne weiter oben und stellt die perfekte Ergänzung zu nahezu jedem Dessert dar. Cashewkerne sind zudem besonders reich an wertvollem Kupfer, das der Körper u. a. zur Aufnahme von Eisen und damit zur Blutbildung benötigt.**

1. Die gekühlte Cashewcreme in eine gekühlte Schüssel (siehe Tipp) geben. Weinstein und Puderzucker in die Schüssel sieben und 30–60 Sekunden verrühren, bis die Sahne weiche Spitzen bildet. Nach Belieben mit Zucker süßen.

# SCHOKO-HIMBEER-TARTE

FÜR 8

SoF

115 g **ungeröstete Cashewkerne**
60 g **raffiniertes Kokosöl**
300 g **vegane Kekse ohne Füllung**
250 ml **kaltes Wasser**
1 TL **Vanillepaste**
Saft von 1 **Zitrone**
1 TL **Puderzucker**
1 Prise **Salz**
400 g **milchfreie dunkle Schokolade**, in Stücke gebrochen
135 g **Himbeeren**

**VORBEREITUNGSZEIT: 20 MINUTEN · ZEIT ZUM EINWEICHEN: 30 MINUTEN · GARZEIT: 5 MINUTEN ZEIT ZUM KÜHLEN: 1 STUNDE**

**Die Schoko-Himbeer-Tarte von Thom Malley, einem unserer LEON-Mitarbeiter, ist einfach köstlich, aber leider nicht vegan. Das inspirierte Chantal dazu, eine eigene Version zu kreieren. Für den Boden verwenden Sie am besten vegane Kekse wie „Digestives" oder „Rich Tea" – die englischen Keksklassiker. Sie können aber auch jede andere trockene Kekssorte nehmen.**

---

1. Die Cashewkerne für mindestens 30 Minuten in kochendes Wasser einlegen oder mit kaltem Wasser bedeckt für mindestens 4 Stunden oder über Nacht im Kühlschrank einweichen. Abgießen und gut abspülen.
2. Das Kokosöl in einem kleinen Topf oder in der Mikrowelle schmelzen. Die Kekse in der Küchenmaschine zerkleinern. Alternativ können Sie die Kekse in ein sauberes Küchentuch einschlagen und mit einem Nudelholz klein klopfen. Das geschmolzene Öl mit den Keksen vermischen.
3. Die Keksmischung auf dem Boden einer Springform mit 23 cm Durchmesser verteilen und glatt drücken. Der Boden sollte ca. 2 cm dick sein.
4. Die Cashewkerne in einem hochtourigen Mixer mit Wasser, Vanillepaste, Zitronensaft, Puderzucker und Salz zu einer glatten Masse verquirlen.
5. Die Schokolade in einer hitzebeständigen Schüssel unter ständigem Rühren über einem heißen Wasserbad schmelzen, bis sie glatt und geschmeidig ist (darauf achten, dass die Schokolade nicht zu heiß wird, da sie sonst körnig wird). Anschließend in die Cashew-Masse rühren.
6. Die Himbeeren gleichmäßig auf dem Keksboden verteilen und mit der Schokoladen-Cashew-Mischung übergießen. Die Form mehrfach fest auf die Arbeitsplatte aufsetzen, um Luftblasen zu vermeiden. Anschließend die Oberseite mit einem Spatel oder Palettenmesser glatt streichen. Mindestens 1 Stunde kalt stellen, bis die Tarte fest ist. Vor dem Verzehr auf Zimmertemperatur bringen.

# MANDEL-ORANGEN-KUCHEN MIT KARDAMOM

ERGIBT 1 **KUCHEN À 23 CM DURCHMESSER**

SoF

**VORBEREITUNGSZEIT: 20 MINUTEN · BACKZEIT: 40 MINUTEN**

**Kardamom verleiht diesem Mandelkuchen ein herrlich zartes Aroma.**

125 ml **geschmacksneutrales Öl**, plus etwas mehr zum Einfetten
12 **Kardamomkapseln** oder ½ TL **gemahlener Kardamom**
200 g **Mehl**
150 g **gemahlene Mandeln**
150 g **Zucker**
2 TL **Backpulver**
1 Prise **Salz**
abgeriebene Schale und Saft von 1 **Orange**, plus abgeriebene Schale von 1 **Orange** zum Servieren
125 ml **veganer Naturjoghurt** (ohne Soja für SoF), plus 1 gehäufter EL mehr pro Person zum Servieren (optional)
75 ml **ungesüßte Pflanzenmilch** (ohne Soja für SoF)
2 TL **veganer Apfelessig**

1. Den Ofen auf 180 °C vorheizen. Eine Springform mit 23 cm Durchmesser mit Backpapier auslegen und an den Seiten einfetten.
2. Die Kardamomkapseln (optional) aufbrechen und die Samen in einem Mörser zerstoßen. Den gemahlenen Kardamom mit Mehl, Mandeln, Zucker, Backpulver und Salz in einer großen Schüssel gut vermengen.
3. 1 TL der Orangenschale zur Seite stellen. Die restliche Orangenschale mit Orangensaft, 125 ml Joghurt, Milch und Essig verquirlen. Anschließend mit den trockenen Zutaten verrühren, bis der Teig locker vermengt ist (nicht zu lange rühren, da der Kuchen sonst zäh wird).
4. Den Teig in die Form füllen und in 40 Minuten goldbraun backen, bis der Kuchen aufgeht, eine feste Konsistenz annimmt und bei der Stäbchenprobe kein Teig mehr haften bleibt. 10 Minuten in der Form abkühlen lassen, dann auf ein Kuchengitter stürzen und vollständig abkühlen lassen.
5. Nach Belieben die restliche Orangenschale mit dem restlichen Joghurt vermischen und zu einem Stück Kuchen servieren.

# MOUSSE AU CHOCOLAT

FÜR 4

★ GF WF SoF

150 ml **Aquafaba** (Flüssigkeit aus einer Dose Kichererbsen, siehe Seite 12)
1 TL **Zitronensaft**
200 g **milchfreie dunkle Schokolade** (mindestens 70 % Kakaoanteil), in Stücke gebrochen
2 EL **ungesüßte Pflanzenmilch** (ohne Soja für SoF), plus bei Bedarf 2–3 EL mehr
1 EL **Zucker**
1 TL **Vanilleextrakt**
**frische Früchte der Saison, Nüsse** oder **geröstete Kokosflocken**, oder eine Mischung, zum Garnieren

**VORBEREITUNGSZEIT: 18 MINUTEN · ZEIT ZUM KÜHLEN: 3 STUNDEN · GARZEIT: 10 MINUTEN**

**Das ist unser Lieblingsrezept, um die magischen Eigenschaften von Aquafaba in Szene zu setzen (siehe Seite 12), die jenen von Eiweiß ähneln. Das Kichererbsenwasser verleiht dieser Schokoladenmousse eine geschmeidige, cremige und luftige Konsistenz. Die Kichererbsen selbst können Sie für ein anderes Gericht aufbewahren – in diesem Buch finden Sie jede Menge Anregungen wie z. B. geröstete Kichererbsen (siehe Seite 242) als Snack für zwischendurch.**

1. Aquafaba und Zitronensaft in einer Küchenmaschine mit dem Rührbesen (oder in einer großen Rührschüssel, falls Sie ein elektrisches Handrührgerät verwenden) etwa 5 Minuten sehr steif schlagen. Darauf achten, dass die Schüssel absolut sauber und fettfrei ist. Anschließend zur Seite stellen.
2. Die Schokolade mit 2 Esslöffel Pflanzenmilch, Zucker und Vanilleextrakt über einem heißen Wasserbad schmelzen. Dabei gleichmäßig rühren, damit die Masse nicht zu köcheln beginnt oder körnig wird. Falls die Schokolade zäh, fest oder klumpig wird, nach und nach etwas Milch zufügen und gut verrühren, bis sie wieder seidig-glatt ist. Die Masse ist eher dickflüssig, sollte aber geschmeidig sein und sich leicht rühren lassen. Vom Herd nehmen und handwarm abkühlen lassen.
3. Die Schokoladenmischung mit einem Metalllöffel vorsichtig unter das geschlagene Aquafaba heben. Die Schokolade dabei vom Boden der Schüssel immer wieder nach oben bewegen. Dieser Vorgang dauert einige Minuten und erfordert ein wenig Geduld – die Masse ist zunächst hellbraun und nimmt nach und nach ein intensives Schokoladenbraun an.
4. Die Mousse langsam in eine Servierschüssel gießen oder auf mehrere kleine Gläser oder Schalen aufteilen. Mindestens 3 Stunden im Kühlschrank kalt stellen, damit die Mousse fest wird.
5. 15 Minuten vor dem Servieren aus dem Kühlschrank nehmen und mit Früchten, Nüssen oder gerösteten Kokosflocken garnieren.

**TIPP**
Die Schokoladenmischung vorsichtig unter das Aquafaba heben und nicht kräftig rühren, damit ausreichend Luft in der Masse bleibt und diese nicht zu flüssig wird.

# NEW YORK CHEESECAKE

FÜR 8

GF WF

**FÜR DEN BELAG:**

125 g **ungeröstete Cashewkerne**
2 Becher **veganer Frischkäse** (à 270 g)
250 g **Vanille-Sojajoghurt**
1 TL **Vanillepaste**
150 ml **Ahornsirup** oder **Agavendicksaft**
abgeriebene Schale von 1 **Zitrone**
4 EL **Tapiokamehl** oder **Pfeilwurzelmehl**
1 EL **Kichererbsenmehl**
1 EL **Tahin**

**FÜR DEN BODEN:**

125 g **gemahlene Mandeln**
110 g **normales** oder **glutenfreies Hafermehl**
50 g **Kokosblütenzucker** (oder **brauner Zucker**)
60 ml **raffiniertes** oder **natives Kokosöl extra**, geschmolzen

**VORBEREITUNGSZEIT: 15 MINUTEN · ZEIT ZUM EINWEICHEN: 30 MINUTEN · ZEIT ZUM KÜHLEN: 2 STUNDEN · BACKZEIT: 55 MINUTEN**

**Sie können diesen Cheesecake alleine oder mit Obstpüree, Schokoladen- oder Karamellsauce (siehe Seite 290 und 248) sowie frischen Beeren servieren.**

---

1. Die Cashewkerne für 30 Minuten in kochendes Wasser einlegen oder mit kaltem Wasser bedeckt mindestens 4 Stunden oder über Nacht im Kühlschrank einweichen.
2. Den Ofen auf 200 °C vorheizen.
3. Alle Zutaten für den Boden zu einer lockeren, sandigen Masse vermengen. In eine Springform mit 23 cm Durchmesser füllen und festdrücken. Anschließend 15 Minuten backen.
4. In der Zwischenzeit die Cashewkerne abgießen, gut abspülen und in einem hochtourigen Mixer mit den restlichen Zutaten für den Belag zu einer glatten Masse pürieren.
5. Den Boden aus dem Ofen nehmen und die Temperatur auf 180 °C reduzieren. Den Belag auf dem Boden verteilen und für weitere 35–40 Minuten backen, bis die Masse fest ist. In der Form abkühlen lassen. Anschließend 2 Stunden im Kühlschrank kalt stellen.
6. Den Kuchen auf Zimmertemperatur bringen, aus der Form nehmen und servieren.

# SCONES

ERGIBT 10

NF SoF

**VORBEREITUNGSZEIT: 20 MINUTEN · BACKZEIT: 14 MINUTEN**

**Am besten servieren Sie dieses britische Teegebäck noch warm mit veganer Butter (siehe Seite 229) oder geschlagener Kokossahne (siehe Seite 257) und Marmelade. In Kombination mit Gurkensandwiches ergeben die Scones eine vegane Tea Time ganz nach britischer Art. Falls das Kokosöl zu flüssig sein sollte, einfach in den Kühlschrank stellen, während Sie die restlichen Zutaten abwiegen.**

300 g **Mehl**, plus etwas mehr zum Bestäuben
3 TL **Backpulver**
2 EL **Zucker**
½ TL **Salz**
75 g **raffiniertes Kokosöl**, falls notwendig gekühlt, sodass es fest ist
150 ml **ungesüßte Pflanzenmilch** (ohne Nüsse für NF, ohne Soja für SoF), plus 1 EL mehr zum Glasieren
1 TL **Agavendicksaft** oder **Zuckerrübensirup**
½ TL **geschmacksneutrales Öl**

1. Den Ofen auf 200 °C vorheizen.
2. Das Mehl mit dem Backpulver in eine große Schüssel sieben. Zucker und Salz dazugeben. In einer Küchenmaschine zusammen mit dem gekühlten Kokosöl zerkleinern, bis eine sandige Konsistenz erreicht ist.
3. Die Mischung zurück in die Schüssel füllen und die Milch nach und nach einarbeiten, bis der Teig klebrig wird und Risse bildet (Sie benötigen eventuell nicht die ganze Milch). Die Zutaten eher durch Zusammendrücken und weniger durch Kneten vermengen, damit der Teig nicht zu stark bearbeitet wird (die Scones werden sonst fest und spröde).
4. Den Teig auf einer bemehlten Arbeitsfläche mit den Händen ca. 2 cm flach auseinanderdrücken (nicht ausrollen). Mit einem runden Ausstecher mit 6 cm Durchmesser Kreise ausstechen, den Ausstecher dabei nicht drehen, sondern fest in den Teig drücken. (Durch Drehen würden die Scones beim Backen unterschiedlich hoch aufgehen und eher an den Schiefen Turm von Pisa erinnern.) Die Teigreste zusammenkneten, wieder flach drücken und insgesamt 10 Scones ausstechen.
5. Die Scones auf ein mit Backpapier ausgelegtes Backblech legen. 1 Esslöffel Pflanzenmilch, Agavendicksaft oder Zuckerrübensirup und Öl verquirlen und die Scones mit der Mischung bepinseln. 12–14 Minuten backen, bis sie goldbraun und schön aufgegangen sind.

**TIPP**
Wer die Scones lieber fruchtig mag, mischt einfach 50 g Sultaninen und 50 g Rosinen zusammen mit der Milch unter den Teig. Für eine knackige Kruste das Gebäck nach dem Glasieren mit 1 Prise Rohrohrzucker bestreuen.

# DREIERLEI COOKIES

ERGIBT 16

SoF

**VORBEREITUNGSZEIT: 20 MINUTEN · BACKZEIT: 16 MINUTEN**

**Im Handumdrehen zubereitet, knusprig und absolut unwiderstehlich.**

75 g **raffiniertes Kokosöl**, fest (Zimmertemperatur)
50 g **Muscovado-Zucker**
50 g **Zucker**
60 ml **Aquafaba** (Flüssigkeit aus einer Dose Kichererbsen, siehe Seite 12)
1 Prise **Salz**
½ TL **Vanilleextrakt**
½ TL **veganer Apfelessig**
½ TL **Backpulver**
175 g **Mehl**
2 EL **gemahlene Mandeln**

**FÜR CHOCOLATE-CHIP-COOKIES:**
100 g **milchfreie dunkle Schokolade**, in 5 mm große Stücke gehackt, oder **milchfreie Schokodrops**

**FÜR ROSINEN-COOKIES:**
75 g **Rosinen**

**FÜR KOKOS-CHIA-COOKIES:**
2 EL **Kokosraspel**
1 EL **Chiasamen**

1. Den Ofen auf 180 °C vorheizen.
2. Öl, Zucker, Aquafaba, Salz, Vanilleextrakt und Apfelessig mit einem elektrischen Handrührgerät oder mit dem Rührbesen der Küchenmaschine verquirlen, bis die Masse schön cremig ist. Das Mehl mit dem Backpulver in die Schüssel sieben und die Mandeln zugeben. Das Ganze auf niedriger Stufe zu einem geschmeidigen Teig verarbeiten.
3. Nach Belieben Schokodrops, Rosinen oder Kokosraspel und Chiasamen mit einem Löffel unterrühren.
4. Den Teig in 16–18 Portionen teilen und zu gleich großen Kugeln mit einem Durchmesser von ca. 3 cm formen. Die Kugeln mit einem Abstand von mindestens 5 cm (die Cookies zerlaufen beim Backen) auf 2 mit Backpapier oder Silikon-Backmatten ausgelegte Backbleche setzen und etwas flach drücken.
5. In 14–16 Minuten goldbraun backen und anschließend 5 Minuten auf dem Backpapier oder der Backmatte abkühlen lassen. Anschließend mit einem Spatel oder einem Palettenmesser zum Abkühlen auf ein Kuchengitter heben oder noch warm genießen.

**TIPP**

Wenn Sie kein Aquafaba zu Hause haben, können Sie als Bindemittel auch Leinsamen verwenden. Dafür 2 Esslöffel geschrotete Leinsamen 5 Minuten in 60 ml Wasser quellen lassen und anstelle von Aquafaba in den Teig geben. Die Backzeit verlängert sich dadurch auf etwa 18 Minuten. Wahlweise können Sie auch 50 g gehackte Haselnüsse oder gehackte Mandeln unter den Teig heben – entweder zusätzlich oder anstelle der anderen Aromaträger. Für Double-Chocolate-Chip-Cookies das Mehl auf 150 g reduzieren und 25 g ungesüßtes Kakaopulver mit dem Mehl in den Teig sieben.

# NUSS-COOKIES MIT MARMELADE

ERGIBT 12

GF WF SoF

100 g **glutenfreies Hafermehl**
125 g **brauner Zucker** oder **Kokosblütenzucker**
120 g **Erdnussmus**
40 g **Mandelmus**
40 g **Tahin**
60 ml **ungesüßte Mandelmilch**
60 g **gehackte Mandeln**
1 TL **glutenfreies Backpulver**
1 Prise **Salz**
**Öl**, zum Einfetten
4 EL **Marmelade** (wir nehmen **Erdbeermarmelade** ohne Zuckerzusatz)

**VORBEREITUNGSZEIT: 10 MINUTEN · BACKZEIT: 15 MINUTEN**

**Knusprig, proteinreich und … gefährlich gut. In unserer Gegenwart haben sie kaum eine Überlebenschance. Wenn die Nuss-Cookies sehr fettig sind, zerlaufen Sie beim Backen – schöpfen Sie daher etwas Öl, das sich an der Oberfläche des Nussmus abgesetzt hat, ab und verwenden Sie nur die festere Creme darunter.**

1. Den Ofen auf 190 °C vorheizen.
2. Alle Zutaten bis auf das Öl und die Marmelade in eine Schüssel geben und zu einer cremigen Masse verrühren.
3. Mit einem Löffel jeweils 6 kleine, möglichst runde Häufchen auf je 1 eingefettetes Backblech setzen und etwas flach drücken.
4. 12–14 Minuten backen, bis die Cookies beginnen, Farbe anzunehmen.
5. Aus dem Ofen nehmen und mit der Rückseite eines kleinen Löffels in die Mitte jedes Cookies eine kleine Mulde drücken. In jede Mulde 1 TL Marmelade setzen und für 1 Minute weiterbacken, bis die Marmelade flüssig wird und die Cookies fertiggebacken sind.
6. Vor dem Verzehr abkühlen lassen (heiße, flüssige Marmelade kann sehr schmerzhaft sein!).

LEON
ALMON

# HAFERKEKSE

ERGIBT 12

GF WF NF SoF

1 EL **Chiasamen**
3 EL **Wasser**
130 g **vegane Butter** oder **Margarine** (ohne Nüsse für NF, ohne Soja für SoF)
125 g **brauner Zucker**
95 g **normales** oder **glutenfreies Hafermehl**
120 g **normale** oder **glutenfreie kernige Haferflocken**
120 g **Rosinen**
1 TL **Vanillepaste**
1 TL **gemahlener Zimt**
1 TL **normales** oder **glutenfreies Backpulver**
1 Prise **Salz**
**Öl**, zum Einfetten

**VORBEREITUNGSZEIT: 15 MINUTEN · ZEIT ZUM KÜHLEN: 1 STUNDE · BACKZEIT: 10 MINUTEN**

**Wenn Sie kein Hafermehl auftreiben können, können Sie auch normale Haferflocken in einer Küchenmaschine oder einem Mixer zu einem feinen Pulver zermahlen.**

1. Die Chiasamen mit dem Wasser in eine kleine Schüssel geben und mindestens 5 Minuten quellen lassen.
2. Die Butter mit dem Zucker verrühren, bis die Masse hell und schaumig ist. Die eingeweichten Chiasamen mit den restlichen Zutaten unterrühren und gut vermischen. 1 Stunde zugedeckt im Kühlschrank kalt stellen.
3. Den Ofen auf 190 °C vorheizen.
4. Den Teig aus dem Kühlschrank nehmen und walnussgroße Kugeln formen. Diese anschließend flach drücken und auf ein eingefettetes Backblech legen (die Kekse behalten beim Backen die Form und zerlaufen nur wenig).
5. In 8–10 Minuten nicht zu dunkel backen. Zum Festwerden aus dem Ofen nehmen (die Kekse sind nach dem Backen noch weich).
6. Auf dem Backblech vollständig abkühlen lassen und in einer Dose aufbewahren. Die Kekse sind so bis zu 2 Tage haltbar.

# ZITRONEN-POLENTA-KUCHEN MIT BROMBEEREN

FÜR 2

GF WF SoF

**VORBEREITUNGSZEIT: 15 MINUTEN · BACKZEIT: 35 MINUTEN**

**Dieser hübsche Kuchen mit Sommerbeeren ist pur oder serviert mit geschlagener Cashew- oder Kokossahne (siehe Seite 257) oder veganem Joghurt ein Genuss.**

**FÜR DEN KUCHEN:**

100 g **gemahlene Mandeln**
100 g **feine Polenta** oder **Maismehl**
150 g **Zucker** (kann auch unraffiniert sein)
abgeriebene Schale und Saft von 3 **Zitronen**
100 ml **mildes Olivenöl**, plus etwas mehr zum Einfetten
50 g **normales** oder **glutenfreies Mehl**
½ TL **normales** oder **glutenfreies Backpulver**
1 EL **Chiasamen**
1 TL **Vanillepaste**
1 Prise **Salz**

**FÜR DEN FRUCHTBELAG:**

450 g **Brombeeren**
3 EL **Agavendicksaft** oder **Ahornsirup**
80 ml **Wasser**
abgeriebene Schale und Saft von 1 **Zitrone**

1. Den Ofen auf 180 °C vorheizen.
2. Die Zutaten für den Kuchen in einer großen Schüssel zu einem glatten Teig verrühren. In eine eingefettete Springform mit 23 cm Durchmesser füllen und 25–30 Minuten backen, bis der Kuchen leicht goldbraun ist, an den Rändern etwas karamellisiert und sich von der Form zu lösen beginnt.
3. In der Zwischenzeit den Fruchtbelag zubereiten. Dazu alle Zutaten in einen Topf geben und 30 Minuten köcheln lassen, bis die Brombeeren weich, aber noch ganz sind und die Flüssigkeit einzudicken beginnt. Anschließend etwas abkühlen lassen.
4. Den Kuchen nach 10 Minuten aus der Form nehmen und auf einen Teller legen. Den Brombeer-Fruchtbelag darübergießen und noch warm oder leicht abgekühlt servieren.

# LEBKUCHEN

ERGIBT **10** **PORTIONEN ODER 20–30 STÜCK**

NF SoF

75 g **raffiniertes Kokosöl**
3 EL **Agavendicksaft** oder **Zuckerrübensirup**
1 EL **schwarze Melasse**
50 g **Muscovado-Zucker**
225 g **Mehl**, plus etwas mehr zum Bemehlen
½ TL **Natron**
2 TL **gemahlener Ingwer**
1 TL **gemahlener Zimt**
1 großzügige Prise **Nelkenpulver**
1 Prise **frisch geriebene Muskatnuss**
1 Prise **Salz**
2 EL **Wasser**

**FÜR DIE VEGANE SPRITZGLASUR (ROYAL ICING):**

180–200 g **Puderzucker**
2 EL **Aquafaba** (Flüssigkeit aus einer Dose Kichererbsen, siehe Seite 12)
1 großzügige Prise **Weinstein** (Cream of tartar)
½ TL **Vanilleextrakt**

**VORBEREITUNG: 35 MIN. · ZEIT ZUM KÜHLEN: 30 MIN.**
**ZEIT ZUM AUSHÄRTEN: 24 STD. · BACKZEIT: 17 MIN.**

**Dieses Rezept eignet sich perfekt für Lebkuchenmännchen oder eine hübsche Weihnachtsdekoration – dafür einfach Sterne ausstechen und vor dem Backen mit einem kleinen Loch versehen. Das exakte Verhältnis von Zucker und Flüssigkeit für die vegane Spritzglasur ist je nach verwendeter Kichererbsensorte unterschiedlich und erfordert unter Umständen etwas Fingerspitzengefühl.**

1. Das Kokosöl mit Agavendicksaft oder Zuckerrübensirup, Melasse und braunem Zucker in einen Topf geben und bei niedriger Hitze langsam schmelzen. Anschließend etwas abkühlen lassen.
2. Das Mehl mit Natron, Ingwer, Zimt, Nelken und Muskatnuss in eine große Schüssel sieben. Salz dazugeben und gut durchmischen.
3. Die Öl-Mischung und das Wasser zu den trockenen Zutaten geben und gut verrühren. Wenn die Masse ausreichend abgekühlt ist, mit den Händen zu einem Teig verarbeiten. Den eher bröseligen Teig gut durchkneten und zu einer kompakten Kugel formen. In Frischhaltefolie einwickeln und für mindestens 30 Minuten im Kühlschrank kalt stellen, bis er fest ist.
4. Den Ofen auf 180 °C vorheizen. Den Teig aus dem Kühlschrank nehmen und 10 Minuten zur Seite stellen.
5. Den Teig auf einer bemehlten Arbeitsfläche ca. 3 mm dick ausrollen und Lebkuchenmännchen oder andere Formen ausstechen. Die Teigreste zusammenkneten, erneut ausrollen und weitere Kekse ausstechen. Die Arbeitsfläche eventuell nochmals bemehlen – das Mehl aber sparsam einsetzen, da die Kekse sonst nach dem Backen staubig aussehen. Die ausgestochenen Kekse vorsichtig auf 2 mit Backpapier ausgelegte Backbleche legen.
6. 12 Minuten backen. Direkt nach dem Backen haben die Kekse noch eine etwas weichere Konsistenz, während des Abkühlens werden sie aber fester.
7. Für die Spritzglasur 180 g Puderzucker in eine große Schüssel sieben. Aquafaba, Weinstein und Vanilleextrakt dazugeben und mit einer Gabel verquirlen. Anschließend mit einem elektrischen Handrührgerät zu einer dicken Paste glatt rühren. Falls die Glasur zu flüssig sein sollte, den restlichen Puderzucker in die Masse sieben, nochmals gut durchrühren.
8. Die Glasur in einen Spritzbeutel füllen und den Lebkuchen mit der kleinsten Tülle verzieren. Zum Aushärten zur Seite stellen. Dieser Vorgang kann bis zu 24 Stunden dauern (die Kekse erst stapeln, wenn die Glasur vollständig ausgehärtet ist). In einer Dose ist der Lebkuchen bis zu 5 Tage haltbar.

LEON

# KARAMELL-POPCORN MIT MISO-BUTTER

FÜR 4

★ GF WF NF SoF

2 EL **geschmacksneutrales Öl**
75 g **Popcorn-Mais**
90 ml **Ahornsirup**
1 EL **vegane Butter** oder **Margarine** (ohne Nüsse für NF, ohne Soja für SoF)
2 EL **weiße** oder **gelbe Misopaste** (ohne Soja für SoF)
1 Prise **Meersalz** (optional)

**VORBEREITUNGSZEIT: 10 MINUTEN · GARZEIT: 25 MINUTEN**

**Knuspriges, goldgelbes, süß-salziges Popcorn, das herrlich nach Butter schmeckt. Wenn Sie Salzkaramell besonders gerne mögen, können Sie noch eine Prise Meersalz hinzufügen. Bedenken Sie aber – besonders wenn Kinder mitessen –, dass die Misopaste bereits recht salzig ist.**

1. Die Hälfte des Öls mit dem Popcorn-Mais in einen großen Topf geben. Gut durchschütteln, bis die Maiskörner mit Öl bedeckt sind. Zugedeckt bei mittlerer Hitze auf den Herd stellen und warten, bis der Mais aufgepoppt ist. Den Topf immer wieder rütteln und mit einer Hand den Deckel festhalten – verwenden Sie ein Geschirrtuch oder einen Ofenhandschuh zum Schutz. Wenn das Poppen nachlässt, den Topf vom Herd nehmen und zur Seite stellen.
2. Den Ofen auf 140 °C vorheizen.
3. Ahornsirup in einem kleinen Topf zum Kochen bringen, vom Herd nehmen, Butter und Misopaste dazugeben und gut durchrühren, bis alle Klümpchen aufgelöst sind.
4. Ein großes Backblech mit dem restlichen Öl bestreichen. Das Popcorn auf das Blech leeren und verteilen. Die Sirupmischung drüberträufeln und mit 2 Holzlöffeln oder einer Zange gut durchmischen, bis jedes Popcorn mit einer dünnen Schicht überzogen ist. Dann das Popcorn gleichmäßig auf dem Blech verteilen.
5. Für 15 Minuten im Ofen backen. Das Popcorn wird nach dem Backen noch etwas weich sein, sobald das Karamell abgekühlt ist, wird es aber fest. Mit einem Spatel oder einem Holzlöffel das Popcorn vom Backpapier lösen, damit es nach dem Abkühlen nicht kleben bleibt. Nach Belieben mit Salz bestreuen.
6. In einem luftdichten Behälter ist das Popcorn bis zu 2 Tage haltbar. Am besten schmeckt es aber frisch zubereitet (Sie werden ohnehin nicht bis zum nächsten Tag warten können!).

**TIPP**
Wer es gerne süß mit einer gewissen Schärfe mag, gibt Chili-Sauce oder geräuchertes Paprikapulver dazu – aber Vorsicht, Suchtgefahr! Hierfür nach und nach ½ TL einrühren und zwischendurch immer wieder abschmecken. Alternativ das Popcorn mit 1–2 Esslöffel weißen oder schwarzen Sesamsamen bestreuen.

# SCHOKOMUFFINS

ERGIBT **12**

SoF

75 ml **geschmacksneutrales Öl**, plus etwas mehr zum Einfetten
2 EL **geschrotete Leinsamen**
75 ml **Wasser**
200 g **milchfreie dunkle Schokolade** (mindestens 70 % Kakaoanteil)
150 ml **ungesüßte Pflanzenmilch** (ohne Soja für SoF)
1 TL **Vanilleextrakt**
75 g **Mehl**
50 g **Kichererbsenmehl**
2 EL **Kakaopulver ohne Zuckerzusatz**
½ TL **Backpulver**
150 g **Zucker**
1 EL **schwarzer Filterkaffee** (optional)
2 große Prisen **Meersalz**
100 g **gemischte Nüsse** (**Walnüsse, Pekannüsse, geschälte Mandeln** oder **geschälte Haselnüsse**), fein gehackt
**frische Beeren, Kokos-Sorbet, vegane Eiscreme** (siehe Seite 286–289) oder **vegane Sahne** oder **Kokos-Joghurt**, zum Servieren (optional)

**VORBEREITUNGSZEIT: 20 MINUTEN · BACKZEIT: 20 MINUTEN**

**Diese Schokomuffins mit flüssigem Kern sind besonders saftig und feucht-klebrig. Das Kichererbsenmehl und die geschroteten Leinsamen binden den Teig und verleihen den Brownies ihre Saftigkeit. Sie können diese Zutaten auch durch noch mehr Mehl ersetzen, die Muffins werden dann aber etwas mürber. Für die Zubereitung eignet sich auch geschmolzenes natives Kokosöl extra, die Muffins schmecken dann allerdings leicht nach Kokos. Falls Kinder mitessen, eine Prise Salz weglassen.**

---

1. Den Ofen auf 180 °C vorheizen. Eine Muffinform für 12 Stück mit eingefetteten Silikonförmchen (Sie können auch Papierförmchen mit Öl bepinseln) oder Backpapier auslegen. (In einer ungefetteten Form bleiben die Brownies kleben.)
2. Die geschroteten Leinsamen mit dem Wasser in eine kleine Schüssel geben und mindestens 5 Minuten quellen lassen.
3. 150 g der Schokolade in Stücke brechen und mit Milch, Öl und Vanille in einer ofenfesten Schüssel über einem heißen Wasserbad schmelzen (nicht zu heiß werden lassen, da die Schokolade sonst gerinnt und körnig wird). Vom Herd nehmen und etwas abkühlen lassen.
4. Die restliche Schokolade in kleine Stücke hacken.
5. Die Mehlsorten mit Kakaopulver und Backpulver in eine große Schüssel sieben. Geschmolzene Schokolade, Schokostückchen, Zucker, eingeweichte Leinsamen, Kaffee (optional), 1 Prise Salz und Nüsse dazugeben und locker unterrühren.
6. Den Teig mit einem Löffel gleichmäßig in die 12 vorbereiteten Förmchen verteilen. Die Muffins nach Belieben mit dem restlichen Salz bestreuen.
7. 13–15 Minuten backen, bis die Oberseite beginnt, fest zu werden, und sich eine Kruste bildet. Der Kern sollte noch deutlich flüssig sein, da die Muffins nach dem Abkühlen noch um einiges fester werden. Nach 5 Minuten aus der Form nehmen und auf einem Kuchengitter vollständig abkühlen lassen.
8. Die Muffins gegebenenfalls von Papierresten befreien. Dabei behutsam vorgehen, da sie sonst leicht brechen. Noch warm oder kalt mit frischen Beeren, Kokos-Sorbet, veganer Eiscreme, Sahne oder Kokos-Joghurt servieren. Am besten innerhalb von 24 Stunden verzehren. In einem geschlossenen Behälter bei Zimmertemperatur aufbewahren und je nach Geschmack vor dem Servieren für 20–30 Sekunden in der Mikrowelle erwärmen.

# LAURENS DONUTS MIT AHORN-VANILLE-GLASUR

ERGIBT **10**

NF SoF

250 ml **ungesüßte Pflanzenmilch** (ohne Nüsse für NF und ohne Soja für SoF)
50 g **Zucker**
½ TL **Vanillepaste** (oder das Mark von ½ **Vanilleschote**)
2 TL **Trockenhefe**
400 g **weißes Brotmehl**, plus etwas mehr zum Bemehlen
1 TL **Salz**
1 TL **gemahlener Zimt**
3 EL **vegane Butter** oder **Margarine** (ohne Nüsse für NF, ohne Soja für SoF)
**geschmacksneutrales Öl**, zum Einfetten und Frittieren

**FÜR DIE GLASUR:**
200 g **Puderzucker**, plus etwas mehr bei Bedarf
75 ml **ungesüßte Pflanzenmilch** (ohne Nüsse für NF, ohne Soja für SoF)
1 EL **Ahornsirup**
1 TL **Vanilleextrakt** oder ¼ TL **Vanillepaste**

**VORBEREITUNGSZEIT: 35 MINUTEN · ZEIT ZUM GEHEN: 1 ½ STUNDEN · GARZEIT: 20 MINUTEN**

**Lauren Watts ist Gründerin der Dough Society, ein veganer Donut- und Coffee-Shop im Londoner Stadtbezirk Hackney, wo es 20 – ja, Sie haben richtig gelesen – verschiedene vegane Donuts gibt, die alle unglaublich köstlich schmecken. Lauren hat dieses Rezept aus ihrem Café für uns zum Nachbacken adaptiert.**

1. Die Milch langsam erwärmen, bis sie lauwarm ist. Zucker, Vanille und Trockenhefe einrühren und 5 Minuten stehen lassen, bis etwas Schaum zu sehen ist.

2. In einer Rührschüssel Mehl mit Salz und Zimt vermischen, eine Mulde formen und die Milch-Hefe-Mischung hineingeben. Mit den Knethaken der Küchenmaschine in 4–5 Minuten zu einem glatten Teig verkneten. Nach und nach esslöffelweise Butter oder Margarine zugeben und jeweils gut einarbeiten und glatt rühren. Anschließend den Teig in eine saubere, leicht eingefettete Schüssel geben und mit einem sauberen, feuchten Geschirrtuch oder mit Frischhaltefolie abdecken. An einem warmen Ort etwa 1 Stunde gehen lassen, bis sich das Teigvolumen verdoppelt hat.

3. Den Teig mit einem bemehlten Nudelholz auf einer sauberen, bemehlten Arbeitsfläche ca. 1,5 cm dick ausrollen. Mit einem runden Ausstecher (ca. 8 cm Durchmesser) Kreise ausstechen. Dann mit einem kleineren Ausstecher (ca. 3,5 cm Durchmesser) in der Mitte Löcher ausstechen. Die Teigringe auf 2 mit Backpapier ausgelegte Backbleche legen. Die Teigreste zusammenkneten, ausrollen und weitere Ringe ausstechen. Wenn der Teig aufgebraucht ist, die Teigringe mit einem sauberen Geschirrtuch oder mit Frischhaltefolie locker abdecken und an einem warmen Ort weitere 30 Minuten gehen lassen.

4. Wenn die Teigringe aufgegangen sind (sie sehen dann fluffig aus und das Volumen hat sich sichtbar vergrößert), das Öl etwa 6 cm hoch in eine tiefe, schwere Pfanne füllen und auf 170 °C erhitzen (so heiß, dass ein Würfel altbackenes Brot darin in 30 Sekunden braun wird).

5. In der Zwischenzeit die Glasur zubereiten. Dazu den Puderzucker in eine Schüssel sieben und mit den restlichen Zutaten gut vermischen, bis keine Klümpchen mehr sichtbar sind. Die Glasur sollte eine milchige Farbe haben und etwa die Konsistenz von Zuckerrübensirup aufweisen – falls sie zu dünn ist, noch etwas Puderzucker hineinsieben und wieder glatt rühren.

6. Mit einem Spatel jeweils 2 Donuts vorsichtig in das heiße Öl legen und von jeder Seite etwa 2 Minuten ausbacken, bis sie rundherum schön goldbraun sind. Mit einer Zange aus der Pfanne heben, das überschüssige Öl zurücklaufen lassen und anschließend zum Abtropfen auf Küchenpapier legen.
7. Die fertig gebackenen Donuts mit einer Seite in die Glasur tunken und dabei etwas drehen, sodass sie gut bedeckt sind. Anschließend auf ein Kuchengitter legen und abkühlen lassen. Am besten unter das Kuchengitter ein Backblech stellen, damit die überschüssige Glasur auf das Blech tropfen kann. Die Donuts noch warm oder am selben Tag genießen.

**TIPP**

Der Teig muss gut durchgeknetet werden, damit das Gluten aktiviert wird. Deshalb empfiehlt sich die Verwendung einer Küchenmaschine, da das Kneten die Arme sehr anstrengen kann. Die Temperatur des Öls sollte möglichst konstant gehalten werden – bei zu heißem Fett werden die Donuts außen hart und braun, während sie innen noch teigig sind. Ist das Öl hingegen nicht heiß genug, triefen die Donuts vor Fett und werden schwabbelig.

9

# EISCREME, SORBETS & GETRÄNKE

# AFFOGATO MIT AMARETTI

FÜR 1

GF WF SoF

1 Schuss **frisch gebrühter Espresso**
2 Kugeln selbst gemachte **Cashew-Vanille-Eiscreme** (siehe unten) oder andere Eiscreme
2–3 **Amaretti-Kekse** (siehe gegenüber, glutenfrei für GF und WF)

**VORBEREITUNGSZEIT: 10 MINUTEN**

**Rebecca bereitet gerne Affogato zu, wenn sie Freunde zum Essen einlädt – mit Vanilleeis, Espresso und Amaretti. Einfach in der Zubereitung und unglaublich köstlich. Sie erinnert sich dann an ihre Ferien im italienischen Levanto und den Genuss von Affogato an lauen Sommerabenden.**

1. Für den Affogato zunächst den Espresso zubereiten und warm halten. 2 Kugeln Eis in ein kleines Weinglas, eine Eisschale oder Tasse geben und mit dem heißen Espresso übergießen. Die Amaretti in je 2–3 Stücke brechen und drüberstreuen. Sofort servieren.

# CASHEW-VANILLE-EISCREME

FÜR 4

★ GF WF SoF

100 g **Datteln**, entsteint
500 g **Cashewsahne** (siehe Seite 228), gekühlt
1 großzügige Prise **Weinstein** (Cream of tartar)
6 EL **raffiniertes Kokosöl**
90 ml **Ahornsirup**
2 TL **Vanillepaste**
1 TL **veganer Apfelessig**
1 Prise **Salz**

**VORBEREITUNGSZEIT: 20 MINUTEN · ZEIT ZUM EINWEICHEN: 15 MINUTEN · ZEIT ZUM GEFRIEREN: 7 ½ STUNDEN**

1. Die Datteln 15 Minuten in kochendem Wasser einweichen. Cashewsahne und Weinstein mit einem elektrischen Rührgerät aufschlagen, bis sich weiche Spitzen bilden.
2. Die Datteln abgießen und mit dem Kokosöl in einem Mixer pürieren. Falls Fruchtstückchen zurückbleiben, die Paste durch ein Sieb streichen. In eine mikrowellengeeignete Schüssel füllen und 30 Sekunden in der Mikrowelle schmelzen. Die restlichen Zutaten dazugeben und glatt rühren.
3. Die Dattelmischung zu der geschlagenen Cashewsahne geben, erneut durchmixen und die Masse gelegentlich vom Rand der Schüssel schaben.
4. Die Eismasse in einen geeigneten Behälter füllen und 30 Minuten tiefkühlen. Anschließend kräftig durchrühren und mit einer Gabel kleine Klümpchen zerdrücken, ohne die Masse zu pürieren. (Keine Sorge, falls die Eiscreme zu schnell gefrieren sollte – sie kann vor dem Servieren noch mal cremig gerührt werden.) Diesen Vorgang zweimal wiederholen. Anschließend 6 Stunden oder über Nacht im Gefrierschrank tiefkühlen. (Falls Sie eine Eismaschine verwenden, folgen Sie den Anweisungen des Herstellers.)
5. Etwa 1 Stunde vor dem Servieren aus dem Gefrierschrank nehmen. Wenn die Masse zu fest geworden ist, in einen Mixer füllen und mixen, aber nicht zu lange, da die Eiscreme durch die Hitze von Messer und Motor nach etwa 1 Minute zu schmelzen beginnt.
6. Wieder in die Schüssel oder in einen Behälter mit Deckel füllen und im Gefrierschrank kalt stellen. 15 Minuten vor dem Servieren herausnehmen.

# AMARETTI

ERGIBT 12

GF WF SoF

**Öl**, zum Einfetten
60 ml **Aquafaba** (Flüssigkeit aus einer Dose Kichererbsen, siehe Seite 12)
150 g **gemahlene Mandeln**
85 g **Zucker**, plus etwas mehr zum Wälzen
½ TL **normales** oder **glutenfreies Backpulver**
½ TL **Mandelextrakt** (optional)
25 g **gehackte Mandeln** oder **Mandelblättchen**
1 Prise **Salz**

**VORBEREITUNGSZEIT: 10 MINUTEN · BACKZEIT: 18 MINUTEN**

**Diese Amaretti sind außen knusprig und innen schön saftig. In einem luftdichten Behälter halten sie sich bis zu 4 Tage. Sie können sie nach dem Abkühlen aber auch einfrieren.**

1. Den Ofen auf 180 °C vorheizen. Ein Backblech mit Backpapier auslegen und mit etwas Öl einpinseln.
2. Alle Zutaten zu einer klebrigen Paste verrühren.
3. In eine kleine Schüssel etwas Zucker geben, um die Kekse darin zu wälzen. Mit den Händen etwa esslöffelgroße Teigstücke zu schönen Kugeln formen. Im Zucker wälzen, bis alles gut bedeckt ist, und auf das Backblech legen. Zwischen den Teigkugeln etwa 3 cm Abstand lassen, da die Kekse beim Backen zerlaufen. Anschließend etwas flach drücken.
4. 15–18 Minuten backen. Auf dem Backblech abkühlen und fest werden lassen.

# CASHEW-EISCREME

FÜR 4

Als Basis für dieses eisgekühlte Vergnügen dient das Rezept für die Cashew-Vanille-Eiscreme von Seite 284.

## DUNKLES SCHOKOLADENEIS

GF WF SoF

**VORBEREITUNGSZEIT: 25 MINUTEN · ZEIT ZUM EINWEICHEN: 15 MINUTEN · ZEIT ZUM GEFRIEREN: 7 ½ STUNDEN**

1 Portion **Cashew-Vanille-Eiscreme** (siehe Seite 284)
150 g **milchfreie dunkle Schokolade**, in Stücke gebrochen
1 TL **Instant-Espressopulver**
50 g **milchfreie Schokodrops** oder **Schokolade**, klein gehackt

1. Die Cashew-Vanille-Eiscreme wie auf Seite 284 beschrieben zubereiten.
2. Die Schokolade etwa 2 Stunden vor dem Servieren in einer hitzebeständigen Schüssel über einem heißen Wasserbad schmelzen (nicht zu heiß werden lassen, da die Schokolade sonst gerinnt und körnig wird). Vom Herd nehmen und mit dem Espressopulver vermischen. Anschließend abkühlen lassen.
3. Nach dem letzten Mixvorgang der Eiscreme die abgekühlte, geschmolzene Schokolade mit den Schokodrops unter das Eis rühren. Anschließend vollständig gefrieren lassen. Die Eiscreme etwa 15 Minuten vor dem Servieren herausnehmen und etwas antauen lassen.

## VANILLEEIS MIT KANDIERTEN PEKANNÜSSEN

GF WF SoF

**VORBEREITUNGSZEIT: 25 MINUTEN · ZEIT ZUM EINWEICHEN: 15 MINUTEN · GARZEIT: 10 MINUTEN · ZEIT ZUM GEFRIEREN: 7 ½ STUNDEN**

125 g **Pekannüsse**
1 TL **raffiniertes Kokosöl**
1 TL **Ahornsirup**
1 TL **unraffinierter Zucker**
1 Portion **Cashew-Vanille-Eiscreme** (siehe Seite 284)

1. Den Ofen auf 180 °C vorheizen. Ein Backblech einfetten. Die Pekannüsse in eine Schüssel füllen.
2. Öl, Ahornsirup und Zucker in einem kleinen Topf erhitzen und aufkochen lassen. Sofort vom Herd nehmen und über die Pekannüsse gießen. Kräftig durchrühren.
3. Die Pekannüsse auf dem eingefetteten Backblech verteilen, sodass sie nicht übereinanderliegen. Etwa 6 Minuten im Ofen rösten, bis sie goldbraun sind. Nach der Hälfte der Zeit einmal wenden. Abkühlen lassen und fein hacken.
4. Die Cashew-Vanille-Eiscreme wie auf Seite 284 beschrieben zubereiten. Nach dem letzten Mixvorgang die kandierten Pekannüsse unterheben und im Gefrierschrank vollständig gefrieren lassen.

# BANANEN-KARAMELL-EIS

GF WF SoF

**VORBEREITUNG: 25 MIN.**
**ZEIT ZUM EINWEICHEN: 15 MIN. · GARZEIT: 15 MIN.**
**ZEIT ZUM GEFRIEREN: 7½ STD.**

1 TL **raffiniertes Kokosöl**
4 **Bananen**, in dünne Scheiben geschnitten
2 TL **Ahornsirup**
60 ml **Kokoscreme** (obere Schicht einer ungeschüttelten Dose Kokosmilch)
1 TL **Vanillepaste**
1 Portion **Cashew-Vanille-Eiscreme** (siehe Seite 284)

1. Das Öl in einer großen Pfanne erhitzen. Die Bananenscheiben darin in 2–3 Minuten goldbraun anbraten. Ahornsirup dazugeben. Wenn der Sirup zu köcheln beginnt, Kokoscreme und Vanillepaste hinzufügen. Unter ständigem Rühren die Bananen zu einer dickflüssigen Sauce einkochen. Etwas abkühlen lassen und anschließend fein pürieren.
2. Die Cashew-Vanille-Eiscreme wie auf Seite 284 beschrieben zubereiten.
3. Nach dem letzten Mixvorgang der Eiscreme die Bananenmischung unterheben und im Gefrierschrank vollständig gefrieren lassen. Die Eiscreme etwa 15 Minuten vor dem Servieren herausnehmen und etwas antauen lassen.

**Im Uhrzeigersinn, von oben nach unten: Vanilleeis mit kandierten Pekannüssen, dunkles Schokoladeneis und Avocado-Kokos-Gelato (Rezept umseitig)**

# AVOCADO-KOKOS-GELATO

FÜR 6

GF WF NF SoF

2 Dosen **Kokosmilch** (à 400 ml, nicht fettreduziert), über Nacht im Kühlschrank kalt gestellt
8–10 EL **Puderzucker**, gesiebt
4 **Avocados**, gehackt
abgeriebene Schale von 2 **Limetten** und Saft von 1 **Limette**

**VORBEREITUNGSZEIT: 20 MINUTEN · ZEIT ZUM KÜHLEN: ÜBER NACHT · ZEIT ZUM GEFRIEREN: 4 STUNDEN**

**Dieses Rezept ist keine vegane Erfindung – süßes Avocado-Eis, das aus herkömmlichem Custard hergestellt wird, gibt es schon seit Langem und ist in Südamerika weit verbreitet. Kinder wie Erwachsene werden diese Variante dank ihrer kräftigen Farbe und der unglaublich cremigen Konsistenz und dem Hauch Limette lieben.**

1. Die beiden Kokosmilchdosen aus dem Kühlschrank nehmen. Dabei nicht schütteln. Die weiße Cremeschicht vorsichtig abschöpfen, den wässrigen Teil der Kokosmilch für später aufbewahren (z. B. für Smoothies oder Porridge).
2. Den cremigen Teil der Kokosmilch in eine große Schüssel oder die Rührschüssel einer Küchenmaschine füllen. Mit dem Rührbesen locker aufschlagen. Dann portionsweise 8 EL Zucker einrühren und die Masse nach jedem Löffel kräftig aufschlagen.
3. Avocados, Limettensaft und -schale mit einem Stabmixer (oder in einer Küchenmaschine oder einem Standmixer) glatt pürieren. Die geschlagene Kokoscreme dazugeben und noch einmal kräftig mixen, bis die Masse hellgrün und luftig aufgeschlagen ist. Die Rührbesen sollten beim Herausziehen eine feste, bandähnliche Spur an der Oberseite der Gelato-Mischung hinterlassen. Nach Belieben noch etwas Puderzucker dazugeben. Die Masse anschließend in einen für den Gefrierschrank geeigneten Behälter füllen und 30 Minuten tiefkühlen.
4. Das Gelato aus dem Gefrierschrank nehmen und kräftig durchrühren (keine Sorge, falls die Masse Klümpchen bildet – vor dem Servieren wird sie mit dem Mixer noch einmal kurz glatt gerührt). Den Vorgang dreimal wiederholen. Anschließend 2 Stunden im Gefrierschrank tiefkühlen und vollständig gefrieren lassen. (Falls Sie eine Eismaschine verwenden, folgen Sie den Anweisungen des Herstellers.)
5. Die Eiscreme etwa 20 Minuten vor dem Servieren aus dem Gefrierschrank nehmen und 10 Minuten antauen lassen. Dann in einen Standmixer füllen und etwa 1 Minute gut durchrühren. Die Eiscreme dabei mit einem Stößel nach unten Richtung Messer drücken und von den Seiten des Mixbehälters schaben (nicht länger als 1 Minute mixen, da die Eiscreme durch die Hitze des Messers zu schmelzen beginnt).
6. Mit einem Spatel in einen für den Gefrierschrank geeigneten Behälter füllen und 5–10 Minuten tiefkühlen. Anschließend in kleinen Schalen, Eisbechern, Eistüten oder Gläsern servieren.

# BANANEN-SCHOKO-HASELNUSS-EIS

FÜR 2

GF WF SoF

4 **Bananen**, in Scheiben geschnitten und über Nacht im Gefrierschrank tiefgekühlt
2 EL **Kakaopulver ohne Zuckerzusatz**
2 EL **Ahornsirup**
½ TL **Vanillepaste**
2 EL **Haselnussmus**

**VORBEREITUNGSZEIT: 15 MINUTEN · ZEIT ZUM GEFRIEREN: ÜBER NACHT + 30 MINUTEN**

**Diese Eiscreme kommt ganz ohne Milch und Sahne aus und ist kinderleicht in der Zubereitung – alles, was Sie brauchen, sind Bananen und Nüsse. Aus gefrorenen Bananen kann man herrliche Eiscreme zaubern, die mit sehr wenig Zucker maximalen Geschmack verspricht und sich ideal für Kinder eignet.**

1. Bananen, Kakaopulver, die Hälfte des Ahornsirups und die Vanillepaste in einen – am besten hochtourigen – Mixer geben. Auf der höchsten Stufe glatt pürieren und anschließend in einen für den Gefrierschrank geeigneten Behälter füllen.
2. Das Haselnussmus in einer kleinen Schüssel mit dem restlichen Ahornsirup verrühren. Die Mischung unter die Eiscreme heben, dabei nicht zu stark vermischen.
3. Sofort genießen oder noch 30 Minuten im Gefrierschrank kalt stellen, falls die Eiscreme schon zu weich ist.

# SCHOKOLADENSORBET

FÜR 6

GF WF NF SoF

500 ml **kochendes Wasser**
200 g **Zucker**
60 g **hochwertiges Rohkakaopulver** oder **Kakaopulver ohne Zuckerzusatz**
250 g **milchfreie dunkle Schokolade**, in kleine Stücke gebrochen
1 TL **Vanilleextrakt**
1 Prise **Salz**
75 g **gefrorene Beeren**, zum Servieren (optional)

**VORBEREITUNGSZEIT: 20 MINUTEN · GARZEIT: 5 MINUTEN**
**ZEIT ZUM GEFRIEREN: 3 STUNDEN 20 MINUTEN**

**Rebecca ist besessen von Schokoladeneis, und als sie beschlossen hatte, keine Milchprodukte mehr zu essen, war sie nicht minder besessen von der Idee, eine vegane Version zu kreieren. Auch wenn es sich bei diesem Dessert eigentlich um ein Sorbet handelt, ist es unglaublich cremig – obwohl es keine Milch enthält. Es ist frei nach David Lebovitzs Rezept für Schokoladensorbet in seinem Buch *The Perfect Scoop*, für unsere Version benötigt man aber keine Eismaschine.**

**Die gekühlte, ungefrorene Schokoladenmasse kann auch als Schokosauce für Desserts oder Sundaes verwendet oder direkt aus dem Glas gelöffelt werden. Wir könnten es Ihnen nicht verübeln.**

1. Wasser, Zucker und Kakaopulver in einem großen Topf zum Kochen bringen. 1 Minute unter ständigem, vorsichtigem Rühren kochen. Vom Herd nehmen und die Schokolade dazugeben. Unter Rühren zum Schmelzen bringen. Anschließend Vanilleextrakt und Zucker hinzufügen und glatt rühren. In einen Standmixer umfüllen und mindestens 1 Minute schaumig schlagen. Anschließend zum Festwerden abkühlen lassen.
2. Nach dem Abkühlen den Mixbehälter für 20 Minuten in den Gefrierschrank stellen (stellen Sie eine Küchenuhr). Anschließend das Sorbet mit einem Spatel von den Seiten des Mixbehälters schaben und gut unterrühren. Etwa 20 Sekunden mixen. Diesen Vorgang – gefrieren, von den Seiten schaben und mixen – dreimal wiederholen und das Sorbet anschließend im Mixbehälter 2 Stunden im Gefrierschrank tiefkühlen.
3. Aus dem Gefrierschrank nehmen, das Sorbet erneut von den Seiten schaben und 30 Sekunden mixen, bis die Masse ganz glatt ist. Anschließend in einen für den Gefrierschrank geeigneten Behälter füllen, mit einem Deckel verschließen und vollständig gefrieren lassen.
4. Etwa 10 Minuten vor dem Servieren aus dem Gefrierschrank nehmen.
5. Falls Sie das Sorbet mit gefrorenen Beeren servieren möchten, diese in einem Mixer zerkleinern und über das Sorbet streuen.

# VEGANE MILCHSORTEN

**Wir stellen unsere Milch zwar ab und zu gerne selber her, man sollte aber bedenken, dass die meisten im Handel erhältlichen Pflanzenmilchsorten mit Kalzium und Vitamin D oder B12 angereichert sind. In veganen oder pflanzlichen Lebensmitteln sind diese Mineralstoffe und Vitamine oft nicht ausreichend vorhanden.**

## HAFERMILCH

ERGIBT 1 Liter

GF WF NF SoF

**VORBEREITUNGSZEIT: 10 MINUTEN**
**ZEIT ZUM EINWEICHEN: 4 STUNDEN**

**Hafermilch eignet sich gut für die Zubereitung von Müsli oder kalten Getränken, da sie keine Stabilisatoren oder Emulgatoren enthält und Hitze nicht gut verträgt.**

250 g **Hafer** (glutenfrei für GF und WF)
3 TL **Zitronensaft**, plus etwas mehr nach Belieben
750 ml **kaltes Wasser**
1–3 TL **Agavendicksaft**, nach Belieben
**Salz**

1. Den Hafer und die Hälfte des Zitronensaftes in eine Schüssel oder einen Behälter geben und gut mit Wasser bedecken. Zugedeckt für 4 Stunden oder über Nacht einweichen.
2. Den Hafer abseihen und gründlich abspülen, um den glibberigen Haferschleim zu entfernen. Zusammen mit dem kalten Wasser, dem restlichen Zitronensaft, 1 TL Agavendicksaft und 1 Prise Salz in einen Standmixer füllen und auf hoher Stufe 30 Sekunden mixen.
3. Die Hafermischung durch ein mit einem Passiertuch ausgelegtes Sieb abgießen, um die festen von den flüssigen Bestandteilen zu trennen. Die Reste mit den Händen gut ausdrücken, sodass die ganze Flüssigkeit herausgepresst wird. Nach Belieben mit Zitronensaft, Salz oder Agavendicksaft abschmecken.

## HANFMILCH

ERGIBT 1 Liter

GF WF NF SoF

**VORBEREITUNGSZEIT: 5 MINUTEN**

**Hanfsamen sind im Bioladen, großen Supermärkten oder online erhältlich. Für die Zubereitung der Hanfmilch eignet sich am besten ein hochtouriger Mixer.**

100 g **Hanfsamen**, ungeschält
250 g **Creamed Coconut**
2 **Datteln**, entsteint
½ TL **Vanillepaste**
400 ml **kaltes Wasser**
1 Prise **Salz**

1. Alle Zutaten in einem hochtourigen Mixer glatt rühren. Vor dem Servieren kalt stellen.

## CASHEWMILCH

ERGIBT 1 Liter

(GF) (WF) (SoF)

**VORBEREITUNGSZEIT: 5 MINUTEN**
**ZEIT ZUM EINWEICHEN: 30 MINUTEN**

225 g **ungeröstete Cashewkerne**
800 ml **kaltes Wasser**
1–2 **Datteln**, entsteint
1 TL **Vanilleextrakt** oder **Vanillepaste** (optional)
1 Prise **Salz**

1. Die Cashewkerne 30 Minuten in kochendem Wasser oder mindestens 4 Stunden oder über Nacht mit kaltem Wasser bedeckt im Kühlschrank einweichen.
2. Die Cashewkerne abgießen, abspülen und mit den restlichen Zutaten in einem hochtourigen Mixer ganz glatt rühren.
3. Im Kühlschrank hält sich die Cashewmilch bis zu 4 Tage. Vor Gebrauch immer gut schütteln oder durchrühren, da sich die Milch absetzt.

## SCHOKOMILCH

ERGIBT 1 Liter

(GF) (WF) (SoF)

**VORBEREITUNGSZEIT: 5 MINUTEN**
**ZEIT ZUM EINWEICHEN: 30 MINUTEN**

225 g **ungeröstete Cashewkerne**
800 ml **kaltes Wasser**
5–7 **Datteln**, entsteint, nach Belieben
1 TL **Vanilleextrakt** oder **Vanillepaste**
20 g **Kakaopulver ohne Zuckerzusatz**
1 Prise **Salz**

1. Die Cashewkerne 30 Minuten in kochendem Wasser oder mindestens 4 Stunden oder über Nacht mit kaltem Wasser bedeckt im Kühlschrank einweichen.
2. Die Cashewkerne abgießen, abspülen und mit den restlichen Zutaten in einem hochtourigen Mixer ganz glatt rühren.
3. Im Kühlschrank hält sich die Schokomilch bis zu 4 Tage. Vor Gebrauch gut schütteln.

**TIPP**
Wenn Sie statt Schokomilch lieber Erdbeermilch mögen, ersetzen Sie die Datteln und den Kakao durch 15 Erdbeeren (Strunk entfernen) und etwa 1 TL Ahornsirup.

## MANDELMILCH

ERGIBT 1 Liter

(GF) (WF) (SoF)

**VORBEREITUNG: 5 MIN. · ZEIT ZUM EINWEICHEN: 8 STD.**

125 g **blanchierte Mandeln**
950 ml **kaltes Wasser**
1 Prise **Salz**
2 **Datteln**, entsteint

1. Die Mandeln mit kaltem Wasser bedecken und mindestens 8 Stunden oder besser noch über Nacht im Kühlschrank einweichen.
2. Die Mandeln abgießen, abspülen und mit den restlichen Zutaten in einem hochtourigen Mixer ganz glatt rühren. Anschließend die Flüssigkeit durch einen Nussbeutel oder ein mit einem Passiertuch ausgelegtes Sieb streichen.
3. Im Kühlschrank hält sich die Mandelmilch bis zu 4 Tage. Vor Gebrauch immer gut schütteln oder durchrühren, da sich die Milch absetzt.

# SMOOTHIES

**Diese beiden Rezepte bilden die ideale Basis für Ihre Smoothie-Experimente – ob Kurkuma, veganer Joghurt, veganer Kefir, Spinat, Birne, Avocado, Cayennepfeffer, Beeren, Mango, Passionsfrucht oder Orange – der Fantasie sind keine Grenzen gesetzt!**

## KAROTTE, APFEL, INGWER & ANANAS

FÜR 2

GF WF NF SoF

**VORBEREITUNGSZEIT: 10 MINUTEN**

1 **Apfel**, entkernt und in Stücke geschnitten
½ kleine **Ananas**, geschält und gewürfelt
1 **Karotte**, in Stücke geschnitten
1 Stück **frischer Ingwer** (2 cm), geschält
abgeriebene Schale und Saft von 1 **Limette**
**Eiswürfel**, zum Servieren

1. Die Zutaten, beginnend mit Apfel und Ananas, in einem hochtourigen Mixer übereinanderschichten. Der Saft von Apfel und Ananas vereinfacht dabei den Mixvorgang. Die restlichen Zutaten zugeben und glatt pürieren.
2. Den Smoothie in zwei mit Eiswürfel gefüllte Gläser gießen.

## GRÜNKOHL, GURKE & MINZE

FÜR 2

GF WF NF SoF

**VORBEREITUNGSZEIT: 10 MINUTEN**

1 **Apfel**, entkernt und in Stücke geschnitten
½ **Gurke**, in Stücke geschnitten
100 g **Grünkohl**, ohne dicke Stiele, grob gehackt
1 Handvoll **frische Minzblätter**
1 Stück **frischer Ingwer** (ca. 3 cm), geschält
abgeriebene Schale und Saft von 2 **Limetten**
**Eiswürfel**, zum Servieren

1. Die Zutaten in einem hochtourigen Mixer übereinanderschichten. Die unterste Schicht direkt beim Messer sollten dabei Apfel und Gurke bilden. Die restlichen Zutaten zugeben und glatt pürieren.
2. Den Smoothie in zwei mit Eiswürfel gefüllte Gläser gießen.

# WHISKY SOUR

FÜR 1

GF WF NF SoF

**VORBEREITUNGSZEIT: 10 MINUTEN**

**Dieser Aquafaba Sour orientiert sich an dem Originalrezept und funktioniert genauso gut mit Gin für einen Gin Sour oder Pisco für einen Pisco Sour (den Bitter dabei nicht mit den anderen Zutaten mixen, sondern als Garnitur auf den Drink träufeln). Für einen Amaretto Sour mischen Sie Amaretto und Whisky im Verhältnis 1:1 und verwenden weniger oder gar keinen Zucker.**

---

60 ml **Bourbon** (oder einen **Whisky** Ihrer Wahl)
5 TL **Zitronensaft**
2 EL **einfacher Zuckersirup**
2 EL **Aquafaba** (Flüssigkeit aus einer Dose Kichererbsen, siehe Seite 12)
3 Schuss **Angosturabitter**
**Eiswürfel**
1 **Cocktailkirsche** und 1 **Zitronenscheibe**, zum Dekorieren

1. Alle Zutaten bis auf die Eiswürfel und die Dekoration in einen Cocktailshaker geben und 10 Sekunden kräftig schütteln. Dann den zu zwei Drittel mit Eiswürfeln auffüllen und weitere 10 Sekunden schütteln.
2. Durch ein Barsieb in ein Glas abgießen, sodass das Eis im Shaker zurückbleibt.
3. Die Zitronenscheibe um die Cocktailkirsche schlagen und wie ein Segel auf einen Cocktailspieß stecken. Den Drink dekorieren und sofort servieren.

**TIPP**
Die Verwendung von Aquafaba anstelle von rohem Eiweiß ist bei vielen Barkeepern schon seit ein paar Jahren an der Tagesordnung – es ist nicht nur vegan, sondern hat sich auch bewährt, weil es länger frisch bleibt, nicht nach Ei riecht und man sich keine Magen-Darm-Beschwerden einhandeln kann.

# VEGANER SAHNELIKÖR

FÜR 2

GF WF NF SoF

**VORBEREITUNGSZEIT: 5 MINUTEN**

**Süß, cremig und erschreckend süffig. Sie können auch gleich die zwei- oder dreifache Menge zubereiten und für ein paar Tage im Kühlschrank aufbewahren. Schmeckt besonders gut mit Bourbon oder Irish Whisky.**

---

60 ml **veganer Brandy** oder **veganer Whisky**
2 EL **frisch gebrühter Espresso** oder **sehr starker Kaffee**
30 ml **Kahlúa-Kaffeelikör**
1 TL **Ahornsirup, Agavendicksaft** oder **einfacher Zuckersirup**
3 EL **Kokoscreme** (obere Schicht einer ungeschüttelten Dose Kokosmilch)
2 EL **ungesüßte Pflanzenmilch** (ohne Nüsse für NF und ohne Soja für SoF)
½ TL **Vanilleextrakt**
3 Schuss **veganer Schokoladenbitter** (optional)
1 Prise **Salz**
**Eiswürfel**, zum Servieren

1. Alle Zutaten bis auf die Eiswürfel in einem Cocktailshaker oder Mixer kräftig schütteln bzw. rühren, bis die Flüssigkeit ganz glatt ist.
2. In zwei mit Eiswürfel gefüllte Gläser gießen.

# REGISTER

## D



## E



## F



## G



## H

# DAS LEON-TEAM

Margo Herda
Rute Barreiros
Ben Iredale
Tom Green
Cristina Cirican
Claire DidierAnderson
Martyn Trigg
Istban Szep "Pisti"
John Corrigan
Thom Malley
Nina Amaniampong
Kristina Dabkeviciene
Thiago Turibio Da Silva
Lukasz Kubiak
Avy Visockis
Ewan Milne
Beth Emmens
Marco Berardi
Radoslaw Zemsta
Gabor Salai
Manuela Crivellari
Mahbuby Rabbani
Kristen Rego
Alan Mcniven
Nichola Norton
Kashmira John
Lee Dunning
Erika Garcia
Katie Jones
Adriano Paduano
Lena Cumacenko
Ana Sobrinho
Johanne Rakotoarisolo
Orsolya Lazar-Erdelyi
Matthew Ali
Jade Ebejer
Luca Galvanelli
Gary Marriott
Alessandro Perleonardi
Andrea Gil
Liliya Georgieva
Kelly Coakley
Alisson Grossi
Stacey Strachan
Ana María Nóbrega
Quijano
Viviane Bogdanov Simao
Lob Tang
Severina Pascale
John Vincent
Nacho Curtolo
Corey Douglas
Dimi Dimitrov
Lidia Budkowska
Cameron Essam
John Brooks
Beatrice Gessa
Arti Dhrona
David Del Rio Dos Santos
Katalin Szabo
Simona Donato
Marta Sedano Vera
Katarzyna
Niki Vrtiskova
Emily Hawkley
Simone Florian
Andreia Ivascu
Andras Klug
Bence Kovacs
Clara Ballesteros
Rebecca Di Mambro
Giovanna Fuentes
Antony Perring
Chris Burford
Fabio Soliman
Andrea Bulgarelli
Roberta Adamo
Ylenia Bermudez Sanchez
Carolyn Prieur
Csaba Borsos
Luca Berardi
Valeria Colesanti
Ania Swietlicka
Elsayed Mohamed
Jenny Di Nunzio
Cengiz Rahmioglu
Adam Blaker
Izabela Kaniuk
Clara Iudica
Csaba Lukacs
Sam McIntyre
Daniela-Claudia Varvarei
Andrea Bassi
Arthur Toso
Filippo Ciarla
Oluwatobiloba Olutayo
Tierney Fauche
David John O'Leary
Gemma Kearney
Kayanda Besa
Saffron Cann
Andreea Tudor
Dmitrijs Cumacenko
Natasha Cowdrey
Kamila Kilian
Russell Simpson
Paul Farmer
Claudia Costea
Pablo Olalla Vilches
Debbie Thorpe
Ana Nicoleta Lisman
Emin Cheese
Nirav Desai
Enrico Bonetti
Alberto Biasi
Merche Martin
Rafa Rafiki
Lina Lazarova
Sabrina Stefan
Sensa Madonna
Lynda-Sabah Elbounabi
Adrian Pompey
Maciej „Magic" Meyza
Erika Kupfer
Vanessa Valadao
Silvia Zuccarino
Melissa Wilson
Nundi Parsons
Hector Itachi
Frederique Anctil
Adam Nagy
Andrea Franchi
Nicholas Scovell
Patrick McKenny
Peter Meszaros
Bruna Lise De Moura
Sexy Ozzy
Alex Maj
Ali Delaney
Charlotte McCarter
Kendra Guerrero
Jada Kennedy-Mark
Paul Casey
Adam Klosowski
Suada Fetahu
Gianluca Marletta
Vendella Oppenheimer
Hector Morillo Aguilera
Marcin Kaminski
Engila Saidy
Rabson Mwale
Federica Cicero
Alexandra K
Anastasie Etoundi
Valerii Subaci
Klaudia Baran
Srijana Bantawa-Doman
Lautaro Curtolo
Caroline Gabrielle
Jacqueline Marty
Carolanne C
Aurora Minuto
Mala Gurung
Giulia Archetti
Kamau Pink
Kevin Freitas Silva
GintareKi
Sam (Bush)
Amilton de Sousa
Sam Velvet
John-Alex
Cato Tønnessen
Felix Rivas
Kassius Lipko
Cindy Veeren
Geoffrey Osei-Kofi
Bilal Hussain
Nacho Arroyo
Marco Reick
Raquel Binelli Campos
Jade O'Mahoney
Jade Richter
Denis Krastev
Djafar Ouahchia
Katie Harris
Neeraj Gangurde
AmandaGiatti
Ines Eshak
Rosie Bayliss
Yassien Hamza
Nasteho Elmi
Tomoko Klosowski
Cristiano Sequeira
Gouveia
Juliana António De
Almeida Cardoso
Annastacia Crooks
Agata Cyminska Thomas
Sandra Silva
Thomas Hopper
Cameron Love
Poppy Kitcher
Sebastian Puchalski
Shelby Davey
Aaron Rahn
Louise Wells
Simran Jandu
Virgilia Ianotaro
Zoltan Almasi
Matteo Leschiera
Emin Ho Van
Hannah Driscoll
Magdalena Szpytma
Joan Oltra
Chris Frame
Ollie Cooney
Nicola Loveday
Vladareanu Andreea
Michelle Nkedi
Sean Matthews
Harry Harrison
Mathilde Perrais
Rodrigo Bettiol Ribeiro
Anna Kormos
Charlotte Wilkinson
Kobe Clerc
Diana Ibrion
Erica Molyneaux
Ioana Gavrila
Justina Cesnauskyte
Rapha Gomez
Ami Wilkins
Giuseppe Fallucchi
Łukasz Ludowich
Iulia Tat
Shereen Ritchie
Patrycja Lipinska
Renata Taylor
Joshna Aloor
Emmanuel Sule
Haissatou
John Jordan
Maya Gordon
Eva Zacharia
Ellsys Mélanos'
Tim Smalley
Alessandro Straccia
Benedict W
Viktoria Raj
Nezliya Muhara
Alexander King
Aida Morer Caba
Manoela Groh
Wojtek Wujcikowski
Delphine Hille
Saskia Harrison
Asha Folkes
Rebeca Calugareanu
Elzie Coakley
Aashutosh
Aldona Lis
Enoch Bugyei
Nadia Furno
Gemma Holroyd
Sarah Davies
Faith Ajamogha
Jonay Gutierrez
Rodriguez
Victor Ayoze Campos
Benitez
Domante Putnaite
Sophie Hudson
Zaenab Popoola
Kinda Razzaz
Judit Comas Ginebra
Marco Cadel
Nycola Buttress
Sindy Reyes
Martha Dougma
Alise Jugbarde
Vika Kapustina
Judit Lara
Eliza Ward
Anna Addis
Oliver Pope
Vanessa Chiarolla
Kieran Finch
Omar Ammar
Aishat Seriki
Alberto-Mihai Ilies
Attila Gereb
Chloé Suffell
Lara Eyre
Henry Nice
Martina Rossi
Robin Auld
Sofia Macedo
Lara Balicano
Flora Brazuelo Millán
Fran Cherpin
Mauricio LA
Liuba Marchionne
Millie Geldard
Dow Panyawong
Jonathan Lau
Julian Antonio Crawford
Peter Bosze
Keelan Gervis
Ivaylo Mitev
Jamane Barrett
Phili Alexander
Rickeisha
Grzegorz
Anca Ghitescu
Andrè „Sexual
Chocolate" Taylor
Dadi Velichkov
Ilyes
Olivia Lajos
Myumyun
Sergio Jerez
Emitinan
Dalia Torres Sánchez
Serena Bersani
Elisa Pompa
Oscar Drowley
Oluwatofunmi
Damian Urban
Greg Stolowski
Charlotte Weller
Nikki McHale
Grazvile Dragunaite
Ina Kozemiakina
Kazam Tatlases
Mark Tyler
Chelsea Burns
Dawn Hackett
Francesco Condemi
Saenuri Kim
Ruth Ventura
Alessia Stabile
Paulo Monteiro
Rafal Zygadlo
Mohammad ali
Ellie Holder
Orlan Masilu Lokubike
Irena Cashman
Gabriel Bastos-Vankirk
Maria Oaches
Maymuna Ali
Karolina Ciepal
Amal Ishaq
Catia Santos
Claire Richford
Karen Stone
Edward Wells
Mohit Panchal
Francesco De Stasio
Sergio Lasa
Ludo Romagnoli
Edison
Zakery
Nathan Franklin
Richárd Cseh
Jack Cooper
Luchiano Blackett
Melissa St.Clair-Braudé
Elaiza Endziulaityte
Nedas Sirutis
Annie Lo
Beatrice Griffanti
Jonathan Simao (Jonny)
Andre Wesley Barbosa
Diego Andrés Gómes
Teixeira

Emeline Mergy
Michelia Bosco
Tom Wellingham
Andrea Hamrova
Claudia Esposito
Marco Mundo
Ana Maria Zamfir
Shela Begum
Katy Carrington
Noora Kippola
Donus Sarican
Kiaro Saulter
Desislava Avramova
Dylan Faulds
Jacqueline Mierez
Holly Blake
Oussama Izem
Rita Tumaite
Toma Ezulike
Edyta Diakowicz
Gabriel Bilal Annouka
Leo McIntosh
Alessia Miani
Quinn Durlston-Powell
Yesha Patel
River Manning
Alyisha Isabella Pillai
Dominik Erdei
Jamey Collier
Tamla Tyrell
Ladislav Novák
Michal Frankiewicz
Andrea Kyei
Genevieve
Daniel Scalabrino
Liliane Castro
Trischia Joyce
M Saberon
Anisoara Burlacu
Jusdian Harkinto
Vee Williams
Zachary Caparanga
Evie Lythgoe-Cheetham
Saarah Hussain
Eva ES
Timonth L
Bree Faucher
Claudia MA
Danillo Rezende
Dom Carter
Gabriel I
Callum C
Calvin H
Sarah WQ
Easmund Lau
Fabio VP
Alp Watmough
Gary Chan
Jessica AC
Lucas Gobbo
Luis M Cortes
Whitney Abayomi
Catalina G
Saffa Abdi
Tamas Babarczi
Malika Barry
Joseph C
Agata Michniewicz

Cristian C
Dace R
Dominika
Freya Scott Broomfield
Junita A
Matej Ludvik
Simone A
Sona Ivanovicova

Adam ElBounabi
Toms Krauklis
Lydia Vale
Richard C
Maria L
Onik Akhid Zavaed
Rahman
Alexander H
Nadda Arbullami
Paula Cortes
Sumer Saleh
Thomas F
Whitneyanne Ideh
Zubair Ben Rais
Matias CEM
Adonnis Gilhodes
Clyde IO
Daniel D
Hannah O
Juan BG
Lauren Brooker
Marcin N
Maria Rosa
AmriT
Erden
Htut Khaung
Zunezo Sadiq
Brandon P
Lucky Abat
Sergio MJ
Bartosz Z
Panera Izaura
Natalia Wyzycka
Nicole Olutayo
Patrycja Dworak
Andrew Reid - Duncan
Mohammed F
Sofia V
Ciarán Linehan
David SR
Karissa Govender
Alexander C
Andres Yunda
Cheryl B
Oskar K
Mihaela R
Cherise A
Jean D
Karolina S
Khadijah
Ranjith Nair
Aviva T
Carlos SG
Yasmin Ali
Aleksandra W
Aleshandro L
Andreya RD
Eunice Goncalves
Furtado
Giorgos Polykarpou
Klaudia G
Mishelle Leiva
Moez Abdu
Silvija Vaiciunaite
Tom Binnie
Aydan J
Gabriela Mavrichi
Sarah A
Yasmin I
Fazira Naraju
Salma Azad
Allison J
Krystian Starczewski
Raluca Lazarescu
Olivia O
Antal Babarczi
Fatin C

Ilhan Ali
Lewis Daws
Sam Arojo
Sam MA
Luke Anokhin
Toca Mela
Jimmy Allen
Jane Melvin
Steve Head
Julian Hitch
David Bulbrook
Victoria Coyne
Simon Kelsey
Nick Evans
Brad Blum
Spencer Skinner
Fersen Lambranho
Rodrigo Boscolo
Maryte (Maria)
Paul Butcher
Howard Lockwood
Liza Nicol
Gijs van der Wilk
Koen Huiskes
James Powell
Stuart FitzGerald
Brian McIntyre
Donna Doyle
Aileen Cummins
Nickie Bartsch
Glenn Edwards
Marcelo Butron Arnez
Ashley Thornton
Ryan Bell
Steph Gaspar
Carlen Dickerson
Lucy Knowles
Simon Ward-Nicholson
James Turner
Natalia DiPalma
Kayley Van Dijk
Walter Seib
Natalie Ward
Meera Chohan
Andie Dickens
Grace Brown
Ayo Aderibigbe
Nicole Delafuente
Macey Brown
Aliyah Zaman
Jake Hawkshaw
Jakob Addo
Lena Pusey
Kimberley Hanson
Jessie Smith
Joshua Jackson
Verinda Sohal
Jacob Townson
Stuart Martin
Betsy Hyacinthe
Emi Kano-Binch
Melanie Egdell
James Wallace
Vanessa Robinson
Emily Scott
Melanie Le Roy Accra
Muhammad Rouf
Minelva Bartley
Stephanie Corr-Amajo
Thania Halima
Shetu Rahman
Kayleigh Lythgoe
Md Azizur Rahman
Alexandra Vasilescu
Laura Zamfir
Wanda Perretta
Cosmin Mociornita

Maria De Los Angeles
Sadjo Camara
Karolina Goralska
Mohammed Hadi
Elena Segovia Donoso
Madalina Stancioiu
Nicolas Atzeni
Suzan Hassen
Marius Enache
Georgi Mladenov
Alexia Plegnon
Stephane Grant
Wojciech Sokolowski
Malgorzata Pasierb
Sarah Middleton Johns
Jaydene Webley
Maria Turcu
Zatim Amada
Lakeisha Langford
Sonia Cuellar
Alexandru Coman
Alexandru Vasilescu
Adetayo Agoro
Reece Bartley
Liliana Busnosu
Yasmin Christian
Louise Kamau
Safiya Simmonds
Chioma Opara
Parth Lakhisarani
Tatiana Muruaga
Mihaela Brinzea
Dominika Amanowicz
Juan Schlitter
Daisy De Melo
Anna Maria Tsamasfyr
Michael Nunoo
Crina Muresan
Erika Lozano Chaparro
Lois Nyamekye
Jessica Lakay
Rudy Awaga
Feven Woldemariam
Lucinda Langford
Magdalena Lasota
Cinzia Oliviero
William Abe
Madeleine Zehetner
Princess Adebiyi
Markiyan Mitchyn
Priscilla Agyare
Joel Owusu-Ansah
Nii Dowuona - Ocran
Asad Jamil
Antonio Cimmino
Sivanyaa Sivanayagam
Villane Walcott
Deborah Zonzolo
Renee King
Dalia Samuel
Cassie Cooney-Gordan
Khalid Hassan
Conrad Omari
Yusuf Dawood
Maria Pena Montano
Asheka Jones
Chijioke Ude
Aini Abdulah
Naomi Estrela
Cherno Bmai
Nathalia Henao
Oliver Reeves
Kristianne Punzalan
Sara Hassan
Dimitrinka Pandova
Anum Khan
Choi Cheung

Mollie Martin
Ndabane Makukula
Jacob Udnæs
Adrienne Lough
Alit Dewa
Amalie Vorren
Søndergaard
Anna Stefansen
Ariel Baeña
Beñat Elortza Larrea
Borbála Vermes
Christina Young Slipukha
Diana Fernandes
Elliott Bowen
Emil Hugnell
Hans Rabben
Helene Skjenneberg
Hojattullah Hassani
Hyojung Son
Julie Eikaas
Katrina Tania Locsin
Kristian Shishmanov
Lisa Helena Andersson
Louise Lindeberg
Lucrecia Amante Dalog
Lulu Gakunju
Maya Jamal
Milad Shadadi
Milos Djoric
Miodrag Krajnovic
Nadia Loucif
Nawraj Sapkota
Nilana Salawati
Oriane Jolly
Orthon Leer Madengue
Paulina Tarnowska
Ramon Gimenez Rius
Rebekah Solomon
Rumman Chowdhury
Sebastian Torres
Seonmi Mun
Shamsah Luswata
Sondre Skjenneberg
Souzana Leontidou
Thomas Nanos
Traci Milimo
Vigdis Eygló Einarsdóttir
Zoitsa Gorgou
Anne-Katrine
Ertesvåg Aa
Sara Werselius
Marianne Galleberg
Marianne Lund
Evelina Söderholm
Jessica Van Der Zee
Islam Bashir
Richard Vieira Rijo
Ghylène Dam
Ayla Meijer
Sebas van Loon
Ritika Nowlakha
Naomi de Haas
AM Trawicka
Kristina Aleknaviciute
Helga Jonas
Eleanor Bentley
Rob Woowat
Rosalie Horsman
Andrea Tomkinson
George Newens
Connor James Smith
Gemma Roberts
Bethany Bate
Alex Hunt
Matt Job
Lucy Priest
Keeley McCandless

# DANK

## VON REBECCA

Ich war aufgeregt, aber auch ein wenig eingeschüchtert, als ich gebeten wurde, zusammen mit dem Team von LEON ein veganes Kochbuch zu entwickeln. Ich war sehr glücklich, als ich erfuhr, dass ich mit Chantal – und natürlich John – *LEON. Fast Food Vegan* schreiben würde. Chantal ist eine äußerst fantasievolle Köchin und hat so viele brillante Ideen in die Küche gebracht. Außerdem hatten wir beim gemeinsamen Kochen eine wirklich tolle Zeit mit guten Gesprächen.

Mit John zu arbeiten war wie immer ein Vergnügen – ich bewundere sein Engagement rund um LEON sehr und auch die Prinzipien, die er mit LEON vertritt.

Danke sagen möchte ich meinen wunderbaren kleinen Mädchen Isla und Coralie dafür, dass sie es wieder einmal ertragen haben, dass unser Haus in eine Experimentierküche und Fotostudio verwandelt wurde.

Wir hatten das Glück, Rezepte so vieler unserer Lieblingsköche und -köchinnen mitaufnehmen zu dürfen. Danke an dich Meriel Armitage von Club Mexicana (clubmexicana.com), David Clack und Frank Yeung von Mr. Bao (mrbao.co.uk), Maisie Williams von Burger Garden (facebook.com @burgerlolz), Lauren Watts von der Dough Society, Rinku Dutt von Raastawala (twitter@raastawala), Cem Yildiz von What the Pitta (whatthepitta.com), Vida Scannell von LEON und Jemima Grant, die es uns gestattet haben, ihre Rezepte hier zu verwenden.

Sian Henley und mein Ehemann Steven Joyce waren ein Dreamteam, als es darum ging, die Gerichte auch visuell großartig aussehen zu lassen. Jo Ormiston fand die schönsten Plätze und Requisiten für die Aufnahmen. Danke an Tom Groves, Holly Triggs, Lauren Law, Stephanie Howard, Libby Silbermann, Anna Hiddlepit und Seonid Bulmer dafür, dass sie so tolle Assistenten waren, und an Lee Oliver, Anamika Singh und Sean Matthews für die Bereitstellung der Partyvibes. Die gesamten Aufnahmen gingen so reibungslos vor sich dank eines tollen Teams. (Danke auch, dass ihr kurzen Prozess mit den überzähligen Donuts, dem Schokokuchen und den Keksen gemacht habt!) Sian und Koch/Foodstylist Iain Graham gaben zudem wertvolles Feedback zu den Rezepten und trugen dazu bei, sie wesentlich zu verbessen, wofür wir sehr dankbar sind. (Sämtliche Fehler sind natürlich unsere eigenen.)

Danke an Alison Starling, Pauline Bache und Jonathan Christie dafür, dass sie uns für alles Gute gelobt haben und uns durch die Schwierigkeiten bei der Herstellung eines so umfassenden Buches gelotst haben! Danke wieder einmal an meinen Agenten Anthony Topping, der uns alle zusammengeführt hat.

## VON CHANTAL

Danke an John und seine Familie sowie an Marion, meine Kinder Tai und Ethan und an meine Mutter für das ständige Probeessen meiner Kreationen. Einen Extradank an meine Familie, die so oft hinter mir aufräumen musste! Ein herzliches Danke auch an Rebecca, die mich bei all dem begleitet hat, und an alle, die an diesem Buch mitgearbeitet haben.

# VON JOHN

Rebecca und Chantal sind zwei meiner Lieblingsmenschen. Ich habe mit Rebecca bereits an zwei Büchern gearbeitet, und auch dieses Mal war das Abenteuer ebenso fantastisch wie lustig. Also danke Rebecca für deine Hingabe und den Job, den du leistest. Deine Arbeit ist von so viel Liebe und sanfter Autorität erfüllt. Für Chantal ist dies das erste Buch überhaupt und es muss natürlich das erste von vielen werden. Ich kenne Chantal seit sieben Jahren als Privatköchin und auch als wichtiges Mitglied unseres LEON-Entwicklungsteams. Chantal ist eine der kreativsten und neugierigsten Köchinnen, die ich kenne. Chantal, du bist etwas Besonderes, sei dir dessen immer bewusst.

Danke an Jo Sidey, deren grafische Gestaltung essenziell für LEON war und damit im weiteren Sinne prägend für unser ganzes Unternehmen. Danke an Sean Matthews, der dem Buch zusätzliche visuelle Magie verlieh. Ein Dank geht auch an den Fotografen Steven Joyce, der das Essen so gut aussehen ließ, wie es schmeckte.

Wir vertrauen bei allem, was Ernährung betrifft, auf die Expertise von Fachleuten, darunter Robert Verkerk, Mel Aldridge, Megan Rossi, Carole Symons und Lucie Jansen. Ich bin sehr dankbar für eure Ratschläge.

Danke auch an meine Frau Katie, Natasha und Eleanor: Ihr müsst die LEON-Achterbahnfahrt auf euch nehmen, ohne zu wissen, ob am Ende ein Korkenzieher oder ein Looping wartet. Ich bin so dankbar für eure Liebe, eure Unterstützung und euren Rat.

Was LEON heute ist, und wofür auch dieses Buch steht, ist ganz wesentlich von meiner Mutter und meinem Vater beeinflusst. Mama, du bist der beste Mensch, den es überhaupt gibt. Danke, dass du mich positives Denken gelehrt und mich fit fürs Leben gemacht hast. Und dafür, dass du immer für die Familie da bist. Wir lieben dich.

Dad, ich vermisse dich. Du warst so sanftmütig und lustig und klug und liebevoll. Und du hast mir auch beigebracht, Spaß zu haben. LEON trägt deinen Namen. Ich hoffe, ich kann sicherstellen, dass das Unternehmen auch weiterhin deine Werte vertritt.

Wir haben großartige Herausgeber, die Teil der LEON-Familie geworden sind. Besonders Alison Starling, Jonathan Christie und Pauline Bache gilt unser Dank für ihre professionelle Arbeit und ihr Engagement.

Alles, was wir tun, fußt auf der Arbeit meiner Kollegen, die Tag für Tag in den Restaurants dafür sorgen, dass jeder Gast zu jeder Zeit ein herzliches Willkommen und perfektes Essen erhält. Danke euch allen. Ich bin so dankbar.

An das Borough Support Team: wow! Ich könnte mir nicht vorstellen, mit einer engagierteren Gruppe an Menschen zu arbeiten. Ihr gehört zur Familie. Ein Dank auch an den LEON-Vorstand (Tim, Brad, Spencer, Nick, Fersen und Rodrigo und Antony), dass ihr es mit mir aushaltet. Ihr widmet mir so viel von eurer Zeit – das weiß ich sehr zu schätzen. Gemeinsam stehen wir dafür ein, LEON noch mehr Menschen an noch mehr Orten zugänglich zu machen.

Und natürlich ein Dankeschön an unsere Franchisenehmer. Ihr habt euch entschieden, in uns zu investieren, und wir nehmen diese Verantwortung sehr ernst.

Zu guter Letzt an all die Mütter und Väter (Manager), die unsere LEON-Restaurants führen. Ihr seid das Herz des Unternehmens. Danke.

Die Originalausgabe erschien 2018 unter dem Titel
*LEON. Fast Vegan* bei Conran, einem Imprint der
Octopus Publishing Group Ltd, London.

Fotografien: Steven Joyce

Herausgeber: Alison Starling
Art-Director, Styling und Design: Jo Sidey (Ormiston)
Creative Director: Jonathan Christie
LEON Designer: Sean Matthews
Foodstyling: Sian Henley
Lektorat: Pauline Bache
Korrektorat: Jo Murray
Produktionsleitung: Katherine Hockley

Erste Auflage 2019


Verlagskoordination: Marisa Botz
Mitarbeit: Zsuzsanna Aszodi
Übersetzung: Alexandra Titze-Grabec, Elisabeth Girkinger
Lektorat: Susanne Philippi
Satz: Nazire Ergün
Umschlagadaption: Birgit Haermeyer

Printed in China
ISBN 978-3-8321-9971-5

www.dumont-buchverlag.de

Wir haben versucht, bei der Angabe aller Vorbereitungs- und Garzeiten in diesem Buch so genau wie möglich zu sein. Trotzdem handelt es sich um Schätzungen, die auf unserer eigenen Zeitnahme während des Ausprobierens der Rezepte beruhen und die als Orientierungshilfe dienen sollten.

Unsere Ernährungsratschläge sind nicht absolut gültig. Falls Sie das Gefühl haben, dass Sie Rat von einem Ernährungsberater benötigen, bitten Sie Ihren Arzt um eine Empfehlung.

Für alle Rezepte wurden gestrichene Standardlöffel-Abmessungen benutzt.
1 Esslöffel = ein 15 ml-Löffel
1 Teelöffel = ein 5 ml-Löffel

Wenn nicht anders angegeben, sollten frische Kräuter verwendet werden. Falls Sie keine frischen Kräuter bekommen, verwenden Sie getrocknete als Alternative, aber jeweils die halbe Menge.

Der Backofen sollte auf eine bestimmte Temperatur vorgeheizt werden. Bei Nutzung eines Ofens mit Heißluftventilator folgen Sie den Angaben des Herstellers, um Garzeit und Temperatur anzupassen.

In diesem Buch finden Sie Rezepte mit Nüssen und Nussderivaten. Menschen mit bekannten Nussallergien sowie leichter anfällige Personen wie Schwangere, stillende Mütter, Kranke, ältere Menschen, Babys und Kleinkinder sollten diese Gerichte mit Nüssen oder Nussölen meiden. Bei fertigen Zutaten sollten Sie außerdem darauf achten, ob Nussderivate enthalten sind.

LEON
NATURALLY FAST FOOD
"The future of fast food"
THE TIMES
LEON.
NATURALLY FAST FOOD
LEON
LOVE FOOD
MORE SEATS
LEO